高根城

甲斐・武田氏が遠江平野部侵攻の足懸り、中継基地として大改修。発掘成果を基に、平成14年整備復元された。

高根城と水窪中心部を望む

2号堀切完掘状況

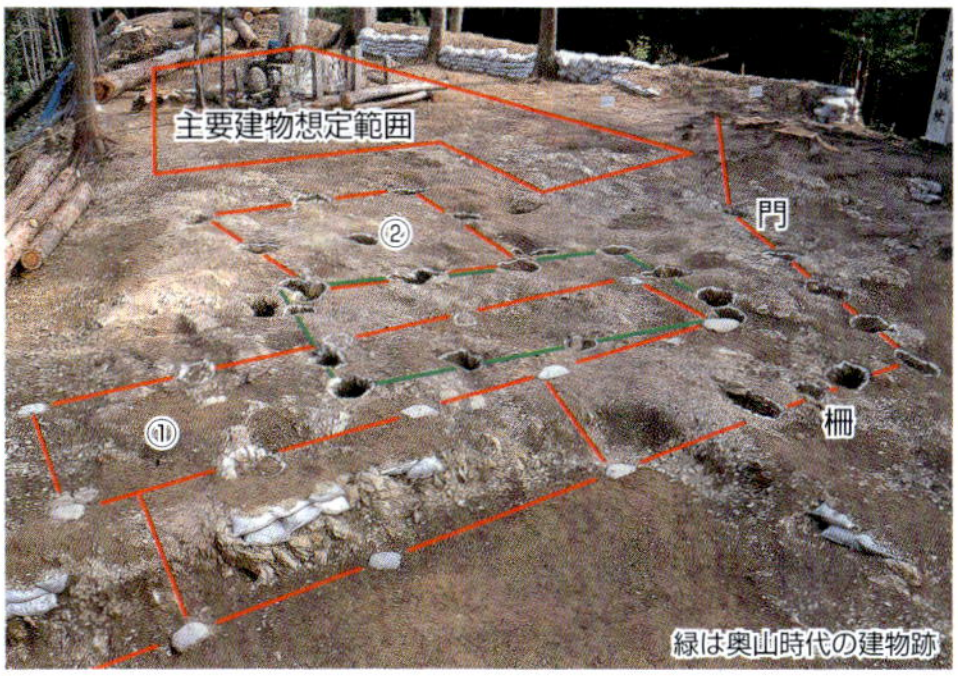

本曲輪実掘状況

上空より見た二重堀切

その堅牢ぶりは、深谷と急崖による天然の要害に加え、要害を駆使した縄張りと普請が発掘調査によっても確認された。

横堀

横堀土塁

的場曲輪石敷遺構検出状況

勝間田城

勝間田城は古くから東遠江に勢力を張った勝田（勝間田）氏が築いた要害である。文明８年（1476）、駿河守護今川義忠の攻撃により落城している。

二の曲輪東部礎石建物ＳＢ01（北より）牧之原市教育委員会提供

二の曲輪西部南調査区全景（北西より）牧之原市教育委員会提供

復元された二の曲輪全景（南より）
撮影：溝口彰啓

往時の姿をとどめた武田流築城術傑作の丸馬出と本曲輪
から眺める大井川と富士山は必見!!

諏訪原城

本曲輪内堀

二の曲輪北馬出門の礎石

出土品：陶磁器以外

出土品：陶磁器

庵原城

駿府の東の要衝、庵原城。恵まれた地の利を生かした堅固な城塞が四百余年の時を経た今、ここに明らかになる。

南から見た庵原城跡

堀切１付近の状況

興国寺城

戦国大名北条早雲の旗揚げの城として知られ、浮島沼に囲まれた天然の要害を巧みに利用した山城。

興国寺城全景

城門跡・土橋・空堀（南側より）

長浜城

北条氏の伊豆水軍の拠点の一つとして知られ、海岸地形を巧みに利用して造られた水軍城。

長浜城全景（北側より）

第１曲輪（南側より）

複列型障子堀や巨大馬出など、後北条氏の最新築城技術によって防備された国境警備の城

山中城

西の丸・西櫓全景

出土陶磁器

西の丸の障子堀

出土火縄銃部品と銃弾

はじめに

本書は、平成二十二年二月十三・十四日の両日にわたり静岡県掛川市の美感ホールにて開催された、二〇〇九年度静岡県考古学会シンポジウム「静岡県における戦国山城」の基調講演、事例報告、個別論について、当日の発表内容と資料集を基に新たに書き下ろしたものである。

シンポジウムでは、取り扱う事例が静岡県内の城郭に限定されてはいたものの、県内はもとより県外からも多数の参加をいただき、討論では会場からも活発な意見が交わされた。

基調講演として、小和田哲男先生には文献史料の観点から、戦国期の山城の築城目的と、支城体制について講演をいただいた。中井均先生からは、西日本の調査事例を中心として、城郭遺構の変遷と画期について言及していただいた。両先生からはご多忙にもかかわらず、今回の書き下ろしにおいても玉稿を賜った。

静岡県における城郭の考古学的調査は、昭和四十二年に調査された笹岡城（浜松市、旧天竜市）を嚆矢とし、現在までに四〇件を数えるまでになった。発掘調査によっては、城郭の変遷過程が確認できる調査事例もみられ、特に、県西部、高天神城や諏訪原城の調査では、城郭構造を知る上で目覚ましい成果を上げている。東部においても古くは山中城、近年においては興国寺城・長浜城など、これら城郭の広範囲な調査によって徳川・武田・後北条氏の城郭構造の詳細が判明しつつある。

出土遺物は、城郭年代比定にとっては欠くことのできない資料であり、地表面下の遺構はその内容によって曲輪の性格や、重複関係によって変遷過程をも明らかにしてくれる。地表面下の遺構と遺物は、実に多くの情報を内在している。しかし、その多くの情報量とともに、山城をより理解する上では多くの疑問と課題を投げかけている。

城郭出土遺物、特に陶磁器類の出土状況にみられる城郭や曲輪による差異は、当然その城郭や曲輪の性格を反映するものであるが、城郭によって陶磁器類の量と内容が著しく異なる事例がみられる。

静岡県は、戦国期後半、徳川・武田・後北条・今川氏の有力戦国大名が覇権を争った地である。今川氏の遠江・駿河における覇権の瓦解、その後の徳川・武田両氏による争乱、徳川氏と後北条氏の抗争へと目まぐるしい具体事象の中で城郭遺構は着実に進化を遂げた。その画期となったものがあるはずである。

また、勝間田・横地・原・天野氏をはじめとする戦国期前半の国人領主による城郭においては、戦国期後半の城郭との差異は当然のことであるが、その前段の山岳寺院との関連も看過できない。

築城主体によって馬出し、障子堀などの特徴的なパーツの用いられ方には偏りがみられることは明らかである。それが戦国大名による城郭構造の差異として、いわゆる武田系、徳川系と呼ばれるような城郭の系譜的な概念として成り立つのか。

シンポジウムでは、城郭遺構と遺物に内在された情報を整理するとともに、これらの疑問と課題について考察を試みたが、すべてにおいて明確な答えが提示されたわけでもなく、言及され尽くしたわけでもない。本書は、それらの疑問と課題に対する考察の記録であり、記録としての本書の執筆と編集によって、いくらかの城郭の潜在的な情報の掘り起こしと整理ができたのではないかと思う。その判断を読者に委ねるとともに、何よりも山城を考える上での一助となれば幸いである。

戸塚　和美

目次

論考

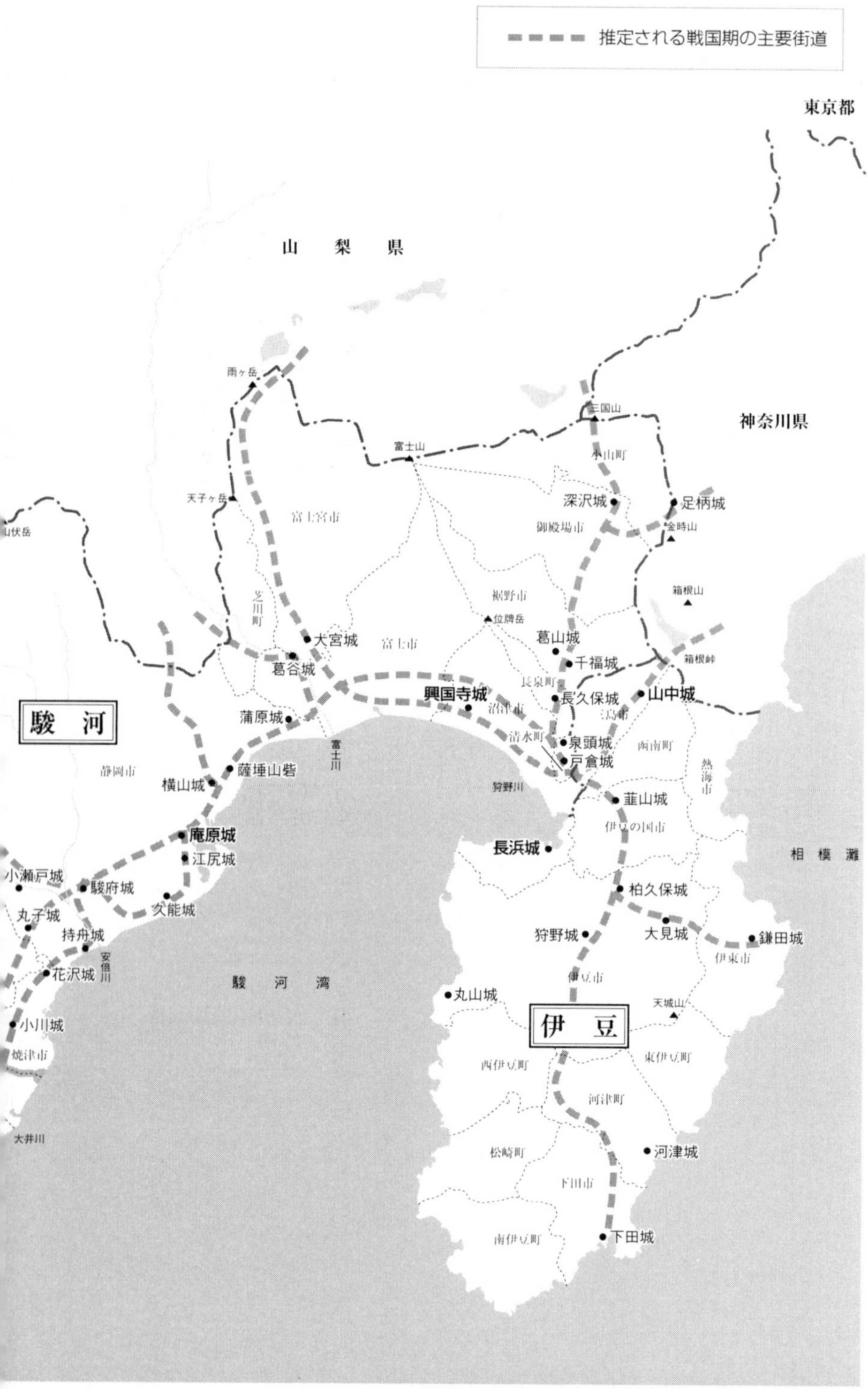

推定される戦国期の主要街道
東京都
山梨県
神奈川県
雨ヶ岳
三国山
富士山
小山町
天子ヶ岳
深沢城
足柄城
金時山
富士宮市
御殿場市
箱根山
芝川町
裾野市
位牌岳
大宮城
富士市
葛山城
箱根峠
葛谷城
千福城
長泉町
興国寺城
長久保城
山中城
駿河
蒲原城
沼津市
三島市
清水町
泉頭城
函南町
富士川
戸倉城
熱海市
静岡市
薩埵山砦
横山城
狩野川
韮山城
伊豆の国市
庵原城
長浜城
江尻城
相模灘
小瀬戸城
駿府城
柏久保城
久能城
丸子城
大見城
狩野城
鎌田城
持舟城
伊東市
安倍川
花沢城
伊豆市
駿河湾
丸山城
天城山
伊豆
小川城
焼津市
西伊豆町
東伊豆町
河津町
大井川
河津城
松崎町
下田市
南伊豆町
下田城

戦国期の城郭と街道

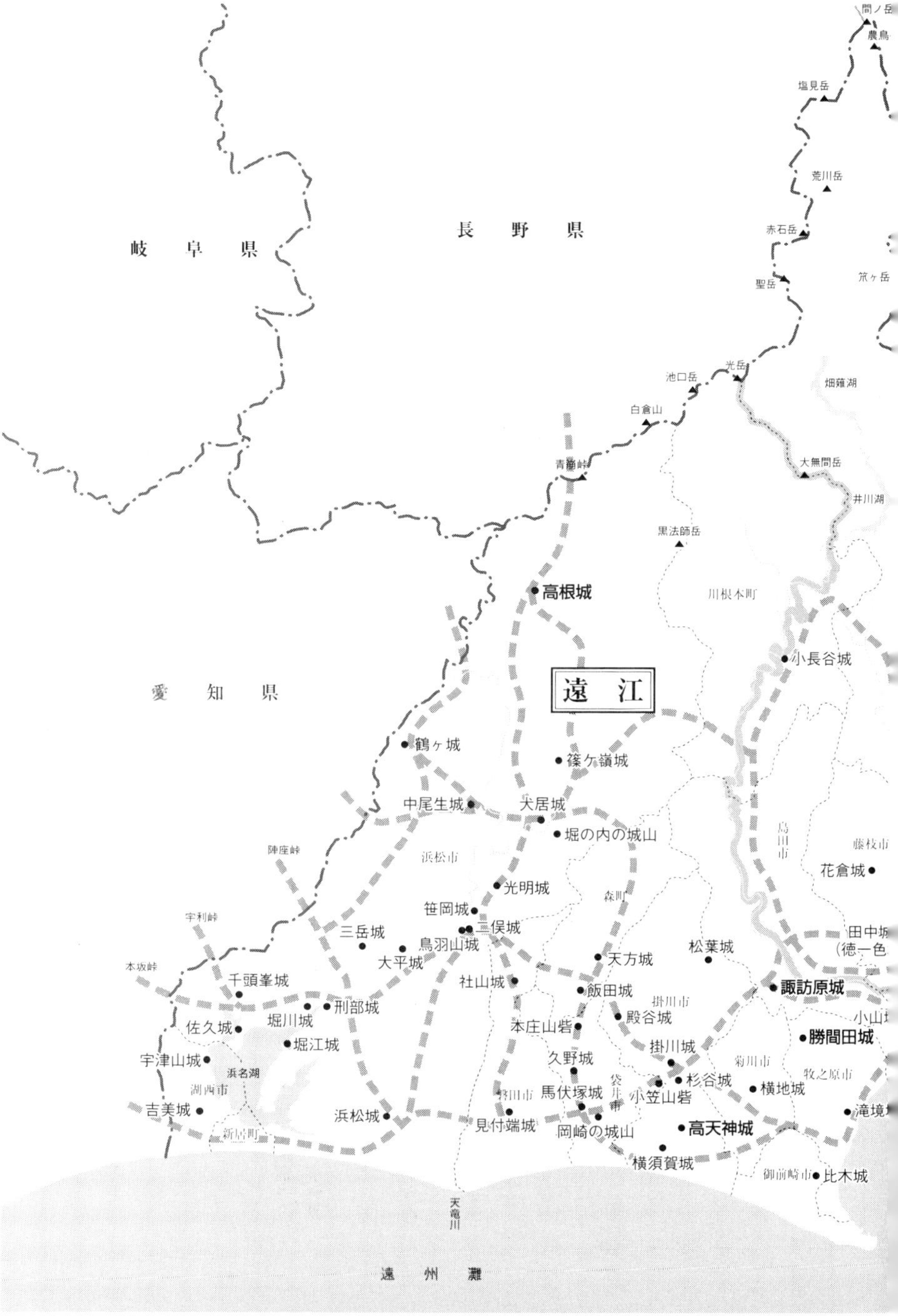

間ノ岳
農鳥
塩見岳
荒川岳
赤石岳
聖岳
笊ヶ岳
岐阜県
長野県
光岳
池口岳
畑薙湖
白倉山
青崩峠
大無間岳
井川湖
黒法師岳
川根本町
高根城
小長谷城
遠江
愛知県
鶴ヶ城
篠ヶ嶺城
中尾生城
犬居城
堀の内の城山
島田市
藤枝市
浜松市
陣座峠
花倉城
光明城
笹岡城
森町
二俣城
三岳城
鳥羽山城
田中城
(徳一色
松葉城
天方城
宇利峠
大平城
本坂峠
千頭峯城
社山城
飯田城
諏訪原城
掛川市
刑部城
殿谷城
小山城
佐久城
堀川城
本庄山砦
勝間田城
宇津山城
堀江城
掛川城
久野城
菊川市
浜名湖
杉谷城
湖西市
牧之原市
袋井市
馬伏塚城
磐田市
小笠山砦
横地城
吉美城
浜松城
滝境城
見付端城
岡崎の城山
高天神城
新居町
横須賀城
御前崎市
比木城
天竜川
遠州灘

〔例　言〕

- 本書は、平成二十二年二月十三・十四日の両日にわたり静岡県掛川市の美感ホールにて開催された「二〇〇九年度静岡県考古学会シンポジウム　静岡県における戦国山城」の基調講演、事例報告、個別論について、当日の発表内容と資料集を基に新たに書き下ろしたものである。
- 小和田哲男氏の講演については、本書掲載用に基調講演をテープ起こししたものである。
- 本書の作成にあっては、二〇〇九年度静岡県考古学会シンポジウム実行委員会及び、静岡県考古学会のご協力を得た。
- 口絵掲載写真については、浜松市教育委員会・掛川市教育委員会・牧之原市教育委員会・島田市教育委員会・沼津市教育委員会・三島市教育委員会・静岡県埋蔵文化財センターのご協力を得た。
- 本書の編集は、ＮＰＯ法人城郭遺産による街づくり協議会が行った。

講
演

静岡県における戦国山城

小和田　哲男

はじめに

只今、ご紹介いただきました小和田です。ご紹介いただきましたように、私は長く静岡大学に奉職していたことから、県内の城郭を数多く踏査、調査する機会に恵まれました。私が最初に発掘調査で城郭に関わったのは、東京の深大寺城の発掘調査でした。そのまま発掘による城郭調査を続けていたとしたら、今頃は中世考古学もしくは城郭考古学の第一人者になっていたかもしれません。私の場合は、発掘調査よりも文献に興味があったため、文献による中世史、戦国史研究の分野に進んだわけです。

静岡との関わりにおいて、昭和五十六年に静岡県教育委員会から発行された『静岡県の中世城館跡』を、既にお亡くなりなられた元静岡大学教授の若林淳之先生と共にその編集に携わり、その際に県内市町村の埋蔵文化財担当の方々と昵懇となる機会を得ました。その後、『日本城郭大系』静岡編の担当となった際にも市町村の埋蔵文化財担当者の方々から発掘調査成果等の教示いただきました。そのような静岡県との関わりがあることから、今回のシンポジウムの基調講演の依頼を受けた際にも喜んでお引き受けしました。

一　山城の築城目的とその機能

そもそも山城とは何か、ということからお話させていただきます。江戸時代の軍学者によって、山城・平山城・平城の三つに分けられていますが、その分類は大雑把なものであり、その定義があるわけではありません。

大類伸先生と共に大著『日本城郭史』を著された鳥羽正雄先生や伊礼正雄先生らと共に関東の城郭踏査をした際に、「山城とは麓からある程度の高さがないと山城とは言えない」との諸先生の発言が記憶に残り、私自身、一〇〇メートル以上の比高差がないと山城とは言えないと考えるようになりました。

『日本城郭大系』の編集の際、見本原稿の執筆において、所在地・築城年代・築城者等の基本データの他に比高差を付け加えることをお願いしました。標高だけでは山城なのか、平城なのかわからない、例えば長野県内の城郭はほとんどが標高六〇〇メートル、八〇〇メートルで、標高だけでは山城か平城かの判断に迷うことになります。比高差を明記することによって、ある程度の判断がつくようになったと思います。

しかし、近年では、平山城ではなく丘陵城郭との表現もあり、見方によって山城とも平山城とも言える事例が多々あります。諏訪原城（島田市、旧金谷町）を例にとりますと、牧之原台地側から見ると明らかに平城であり、大井川側から見ると屹立した山城に見えるわけです。よって、諏訪原城を平城として定義してよいのか、山城として定義してよいのか迷う事例であると言えます。山城の定義においては、そのような危うさ、複雑さもつきまとうと言うことも前提とすべきではないでしょうか。

（一）地域防衛の城と境目の城

山城は、南北朝期、特に南朝方が多用したことは周知のことでありますが、戦国においては何を目的として造られたのか、またその具体的効果とは何かを考えてみましょう。

戦国時代、日本各地で領主権力が群雄割拠した時代、静岡県においては今川氏・武田氏・徳川氏・後北条氏の日本を代表する四戦国大名勢力が鎬を削る舞台となった地域です。その際、そこに城郭を築くことによって、地域防衛として敵を迎え撃つための拠点城郭が出現します。例えば、高天神城（掛川市、旧大東町）は今川氏が築き、徳川氏に攻め込まれ徳川氏の領有となりましたが、次に武田氏が攻め武田氏の領有となり、再び徳川氏が攻め奪還するというように激しい争奪が繰り返されました。「高天神城を制する者は遠州を制す」と云われるように、まさに象徴的な戦いの舞台となったわけです。

高天神城のように地域防衛としての拠点城郭のほかに、大名領国の国境、いわゆる境目の城として、敵方との境目に城郭が築かれました。ここで注目すべきは、国境線は固定されているわけではなく、常に国境線は移動していたということです。よって、国境線の移動にしたがって境目の城も移動、もしくは新たに築かれるわけです。県内では深沢城（御殿場市）がその典型で、移動した事例としては蒲原城が挙げられます。

（二）街道監視の城

地域防衛の城、境目の城はどちらも軍事目的ですが、軍事目的のもう一つとして街道監視の城が築かれました。戦国期には、人の移動が多くなるにしたがい街道整備も促進されました。当然、軍馬、軍兵の移動もあるわけで、それを監視することも必要となり、街道沿いに城郭が築かれるようになったわけです。山中城（三島市）では城郭のなかを東海道が通る事例で、御坂城（山梨県笛吹市、旧御坂町）では曲輪が街道を守る関所のような形態をとった事例です。

城郭のなかを街道が通るのではなく、街道を見下ろす場所に城が築かれる事例があり、これも街道監視の城と言えます。足柄城（小山町）や北遠の磐田市（旧豊岡村）にある仲明城なども街道監視の城として機能していました。

街道監視の城の事例として、第1図「駿府今川館周辺

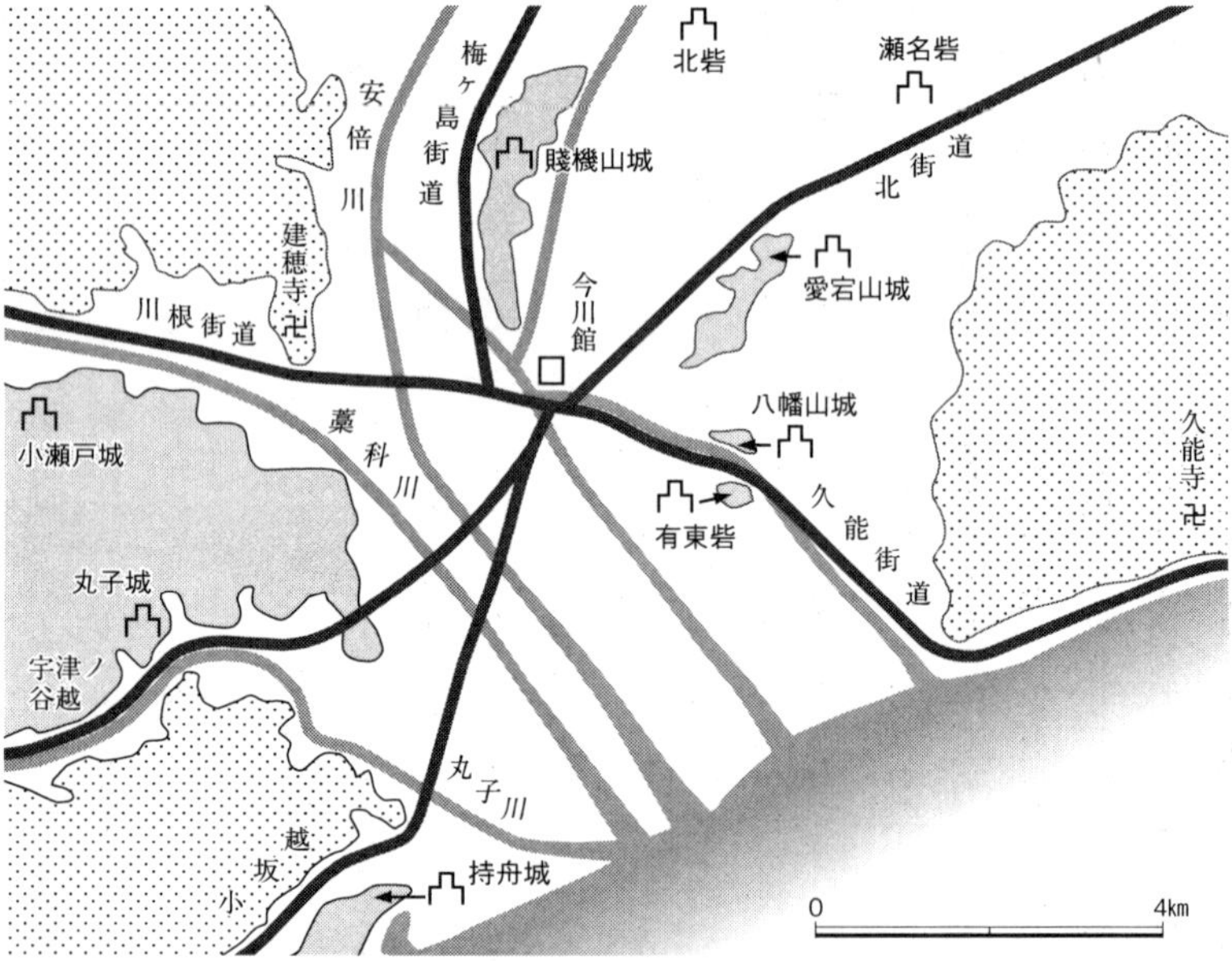

第1図　駿府今川館周辺の城砦と道

の城砦と道」にもある東海道沿いにある丸子城（静岡市）は、北の登城口の吐月峰柴屋寺から少し登った見晴らし台に立つと、直下に駿府へ続く東海道を見下ろすことができます。監視機能があったことがわかると同時に、丸子城がそこに築かれた理由を端的に物語っていることが理解できます。今川館を防衛するという役目と同時に、東海道を通過するであろう軍馬、軍兵の監視に当たったわけです。

二　支城ネットワークと繋の城

（一）国人領主の城を支城網に組込む（第一次支城）

地域防衛の城、境目の城、街道監視の城は、いずれも軍事目的の城ですが、軍事目的だけない、繋の城による支城ネットワークの構築という目的があります。静岡県において、今川氏・北条氏・徳川氏・武田氏の戦国大名以外、戦国大名に成りきれなかった在地領主が相当数いました。例えば北遠の天野氏や駿東の葛山氏は、どちらも戦国大名に成りうる力を持った在地領主でした。そのような在地領主を国人領主とも言い、戦国大名には成りきれなかったものの、在地勢力としては強大な勢力を有していました。

県内では、遠江において国人領主が割拠する状況となりました。駿河では今川氏が守護から守護大名、やがて戦国大名へと体制が一本化していきます。伊豆においても後北条氏による一本化が進むわけです。ところが遠江においては、守護は今川氏でしたが、一四〇〇年頃から斯波氏に代わると、斯波氏は遠江支配に執着しませんでした。

斯波氏は遠江以外にも、越前、尾張の二国、時期によっては他の国を守護領国としていました。尾張においては清洲を本拠としていましたが、実権は守護代である織田氏が握っていました。その守護代においても、尾張上四郡を織田伊勢守家が岩倉城を本拠として、尾張下四郡を織田大和守家が清洲城を本拠として、対立し合う二守護代の体制という複雑な状況を呈していました。

一方、越前は甲斐氏が守護代を務めていましたが、その甲斐氏が遠江の守護代も兼任していました。越前と遠江が隣接していれば、その支配体制にも問題はなかったと思われますが、明らかに距離的に離れています。この斯波氏の甲斐氏による兼任としての遠江守護代の任命は、

かと思われます。斯波氏の遠江支配としての意志の希薄さの表れではない

遠江においては、斯波氏による脆弱な守護治世の段階に、北遠では天野氏、袋井近辺では堀越氏、東遠では勝間田氏・横地氏をはじめとする各地の国人領主が割拠する時代が続きます。それらの国人領主の本拠地として、天野氏が犬居城（浜松市、旧春野町）、勝間田氏が勝間田城（牧之原市、旧榛原町）、横地氏が横地城（菊川市）とそれぞれの国人領主によって城郭が築かれるようになるわけです。やがてそれらの国人領主は、戦国大名今川氏によって家臣に組み込まれていくと、国人領主の城郭が今川氏の第一次支城に位置づけられるようになります。

今川氏は国人領主が割拠する領国を統制する上では、両面作戦を採りました。敵対する国人領主については徹底的に攻めて滅ぼしますが、ある程度攻めて降伏すれば配下に治めた上でそのまま居城させました。前者の例としては横地氏、勝間田氏であり、後者の例としては天野氏が挙げられます。今川氏の味方となった国人領主には、そのまま城郭に居城させその所領を安堵し、その城郭を駿府今川氏の支城として位置づけられました。このように国人領主の城郭を支城網として組み込む体制を、私は「第一次支城」と位置づけています。

（二）戦国大名家臣団（寄親寄子制《よりおやよりこ》）と繋ぎの城

この第一次支城体制と、戦国大名家臣団の構成が密接に関係しています。「寄親寄子制」と呼ばれる体制は、今川氏が駿河、遠江を支配するにあたり、重要拠点には自らの直轄地を置きますが、広大な領内すべてに自らの家臣・代官を置くわけにはいかないため、味方となった国人領主にその領地の支配を任せました。その国人領主を寄親と呼び、その寄親に従属する者を寄子と呼び、寄親の下に寄子が集まりました。

寄親寄子制度を詳しく見てみましょう。今川氏を頂点とし、末端に平百姓・本百姓がいるわけですが、その中間に第一次支城クラスの国人領主＝寄親がおり、その寄親の下に有力名主・名職所持者、いわゆる村落内の有力農民である土豪・地侍を寄子として編成します。寄親も寄子も今川氏の家臣としては同列なのですが、寄子は一領具足、つまり平時には田畑を耕し、農民として生活をしているのですが、領主からの動員がかかると、一領の

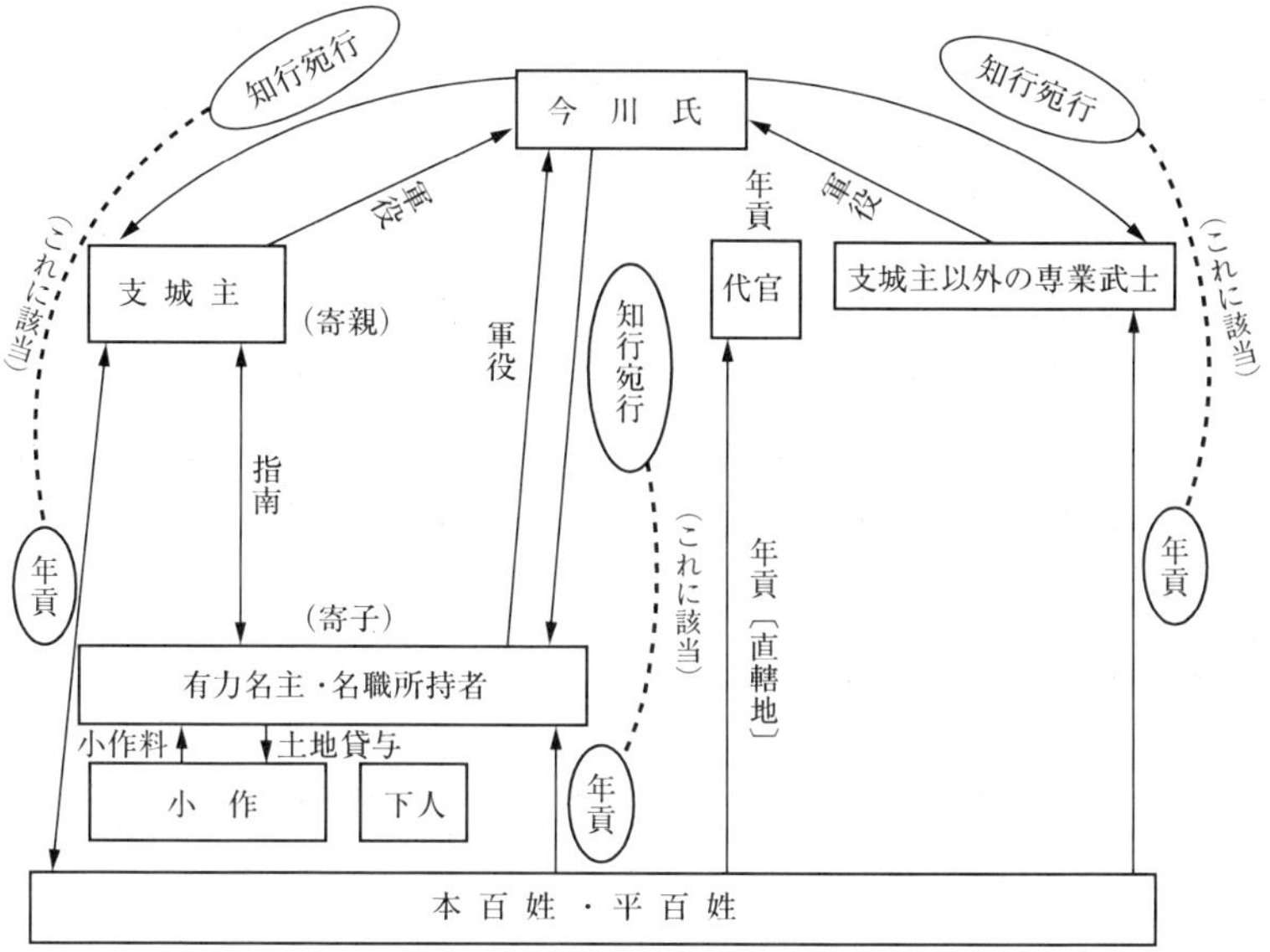

第２図　年貢と知行宛行の関係からみた今川氏領国における諸階層の関係

具足（武器、鎧）を携えて、直ちに召集に応じるというものです。一領具足というと土佐の長宗我部氏が有名ですが、長宗我部氏に限らず戦国時代にはどこの大名・領主も土豪・地侍らの一領具足によって成り立っていたわけです。

土豪・地侍、それぞれ単独では、一〇から二〇人程しか兵を持っていないため、その一団では軍事行動などを起こすことができません。そのため寄親の旗の下に寄子である土豪・地侍が集まることによって軍団編成が組まれました。県内の例で言えば、二俣城（浜松市、旧天竜市）の松井氏の下には寄子が五〇人おり、その寄子には被官が一〇人程いたので、有事には五〇〇人程が参集したと考えられます。さらに今川領国内には二俣城クラスの城郭は、少なくとも二〇城はあったと考えられることから、一万人くらいの兵は集まるわけです。加えて、今川直属軍が一万人程いたと考えられるため、それを合わせると二万から二万五千人の編成になったと考えられます。そして、それぞれの軍団編成時の召集場所こそが、松井・葛山・天野氏などの寄親の城郭だったわけです。

（三）土豪・地侍（寄子）の城館（第二次支城）

今川氏にとって、それぞれの城郭を単独で機能させていたのでは、敵の調略によって寝返る危険性もあるわけです。それを監視、阻止するために城郭間のネットワークが必要とされました。そこで考え出されたのが繋ぎの城で、有力支城と有力支城との間に城郭が築かれました。北遠の高根城（浜松市、旧水窪町）などが繋ぎの城にあたります。また、天方城は繋ぎの城であると同時に、街道監視の城でもあり、このように両機能を有した城郭が多くありました。

　次に、土豪・地侍の城がどのように城郭ネットワークに位置づけられるかを考えてみたいと思います。私は、土豪・地侍の、いわゆる寄子の城館を「第二次支城」と位置づけております。犬居城（浜松市、旧春野町）を例にとり城郭ネットワークを説明してみましょう。犬居城は、国人領主天野氏の本拠でしたが、やがて今川氏の遠江支配のなかで今川氏に与することによって、天方城は駿府今川館の支城の一つとして位置づけられていきました。天野氏の下には土豪・地侍の花島氏、尾上氏、渡辺氏がおり、それぞれの土豪・地侍の館である花島屋敷・尾上屋敷・渡辺屋敷と呼ばれる城館が第二次支城に位置づけられました。

第３図　犬居城・第二次支城ネットワーク概念図

　もう一つの側面として、天野氏の領地経営にとって、第二次支城だけでは不十分であると考え、重要な軍事拠点には勝坂砦・塩見砦・猪ヶ鼻砦などの城砦を築いています。さらに犬居領の東境を守るために犬居城とも引けを取らない規模をもった樽山城を築いています。

このような国人領主の城郭（第一次支城）と、土豪・地侍の城郭（第二次支城）とをどのように峻別できるのかを考えてみましょう。平城を念頭に置いて考えてみると、国人クラスの城郭は曲輪が複数存在する、いわゆる複郭を呈し、土豪・地侍クラスの城郭は一つの曲輪が一重の堀に囲まれた単濠単郭、いわゆる方形館を呈しており、このように規模の相違として現れています。城館の現地調査によって、国人クラスの城郭か、土豪・地侍クラスの城郭か、このように目に見えてわかる事例があります。すべての城郭において整理できるわけではありませんが、概ねそのような差異が指摘できると思われます。

ところで、土豪・地侍の城郭において、近年、立教大学の藤木久志さんなどがしきりに唱えている村の城という問題があります。城郭は、すべて領主クラスの城であると考えられていたのですが、領主だけの城とは限らない、村の城が存在するという見解です。村の城というものをどのように考えるかという視点は、今後、戦国期の山城を考える上では大きなポイントになると思います。

今川氏の第二次支城である平尾の城山や原山の城山などは実際に登りましたが、畳四畳ほどの平坦地しかない規模でした。はたして、それらの城郭を土豪・地侍の城として評価してよいものか、そうではなく敵の目に触れないような場所に村人の避難場所として用意されていた可能性も考えていかなくてはならないと思います。村の城という問題提起においては、必ずしもすべての城郭が村人を収容するものとも言えないわけですが、村人の避難場所という視点も重要であるということを指摘しておきたいと思います。

三　南北朝期の山城と戦国期の山城

（一）山岳寺院時代の遺構との腑分け

私は、県内の山城の発掘調査や市町村史の編纂に携わってまいりました。以前は、文献に南北朝期の城という記述があればそのまま南北朝期の城として理解してきました。ところが、それらを詳細に調べていくと南北朝期とは言えない事例があり、城郭の時期比定においては必ずしも一筋縄ではいかないことがあります。

三年程前、本日、講師でみえられている中井さんのご案内で、滋賀県にある京極氏の上平寺城《じょうへいじ》を見学しました。上平寺城は、南北朝期、もしくはそれ以前の山岳寺院がそのまま城として使われている事例です。県内の城郭においても、城郭が山岳寺院と密接な関係にあると思いました。

静岡市の久能山東照宮には、古代、久能寺という寺院がありました。武田信玄による駿府占領後、信玄は久能寺を麓に移しました。現在は久能寺ではなく、鉄舟寺（静岡市清水区。明治時代、山岡鉄舟が復興に尽力した寺）として遺っています。信玄は、久能寺を麓に移した後、そこに山城を築きました。それが久能山城と呼ばれる山城です。ちなみに、山本勘助が掘ったと云われる有名な勘助井戸がありますが、久野山城が築かれた頃には、既に勘助は亡くなっております。

久能山東照宮の裏山は神域のため普段は立ち入ることはできないのですが、調査のため入る機会に恵まれました。裏山に分け入ると平坦部が曲輪のように、上平寺の弥高百坊と同じような造りになっており、山岳寺院の塔頭をそのまま曲輪として利用したのだと思いましたが、少々の疑問もありました。そのような事例は多々あると思われます。

南北朝期、南朝方が城郭として使った多くは、元は山岳寺院だということはよく知られています。県内の事例では、北遠の光明城（浜松市、旧天竜市）も山岳寺院を城として改修したもので、光明寺城とも言われます。同じく遠江の三岳城（浜松市、旧引佐町）も山岳寺院でした。古代、中世初期において、寺院は、現代の我々には想像できない程の強大な勢力を持っていました。弥高百坊の名称に象徴されるように山岳寺院は、多くの塔頭を擁していました。そのような山岳寺院を戦国期、武将たちが山城として利用する際に曲輪として利用したのは明らかなことですが、すべてそれらを曲輪と想定してよいものか、難しい問題でもあります。

滋賀県の湖東三山の百済寺《ひゃくさいじ》には石垣で積まれた曲輪と思しき箇所がありますが、寺院としては塔頭だったわけです。山岳寺院の塔頭が山城の曲輪としてどのように機能したのか、綿密に腑分けをしていかなくてはなりません。

南北朝期に築かれた城郭の事例として、千頭峯城（浜松市、旧三ヶ日町）などは南北朝期の縄張がそのまま遺る城だと考えられていましたが、その後の研究によって現在目にする遺構のほとんどが戦国期の遺構であることがわかってきました。研究の進展にしたがい南北朝期の遺構と戦国期の遺構とを腑分けすることが可能となったことにより、城郭そのものの意味づけを一層豊かにできるのではないかと思います。

私が、三岳城（浜松市、旧引佐町）や大平城（浜松市、旧浜北市）などの城郭が所在する市町村史の編纂に携わっていた頃には、それらの城郭は南北朝期の城郭であると理解していましたが、その後の研究によって戦国期に改修されたことが明らかとなってきました。そのような時期のズレをどのように理解していくかということが、山城を理解する上では大きなポイントになると思われます。

（二）南北朝期の山城を戦国期に再利用

南北朝期の城郭として著名な大阪府にある千早赤坂城のように、非常に山奥に造られた山城であれば戦国期での再利用はほとんどないと思われます。しかし、駿河・遠江での南北朝期の山城の場合には、戦国期にも立地として最適であることから戦国期にも山城として機能していました。よって、南北朝期の遺構と戦国期の遺構を峻別すること、つまりどの部分が戦国期に再利用され手が加えられたのかを明確に捉えていくことが必要です。

わかり易い事例としては、二重堀切や横堀が使われている場合には、明らかに戦国期だと思われます。そのような研究を進めるうえで、再利用されていない南北朝期の城郭を綿密に調査することにより、南北朝期の城郭のモデルケース、もしくは指標を抽出することが必要だと考えます。

一例を挙げると、南北朝期からやや下りますが、伊豆で起こった畠山国清の乱において、畠山国清が修善寺城（伊豆市、旧修善寺町）を本拠としたことが文献などからうかがい知ることができます。縄張りを検討すると、その争乱以降、修善寺城は使われた形跡がなさそうなのです。発掘調査によって考古学的にも論証できれば、伊豆においては修善寺城が南北朝期を下限とする城郭のモデルになるのではないかと思われます。

遠江の事例としては、横地城（菊川市）、勝間田城（牧之原市、旧榛原町)があります。文明八年(一四七六)、今川義忠によってどちらも攻め落とされ、その後使われていないことから戦国期直前で機能が停止した城郭だと考えられます。ただし、今後の調査でその後の改修の痕跡が発見されれば再考の余地はあります。

南北朝期、あるいは室町期に築城された城は、戦国期に再利用されている事例が多いため、どの箇所が改修、修築されたかを全県的に調査していくと新たな成果が提示されると思います。

四　縄張り・遺構から山城を読み解く

(一)戦国大名ごとの縄張りの特徴

次に、縄張り、遺構からどのようなことが読み解けるかを考えてみましょう。

今から二〇年程前、静岡県教育委員会から発行された『静岡県の中世城館跡』の編纂委員の一人として、県内の主な山城を踏査しました。県内には、今川氏、武田氏、徳川氏、後北条氏の四戦国大名が割拠していたわけですが、それぞれの戦国大名による縄張りの特徴、相違があるのか、ないのかの問題について、『静岡県の中世城館跡』の編纂時に総論として掲載しました。

一般的に、後北条氏は連郭式、武田氏は丸馬出といわれるように、後北条氏と武田氏の城郭には特徴がありますが、今川氏はどうなのか、今川氏の特徴は掴みづらいわけです。あえて言うならば、今川氏の築城、縄張りの特徴は、特にないのではないかとも考えられます。今川氏の築城と考えられる城郭を集め、調べてみても、特徴が見えてきません。しかも今川時代に使われた城は、ほとんどがその後に徳川氏や武田氏によって使われています。改修、手が加えられていない今川氏の城はあまりない、そう言う点も今川氏の城の特徴なのかもしれません。

今川氏の平時の居館は駿府今川館で、それがどこにあったのか、その所在が問題なわけです。近年の静岡市教育委員会の発掘調査によって今川時代の堀などが検出され、現在の駿府公園、江戸時代に徳川家康が築いた駿府城の地下に今川時代の遺構が埋没しているということがわかってきました。駿府今川館の規模は、躑躅ヶ崎館(山梨県甲府市、武田神社)に代表される方二町、約二〇〇メートル四方のいわゆる守護館としての標準的な規模であったと考えられます。

居館には、その背後を守るための詰めの城があり、今川館においては館の北にある賤機山に山城が築かれました。賤機山城（静岡市）は、後に武田氏によって改修されているため、現在の賤機山城から今川時代の山城の特徴を探るのはほとんど不可能です。丸子城も同様だと思われます。

そのような観点で見ていくと、花倉城（藤枝市）は、武田氏や徳川氏の手が加わっていない可能性が高く、今川氏の城郭の本来の姿を留めていると思われます。ところが、そこから今川氏の城郭の特徴の抽出を試みても、どうもはっきり見えてきません。よって、今川氏の城郭の特徴は、捉え所がないとかしか言いようがありません。

それに対し、後北条氏は、連郭式の縄張りを特徴としています。後北条氏の伊豆における本拠である韮山城（伊豆の国市、旧韮山町）の縄張りは、馬の背状の尾根筋に本丸、二の丸、三の丸として横一列に曲輪を配置しています。堀においては、堀障子、障子堀を用いることが後北条氏の城郭に共通しています。障子堀すべてが後北条氏によるものではなく、他の戦国大名も障子堀を用いた事例もあるので、必ずしも障子堀＝後北条氏という図式にはなりませんが、後北条氏の特徴として強調できます。

小田原城では、見えるかたちでは後北条氏の障子堀を確認することはできないのですが、発掘調査によって複数箇所において後北条時代の障子堀が確認されています。半年程前ですが、八幡山古郭と呼ばれる小田原高校のグランドの発掘調査において障子堀が検出されています。また、既に十年程前になりますが、現在整備が進められている住吉橋の中堀においても障子堀が検出されました。後北条時代の小田原城では、障子堀が多用されていたことが発掘調査からもわかりました。

その他の県内の後北条氏の城郭では、下田城（下田市）でも障子堀が検出されています。最も典型的なのは山中城（三島市）で、特に岱崎出丸や西郭の障子堀はどちらも見事で、その形状も障子堀の典型と言えます。よって、連郭式縄張りと障子堀が、後北条氏の城郭プランにおける特徴と言えます。

武田氏は、諏訪原城（島田市、旧金谷町）に代表される丸馬出が縄張りの特徴と言えます。馬出とそれを囲む三日月状を呈した堀、いわゆる三日月堀を有した縄張りです。丸馬出については、甲陽軍鑑に記載されています。

甲陽軍鑑については、その史料価値を評価しない向きもありますが、私は甲陽軍鑑は偽書ではないと考えています。明治二十四年(一八九一)、田中義成が『史学会雑誌』第十四号(現、史学雑誌)に掲載した「甲陽軍鑑考」において、文書や記録資料との比較から誤りの多さを指摘、偽書の可能性が高いとされました。その後、一二〇年余の今日に至るまで甲陽軍鑑は、偽書として扱われてきました。ところが、今から十年程前、国語学者の酒井憲二氏は実証的研究の立場から甲陽軍鑑を再検討し、その後再評価され始めました。

甲陽軍鑑とは、武田信玄・勝頼の家臣であった高坂弾正昌信、正しくは春日虎綱が著し、その後、虎綱の甥である春日惣次郎らが口述筆記したものが小幡景憲によってまとめられたとされています。従来、小幡景憲が甲州流軍学を教授するために有名無名を含め本に著したものが今日に伝わったとされてきたわけですが、酒井憲二氏らの研究によってその取り扱いが変わってきました。甲陽軍鑑の記述には、実際にあり得ない戦いの記述、虚偽もあるわけですが、すべてが虚偽ではありません。例えば、甲陽軍鑑のなかには山本勘助が登場しますが、明治以来、山本勘助は架空の軍師であると云われていました。その結果、甲陽軍鑑は史料としては扱えない、ましてや山本勘助に関する記述は全くの虚偽であると、史料としては切り捨てられてきました。

近年の研究によって、山本勘助が実在の人物であることが古文書によって確認され、甲陽軍鑑そのものも再評価され始めてきました。私は、甲陽軍鑑に書かれている山本勘助の城取りの記述について注目しました。城取りとは、城を攻めて取るのではなく、築城のための土地を選び、どのような城を築くか、すなわち縄張りです。私は、山本勘助が城取りの軍師として、換言すれば山本勘助が築城プランのプロであったと認めてよいのでないかという立場を取っています。ただし、山本勘助が縄張りをしたとされる城郭としては、海津城(後の松代城、長野市)、小諸城(長野県小諸市)、高遠城(長野県伊那市、旧高遠町)、松本城(長野県松本市)などの城郭が挙げられますが、その内、確実に縄張りをしたのは海津城のみではないかと考えております。その詳細については、別の機会としたいと思います。

山本勘助の縄張りによる丸馬出は、甲陽軍鑑のなかで築城の正に眼であるとされています。要するに、築城のプロである山本勘助が最も得意としたプランこそが丸馬出であるとされています。さらに注目すべきは、武田信玄が山本勘助を教来《きょうら》石民部《いしみんぶ》（馬場美濃守）に付けその築城術を学ばせたとされる記述です。諏訪原城などは、おそらく馬場美濃守による縄張りだと考えられます。今はほとんど跡形もない江尻城（静岡市、旧清水市）の古絵図を見ると、そこには丸馬出が描かれています。遺構としては、小山城（吉田町）には二重の丸馬出があり、小長谷城（川根本町、旧本川根町）にも丸馬出が遺っています。今川氏が創築した丸子城では、後に武田氏が手を加えた曲輪は円形を呈しています。

　これらの丸馬出は、甲陽軍鑑の「ちいさく、まろく」という記述、要するに曲輪は小さく丸く造る曲輪＝丸馬出であり、これこそが理想的であるとする武田流の築城術を表現しています。その最も典型的な例として、平城の事例ですが藤枝市の田中城は、武田流、換言すれば勘助流の城郭だと言えます。そのような視点で見ていくと、深沢城（御殿場市）などにも見ることができることから、武田氏の改修の痕跡だと考えられます。

　その他の築城術として、高根城（浜松市、旧水窪町）に見られる二重堀切や、高天神城（掛川市、旧大東町）の西峰の曲輪群に見られる横堀なども武田流の築城術だと考えられます。

　これまで明確でなかった築城術に主眼を置いた城郭の様相が少しずつ明らかになってきたのではないかと思われます。

　さて、徳川氏はどうでしょうか。徳川流築城術というのは存在するのでしょうか。結論から言うと、今川氏同様、徳川氏の城郭にはこれと言った特徴は見い出せません。ただし、家康も今川氏、武田氏、後北条氏らの先輩武将の城郭を見ているわけですから、三河から遠江、遠江から駿河へと侵攻していく過程において、今川時代の城郭を再利用しました。浜松城などはその典型です。家康は、駿府今川館の出城であった曳馬城を拠点にしながら城域を広げ、城名も浜松城と変えていきました。

　城名を変えるのは、織田信長の影響だと考えられます。信長が稲葉山城を落とすと、城名を岐阜城に、城下の名称も井之口から岐阜に改めました。家康は信長に倣い、曳馬を元の地名浜松庄を取り浜松に改めたと考えられます。家康は占い、呪い、験担ぎに拘っていたようで、曳馬の馬を曳くというのが敗北を意味することから、曳馬を嫌ったのではないかと考えられます。今川氏の城郭に特徴が見出せないことから、それを引き継いだ徳川氏の城郭にも特徴を見出すことができません。

徳川氏は、武田氏や後北条氏の城郭も接収しているため、武田氏と後北条氏の築城術を取り入れていったと考えられます。その一例としては、武田氏の築城術の特徴である三日月堀、丸馬出を自らの城郭のなかでも再利用していきます。再利用ばかりか、さらに規模を拡大しています。諏訪原城（島田市、旧金谷町）や興国寺城（沼津市）の丸馬出などがその例だと考えられます。

天正十八年（一五九〇）、徳川家康が関東に移封されると、その過程で後北条氏の築城技法を学んでいきました。しかし、家康とその息子らの築城には、後北条氏の連郭式は見られません。家康が第九子の義直のために築城した名古屋城などをみると、そのような築城術を受け継いだという様相はあまりないと思われます。

（二）遺構から築城者を探る

遺構から築城主を探ることは可能なのか、ということを考えてみたいと思います。先程来紹介している『静岡県の中世城館跡』による県内城郭の分布調査では、既に痕跡が消滅してはいるものの地籍図や文献などから論証できる城郭も含め約七〇〇の城郭がリストアップされました。その後、新たに約一〇〇の城郭が発見されているので、県内には八〇〇程の城郭が存在したと考えられます。

注目されるのは、第二東名の建設に伴う発掘調査によって、今まで城郭の存在が知られていなかった場所から発見された事例があります。また、文献にもなく、城山など地名もなく、伝承すらない城郭が山中から新たに発見された事例もあります。そのような城郭においては、城主を特定することは非常に難しいわけです。特に遠江においては、武田氏と徳川氏の抗争が非常に緊迫した状態で続き、そのような状況下で築城されるということがあるわけです。

例えば、武田勝頼に奪取された高天神城（掛川市、旧大東町）を徳川家康が攻める際、高天神城を包囲するために六砦を築いたことは文献にも記され、その城砦跡を今でも確認することができます。そうではない、文献記録にも地名にも伝承もない地点において、城郭らしきものが山中から新たに発見される事例があります。当然、築城者はだれなのかを考えていくわけです。

高天神城のように徳川氏と武田氏の争奪が繰り返されるなか、繋ぎの城を例に取れば、武田方が守っていたときの繋ぎの城なのか、徳川氏、あるいは今川氏の繋ぎの城なのか、遺構だけでは判断ができず、文献記録にもなければ、往時の歴史背景等を総合的に考えながら判断しなければなりません。その際に、縄張り的特徴がその糸口にはなると考えられます。もちろんそれだけではなく、発掘調査の出土遺物の年代観等からも判明してくる場合も多々あります。私の場合には、文献と縄張りを主に研究してきましたが、今後は考古学的手法である発掘調査に期待するところが大きいと思われます。

おわりに

本日、明日のシンポジウムにおいても問題提起、議論になると思われますが、現在、城郭研究においては話題ともなっている、関東における杉山城問題に触れて申し上げますと、一般的に戦国期の城郭から出土する遺物は圧倒的に少なく、その少ない遺物でどのように理解するかというのは、なかなか難しいことだと思われます。しかし、類例を集めることによって、見えてくる可能性もあると思われます。縄張りの進展度、例えば、十六世紀前半、十六世中葉、十六世紀後半、それぞれの縄張りの事例を集め、それらの事例を含めた総合的判断が必要とされると思われます。

今までは縄張図の作成をとおし、攻守に重きを置いた軍事的側面で検討されてきた研究が多かったわけですが、それに加え築城年代や城主の築城意図などを読み込んでいくような縄張図を目指していく必要があると思います。

さて、本日と明日の事例報告と個別論を含めた資料集は、今後の静岡県における城郭研究のガイドラインと言いますか、ここを出発点として更に進化してくのではないかということを予感しました。従来、城郭の研究方法としては、文献と縄張りが主であったわけですが、今後は考古学研究者と手を携えて静岡県の城郭を掘り起こしていく、例えば、それぞれの城郭の関係、その城郭によってその地域がどのように変化していったか、そのような新たな視点も加えることにより密度の濃い研究が進むのではないかと思います。

今回のシンポジウムの問題提起的な話になりましたが、私としてもシンポジウムに期待して臨みたいと思います。長時間のご清聴、ありがとうございました。

事例紹介

事例1

高根城

加藤　理文

はじめに

高根城は、南北朝期に宗良親王を奉じた地元土豪奥山氏によって築かれ、その後武田・徳川両氏の抗争の中、信濃の遠山氏の侵攻によって落城したと伝わる。水窪町（合併により現在は浜松市）では、史跡整備のため平成五年度から七年間にわたって発掘調査を実施した。発掘調査は、城域全体の遺構残存状況の確認から始まり、整備復元を実施した本曲輪及び周辺域、堀切の全面調査が行われている。この調査により、城の創築、改修、廃絶の時期特定がされ、さらに検出遺構から城内に存在した建物が特定できた。

従来から伝わる「文書」等の史料と併せ、城の改修時期と改修者が特定されたことが最大の成果であろう。高根城の改修時期は、元亀年間から天正四年（一五七〇～七六）の間で、甲斐の武田氏が遠江平野部侵攻の足懸り、中継基地として利用するために築いたことがほぼ確実な状況となった。この時期の武田氏の築城術を考えるにあたって、今回の発掘調査成果は貴重な資料となろう。

また、武田改修前の十五世紀代から十六世紀中頃にかけての奥山時代の姿がおぼろげながら推定される遺構や遺物が検出されたことは、室町時代から戦国初頭における県内の在地領主の築城法や城郭形態を考える上で、有意義な事例の一つとして捉えられる。

一　高根城の構造について

高根城は、標高四二〇メートル（比高一五〇メートル）の通称三角山の北側尾根上に築かれた山城である。北西側を水窪川、北東側を河内川《こうちがわ》が流れ、城址北側で合流している。この両河川が、天然の堀の役目を果たし、北側の防備を強固にしていた。城が位置する三角山は、四周が急峻な崖地形を呈し、まさに天然の要害と呼ぶにふさわしい。

城は、北から本曲輪・二の曲輪・三の曲輪という三つの曲輪によって構成されている。中心となる三つの曲輪を補完する曲輪群は、本曲輪北側のみに設けられ、他の

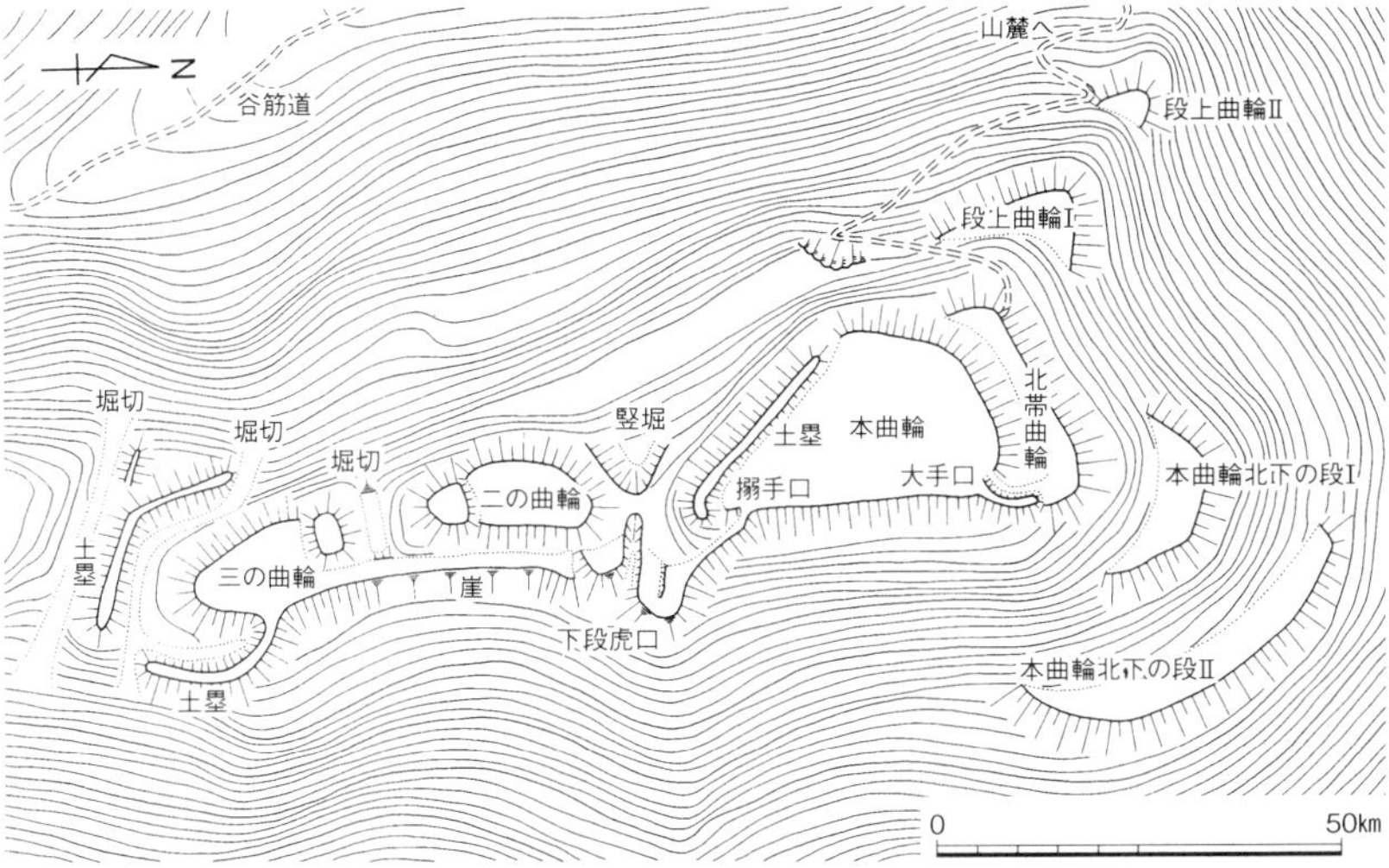

第１図　高根城概略図

曲輪では見られない。

中心曲輪である本曲輪は、南北約三五メートル・東西約二〇メートルの広さを持つ。西側に土塁、東北隅に山麓から続く大手口、東南隅に二の曲輪、三の曲輪へと至る搦手口が設けられている。大手口は、南側に土塁を持ち、北西隅から廻りこむように山麓から続く。本曲輪北側下段に設けられた幅約三メートル・長さ二五メートルの帯曲輪（北帯曲輪）は、大手通路として利用され、本曲輪北側から横矢を掛けるために規制された曲輪の可能性が高い。

本曲輪北西下に見られる三角形を呈す小曲輪二カ所（段上曲輪Ⅰ・同Ⅱ）は、山麓からの通路に備えたものと推定される。北東下の二カ所の小曲輪は、規模も大きく、斜面からの攻城に備えたものであろう。上側小曲輪は、台形を呈し幅約五メートル・長さ一七メートル（北下の段Ⅰ）、下側小曲輪は幅約五メートル・長さ四〇メートルの帯曲輪（北下の段Ⅱ）である。

二の曲輪は、本曲輪の南側に位置し、南北約二〇メートル・東西七メートルの広さで、最南端に三メートル四方程の方形の高まりが見られる。北側本曲輪との間には、幅約一〇メートルの堀切（一号堀切）が配され、堀切西側で竪堀（一号竪堀）が確認されている。東側には、明瞭な竪堀は認められないが、崖地形に若干の加工が施された痕跡が認められる。

本曲輪と二の曲輪の東下段には、小曲輪を利用した虎口遺構が発掘調査により確認された。この虎口は、城内道の防備強化を狙ったものであろう。二の曲輪東下に、五×二・五メートルの小曲輪、本曲輪東下に六メートル四方程の小曲輪が配されている。この小曲輪の間に竪堀状の崖地形があり、木橋によって繋がれていた痕跡が検出されている。

三の曲輪は、二の曲輪南側に位置し、南北約二〇メートル、東西約八メートルの広さで、北側端に五×三メートル程の櫓台状の高まりが見られる。この高まりは、二の曲輪南側と対になる位置にあるため、橋台の可能性も残されている。二の曲輪と三の曲輪の間には、幅約二〇メートル・深さ約五メートルの堀切が設けられ、堀切東端に幅約一間の土橋が存在する。堀切西側は、急角度の崖地形となり斜面へと続く。

三の曲輪南側には、中央に土塁を挟む二重堀切（三号、四号堀切）が配され、この堀切が城内最大の防御施設であった。三の曲輪側の堀切（三号堀切）は、曲輪を取り囲むようにU字状を呈し、外側堀切（四号堀切）は尾根筋を直線に遮断する。この幅約二〇メートルの堀切が城域を区切る最終ラインで、城はここを持って完結している。中央土塁は、U字状を呈す東南隅部で一部途切れはするが、そのまま三の曲輪東側へと接続している。西側土塁が切れる端は、徐々に低まり急斜面に接続することで終息しているため、城外との接続ラインとなることは考えられない。外側堀切の西側城内部分にU字状の土塁に取り付く一条の竪土塁が見られる。

二重堀切の南側には、高根山山頂に向かって約二〇〇メートル細尾根が続いているが、明瞭な遺構や削平地は認められない。堀切や曲輪という城郭施設が想定される箇所には、トレンチを設定、調査を実施しており、この結果からも城域から外れた尾根とするのが妥当と考える。本曲輪からは、北側、東西側の視界は広がっているが、南側の城西集落や、高根城の支城・大洞若子城を望むことは出来ない。これらのことから、臨戦体制の場合、南側の視界確保のため物見程度の人数が、南側尾根状の見晴らしのきく場所に配置されたことは考えられないことではない。ただ、確実に常駐する城としての施設は無かったということである。

中世城郭の場合、自然の山を切り、盛り土して、曲輪・土塁・堀切などの防御施設を構築するのが常である。高根城も同様で、当初の自然地形を改変して、敵を城に取り付かせないようにしている。今回の発掘調査によって、自然地形をどのように改変して、城を築いていったかの痕跡が一部で確認された。奥山時代は、大きな改変は行われず、自然の崖地形を利用した天然の要害が防御の要であった。本曲輪は、現在より手狭で、南側が高い地形であったと思われる。東側のトレンチで、奥山時代と考えられる切岸の一部が確認されており、曲輪縁辺部では、崖地形に取り付く削平が実施されていたと推定される。堀切等の有無は判然としないが、二号～四号堀切の前身施設は無かった可能性が高い。一号堀切については、現在より浅い自然の谷地形が存在していたと思われる。二の曲輪・三の曲輪は、接続する一連の尾根の状態で、三号・四号堀切部分が、自然の谷地形であったと考えられる。従って、現本曲輪周辺域にのみ切岸状の削平が実施されただけの城であったとするのが妥当であろう。

武田氏による改修は、かなり大規模な工事を伴うもので、本曲輪南側の高まりを削平し、北東側を埋め立て曲輪面積を広くしている。また、この造成によって本曲輪をほぼ同一レベルを持つ平坦地とし、北帯曲輪を造り出すことで、北側の防御を強固にしたと推定される。大手口となる虎口前面東側の土塁もこの時点で造られている。併せて、本曲輪西側の土塁も築かれた。これらの土は、一号堀切を含めた周辺域の切土の残土によって構築された可能性が高い。

二の曲輪と三の曲輪の間の堀切は、切土によって造られた堀切であるが、残土をどこに利用したかは判然としない。二の曲輪の調査は未実施であるが、周辺域の調査状況から、平坦面は切土によるものと推定される。三の曲輪も、南側は切土で平坦面を造っており、残土については、南東側の土塁が取り付く部分の造成工事に利用している。

二重堀切部分については、全面調査を実施したため、かなり克明に造成過程が判明した。まず、自然の谷地形の三の曲輪側と南側城内側の切土を行い、堀切斜面の整形を実施。その後、土塁部分を残し、内側・外側の堀切を掘り、残土を土塁上部に盛り上げ、土塁を築いていた。城内道より上に位置する曲輪斜面及び、二号堀切両斜面、三号堀切北側は、非常に丁寧な調整を受けており、おおむね四五度の角度を持って整形されていた。

　これらの状況から、基本的には城内で、全ての切土・盛り土を調達・処理しており、明らかに正確な図面に基づいた構築であったと考えられる。

二　検出遺構から見た武田時代本曲輪の構造について

　本曲輪からは、礎石建物一棟・掘立柱建物一棟・礎石造り城門一棟・掘立柱城門一棟・塀もしくは柵列一条（内一間分は、門の可能性有り）、礎石建物と考えられる礎石、土塁が確認された。これらの建物の配置等から永禄年間後半～天正年間初頭の武田時代本曲輪の全容がほぼ明らかとなった。

　武田時代の建物は、基本的に六尺を一間として使用しており、城の構造同様、曲輪内の建物もコンパクトにまとまっている。現時点で確実な建築物は、倉庫的機能もしくは番小屋的機能を持ったと推定される一間×四間の

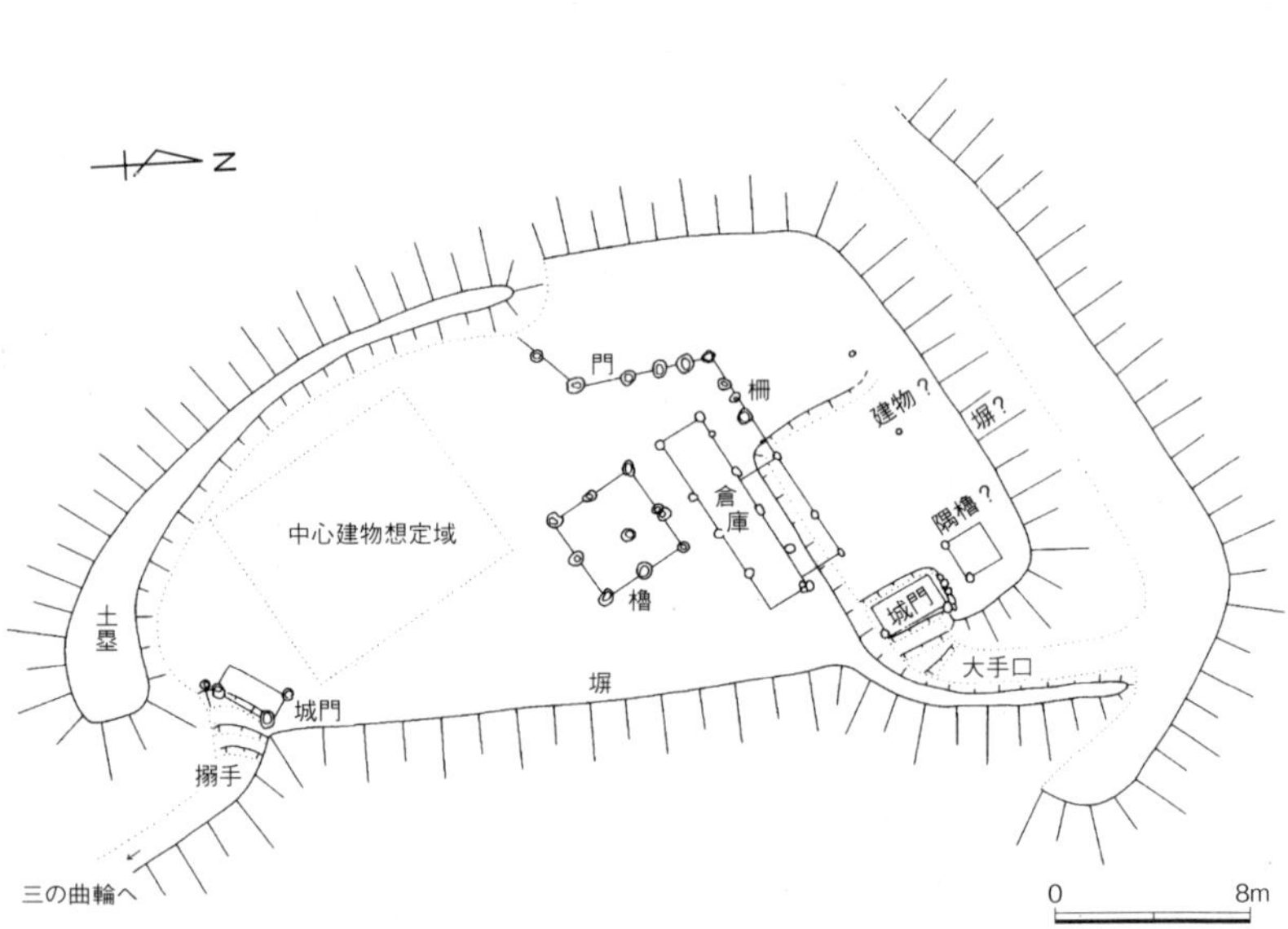

第２図　高根城本曲輪検出遺構概略図

礎石建物、櫓と推定される二間四方の掘立柱建物、表口と裏口にある城門、目隠しのためと考えられる塀、土塁である。検出されていないが、曲輪南側半分の空白地帯には礎石建物があった可能性が高い。それは、土塁の縁辺部に礎石に使用されたと推定されるかなり大型の石材が散乱していたためである。この礎石は、検出された礎石に比較し、倍程の大きさを持つ。空白部分の面積及び、建物の主軸が全て揃えてあることから、五間×六間程の建物が推定されよう。この建物が本曲輪の中心建物であったと考えられる。破線で示した位置が、中心建物が推定される位置で、予想される最大面積を表している。武田氏の軍役条目に「奥山には以上の加勢衆並びに松嶋、大草衆が在城すべし…」とあり、ある程度の人数が在城したと考えられる。全ての人数が、城内に営巣したとは考えられないが、大将格の居所としての性格を持つ建物であったと思われる。このように、本曲輪内には、居所としての性格を持つ建物を中心として、櫓、倉庫が付設され、さらに大手、搦手という二カ所の門が配置されていた。常時味方の兵力が在城しない番城にもかかわらず、このような設備が整っていたことは、当時の武田軍の築城を考えるにあたって非常に重要なポイントと思われる。また、本曲輪内は、建物と柵列によって分離されており、万が一本曲輪内へ敵兵が侵入したとしても、最終的に曲輪内での戦闘が可能な構造となっている。この時期の城が、軍事機能を最優先させて築いていたことを如実に物語る事例であろう。

未解決の問題として、曲輪縁辺部が柵なのか塀なのかという問題がある。これは、検出された城門の構造から考え、塀の可能性が高いと結論付けたい。また、表門北側に位置する一間の礎石は、位置から判断して一間四方の隅櫓と考えたい。いわゆる着到櫓としての機能を持たせたのである。礎石建物北側で検出された軸を併せた三間(礎石は三石)の礎石列については、南側礎石建物に付随するのか、目隠し塀に接続するのかは判然としない。この礎石列の北側(表門を入った正面)にある四×三メートル程の空白部分が、空白地帯であったのか、建物があったにも関わらず失われてしまったのかも結論が出せない。だが、大手門正面に建物が配置することは考えにくいため、南側礎石建物に付随する外屋的施設の礎石とするのが妥当と思われる。北側柵列と列が揃うのは、外屋と柵列が列を合わせて接続していたためであろう。また、北端中央部で検出された二個の礎石（中央一石が失われている可能性が高い）については、二間という間隔や、軸が他の建物に一致することから、北側に広がる一×三間程度の建物を推定しておきたい。これもおそらく、倉庫的役割を担った建物の可能性が高い。

未確定の建物が存在はするが、位置が確実な大手門、礎石建物、柵列、井楼櫓がいずれも軸を合わせ整然と構築されているという事実は、番匠による築城であったことを物語っている。武田軍が、いかにこの地を重要視していたかを示す一つの証でもある。武田軍にとって、信濃・遠江国境越えを速やかに、確実に実施することが、後の遠江平野部への侵攻に大きな影響を及ぼすと考えていたのであろう。

三　武田氏による改修とその時期的問題について

高根城は、武田氏の手によって永禄年間後半から天正年間初頭に大改修を受けて、現在見られる姿になったことは、検出遺構及び出土遺物から確実である。

元亀三年（一五七二）武田信玄は、遠江侵攻を開始する。信玄の駿河・遠江侵攻を妨げていた小田原の北条氏康が死去し「甲相同盟」の復活がなったためである。この遠江侵攻作戦に先立ち、前年の元亀二年三月、二万三千の大軍を率いて三河へ侵攻。この三河侵攻戦で信玄が落とした城は、野田城（愛知県新城市）と飯盛山城（愛知県岡崎市）だけである。だが、この侵攻により奥三河山岳地帯で一大勢力を持つ「山家《やまが》三方衆」を味方に引き入れることに成功した。

「山家三方衆」とは、奥三河山岳地帯に勢力を保持している田峰の菅沼氏、長篠の菅沼氏、作手《さくで》の奥平氏のことである。この三氏を味方に付けたことによって、信玄は三河平野部及び遠江平野部へ進出するための一ルートを確保したことになる。

信州から遠江・三河へ続くルートは、大きく三つが存在している。一つは、高遠から地蔵峠を越えて、青崩峠、ヒョー越峠を越え、水窪へ入る直線ルートである。もう一つは、飯田から駒場を経て、田峰を通り長篠へ至る三州街道ルートである。最後は、高遠から伊奈を経て木曽山脈を越え、木曽川沿いに東美濃の岩村を経由して三河へと至るルートである。少なくとも、国境越えまでのルートの安全確保が出来なければ、他国への侵入は賭け以外の何者でもない。元亀二年の三河侵攻戦によって、三州街道ルートを確保した時点で、水窪へ至る青崩峠、ヒョー越峠越えルートはすでに確保していたと考えられる。また、岩村城までのルートは武田領内ということで、こちらのルートも確保されていた。こうして万全の体制を整えた信玄は、元亀三年十月いよいよ遠江へと向け発進する。同年、武田信玄から奥山氏に宛てた文書が三通現存している。十月奥山左近将監に対し家康が与えた本領を安堵している（「越後奥山文書」）。十二月には、右馬助、左近将監に銭と所領を与えている（「越後奥山文書」）。同月奥山大膳亮に対して無類の忠節を褒め、所領を与えている（「奥山文書」）。これらの文書の内容から、元亀三年に程近い時に、奥山氏が武田配下となったことが読み取れる。

十二月信玄は三方ヶ原の戦において、徳川家康を撃破するが、直後から床に伏せり病没してしまう。信玄の死により、武田軍は遠江から撤退してゆく。信玄の跡目を継いだ勝頼は、信玄の遠江侵攻によって得た領土を守って行くが、天正三年（一五七五）の長篠の敗戦を契機にその版図は再び徳川家康の手へと戻ってゆく。遠江における武田勢力の一掃は天正四年のことで、この年を境にして武田勢力は完全に遠江を失うことになる。

長篠の戦いに前後して、武田勝頼は遠江勢力圏の城郭修築の命令を発し、自らも視察するなど非常に精力的な動きを見せている。この時期、対織田・徳川に備えた信遠国境の境目の城として、高根城が重要視されたことは確実である。信玄は遠江の橋頭堡として、勝頼は国境警備の城としての役割を持たせたのである。

発掘調査結果から、武田段階の建物の建て替えは認められない。また、土塁や堀切の改修痕も認められない。ただ増築や新たな堀切等の掘削が無いとは言い切れない。武田氏の勢力が遠江から一掃されるのが天正四年であるため、高根城はこの年を持って機能を停止したことは動かし難い事実である。従って、現在見られる姿に改修されたのは、元亀三年～天正四年までの五年間ということになる。ただ、改修時期が元亀三年から、一～二年程度遡ることは想定の範囲内であろう。

武田氏の内部状況等から判断して、高根城の改修時期として元亀三年前後と長篠合戦前後が、最も可能性の高

写真１　整備復原後の高根城航空写真

い時期である。問題は、八月十日高遠城の保科筑前守に対し二十八カ条におよぶ軍役条目を定めた「三州古文書」の発給年代である。この十四条に「奥山には以上の加勢衆並びに松嶋、大草衆が在城すべし、大洞《おおぼら》には、信豊同心の知久衆と跡部美作守勝忠の同心の知久衆が在番せよ」とある。ここにある奥山が高根城のことで、大洞が大洞若子城を指すことはほぼ確実な情勢である。従って、この命令がいつ出されたかが大きな問題となろう。従来は、元亀三年の信玄南下に先立って出されたと考えられていたが、黒田基樹氏が天正四年発給文書であること提唱し、現在は天正四年説が大勢となってきた。少なくとも、この年代には高根城に自由に武田氏が入城在番することが可能な番城となっていたのである。二十八カ条の軍役条目の中にある在番が可能な城がどの程度を指すのかが判然としない。高根城で検出された門、倉庫、井楼櫓、中心建物を備えたほぼ完成域に近づいた姿が、番城として評価されるのか。それとも、柵や堀という防備施設さえ完成していたなら、味方の通行確保は可能であるため、居住はバラック程度のその場限りの施設でも可能であったとも考えられる。とするなら、元亀三年の在番時には、堀切や土塁という基本的普請さえ完成していればよかったということにもなろう。

発掘調査が開始された平成五年当時は、武田信玄による改修の可能性が最も高いと思われたが、その後の武田系城郭の発掘調査の進展や、文献資料から勝頼改修の可能性が年を追うごとに高まってきたのは事実である。現在では、県内の武田系城郭のほとんどは、信玄無き跡の勝頼の手によったとするのが妥当と考えている。従って、高根城も武田勝頼の手によって、境目の城としての役割を担うために改修された可能性が高い。

県内には、前述のように武田氏の手に寄った城がかなり残されているが、建物配置を含め、堀の形状や造作が判明している事例は少ない。高天神城で確認調査が実施され、堀や土塁の形状が判明しつつあるが、建物の全容解明には至っていない。今後、さらに調査が続く予定なので、それによっては高根城の改修時期がしぼり込める可能性はあろう。また、逆に高根城の事例から、武田改修が判明することもあろう。いずれにしろ、元亀年間から天正年間前半の武田の技術を駆使して築いたということは、ほぼ確実である。高根城の発掘調査結果は、今後の武田系城郭の調査に大きな影響を及ぼすと思われる。コンパクトでありながら、必要な施設はあまさず網羅していた城が高根城である。その建物配置や礎石建物の使用、土留めの石積みの使用等、当時の武田氏の最新の技術を持って築かれたことは容易に推定される。高根城で使用された技術が、元亀年間から天正年間前半の武田の持つ技術力であったことだけは、ほぼ間違いない事実であろう。

参考文献

水窪町教委　一九九四～二〇〇〇『高根城Ⅰ～Ⅵ』水窪町教育委員会
北遠地方史研究会『奥山氏史料集　第1集～4集』
静岡県　一九九七『静岡県史　資料編8　中世四』静岡県
静岡県教委　一九八一『静岡県の中世城館跡』静岡県教育委員会
小和田哲男編　一九七九『日本城郭大系9静岡・愛知・岐阜』新人物往来社
小和田哲男　一九八九『三方ヶ原の戦』学習研究社
村田修三編　一九八七『図説中世城郭事典二』新人物往来社
『武田系城郭研究の最前線』二〇〇一　山梨県考古学協会

事例2

高天神城

戸塚　和美

はじめに

「高天神城を制する者は、遠州を制す」とも云われた高天神城は、戦国期後半の武田氏と徳川氏による遠江の覇権をめぐる攻防の舞台として著名な山城である。天嶮と深谷による天然の要害に加え、その要害を駆使し発達した縄張りは遠江随一とも謳われ、戦国時代後半の山城の様相を今によく伝えている。武田氏と徳川氏によって争奪が繰り返されたこの山城は、要衝に位置したがゆえに両者のそれぞれの版図拡大のための拠点として、その争奪の中で変貌してゆく。

高天神城では、平成十年より史跡整備に伴い発掘調査が実施されており、地表面観察を中心とした縄張り調査ではうかがい知ることのできなかった、時期による相違と変遷が発掘調査の成果によって少しずつではあるが解明されつつある。ここでは、これまでに実施された高天神城の発掘調査の概要を示すとともに、戦国期後半の遺構の変遷を考古学見地から検討するものである。

一　高天神城の沿革と攻防の歴史

高天神城の創築については明確でなく諸説あるが、当該地における鎌倉時代の御家人土方《ひじかた》氏と土方城なる呼称の存在から、現在の城山の山麓部に平地居館としての土方城もしくは土方館が存在し、山上の山城が詰城として機能していたものがその端緒ではないかと考えられている。

山城としての高天神城は、今川氏親の遠江侵攻に伴い明応三年（一四九四）から明応六年（一四九七）頃、今川氏の重臣福島《くしま》氏によって築かれたと考えられ、今川氏の支城として機能していく。

天文五年（一五三六）の花倉の乱後、城主だった福島氏が没落したあとを受けて小笠原氏が入城、今川氏にとって遠江支配の要の城として位置づけられるようになる。ところが、永禄三年（一五六〇）桶狭間の戦いで今川義元が織田信長に討たれると、それを機に遠江領内は今川離反による混迷状態（遠州忩劇）となり、高天神城でも小笠原氏興・信興父子は徳川方に与し、高天神城は徳川氏の城となった。

今川勢力が衰退していく中、元亀二年（一五七一）、武田信玄による遠江侵攻が開始されると、高天神城は二万とも云われる軍勢により包囲されるものの、小笠原信興ら徳川勢が籠城して城を死守、信玄の退却を余儀なくしたとされる。この攻防劇は、その後、高天神城を難攻不落の城としてその名を世に轟かせる伝聞になるわけであるが、実際の戦闘とは城外での小競り合い程度で本格的攻防には至っていないとされている。

更に近年の研究によれば、元亀二年の信玄による遠江・三河侵攻の存在は否定されている。したがって高天神城をめぐる攻防も否定されており、たとえ小競り合い程度の攻防が行われたとしても、それは武田方の示威行動とも呼べるものであり、これまで云われていた、いわゆる激戦としての攻防は過大評価ということになろう。

元亀二年の高天神城を舞台とした攻防の在否はさておき、武田方が天嶮の要害に築かれた高天神城の堅牢ぶりを見聞した中でその攻略については、短期間決戦による力攻めをあきらめざるを得なかったであろうことは想像に難くない。

天正二年（一五七四）、武田方は二万五千の軍勢をもって来攻した。城主小笠原信興は勝頼の猛攻に対し奮戦したが、抗しきれず開城、武田方の城となった。この戦いでは、堂の尾曲輪をはじめとした西峰の曲輪群は悉く攻め込まれており、武田勢も西峰の曲輪群が高天神城の弱点として認識し、後の技巧的な大改修につながっていくことになる。

開城後しばらく徳川方の小笠原信興が在城していた。後に武田方の城番として横田甚五郎が入城し、さらに城番は岡部元信に代わる。ところで、先の城番横田甚五郎の天正九年（一五八一）の高天神城落城の際の脱出劇はつとに有名で、甚五郎は徳川方の旗を拾い、まんまと敵方の目を欺き城の脱出に成功したと云う。このとき、甚五郎は城の南尾根の馬場平から東へ伸びた痩せ尾根、「犬戻り猿戻り」と呼ばれた隘路を使ったことから、以後、そこは「甚五郎抜け道」とも呼ばれるようになった。往事の城の構造を示す逸話である。

天正三年（一五七五）、長篠の戦いでの織田・徳川連合軍による敗北を境に武田氏は攻勢から守勢に転じるようになる。徳川家康は北遠、中遠の武田方の城郭を攻め落とし、武田勢の兵站拠点であった諏訪原城が落とされると、高天神城は徳川領に対峙する橋頭堡というよりも、むしろ孤立した突出点となってしまう。徳川家康は、高天神城奪還のための拠点として、小笠山を挟んだ徳川勢の馬伏塚城の南東に「岡崎の城山」を築城、さらに沿岸部を東進して横須賀城を築城、両城間での船舶による兵站ルートを強化した。

天正五年（一五七八）、高天神城下に進出する間道を押さえる要衝として小笠山砦を改修し、天正六年から八年（一五七九～一五八〇）にかけ高天神城包囲網である六砦（小笠山砦・中村ノ砦・能ケ坂砦・火ケ嶺砦・獅子鼻砦・三井山砦）をはじめとした二十ヶ所にも及ぶ城砦群の築城によって攻囲、甲斐からの補給路の遮断を徹底した。包囲により城外への脱出もできず、勝頼の援軍の期待も空しい孤立無援の籠城において、城主岡部元信らは城外に総攻撃をかけ全滅、その壮絶な戦いぶりは戦死者で堀が埋まったとも云われる。天正九年（一五八一）、激しい攻防の末落城、家康は城のすべてを焼き払い、高天神城は廃城となった。

二　立地と縄張り

高天神城は、小笠山山稜から東に張り出した尾根の末端に占地、標高約一三〇メートルの鶴翁山《かくおうざん》に展開する山城である。戦国末期の攻防の舞台は、東海道の掛川と遠州灘の湊を結ぶ東遠江の要衝に位置し、さらに山麓との比高差は一〇四メートルを測り、平野部を眺望可能な絶好の場所にあった。

山稜は放射状の無数の渓谷によって開析され、その様はヤツデの葉のように深く入り込み複雑な地形を成している。また、城の三方が断崖絶壁で、その堅牢ぶりは何人をも寄せ付けないばかりか、戦意を喪失させるほどのインパクトがある。さらに、当時の城山の東方には半島状の丘陵に入り江が入り込み、周囲には潟と湿地が広がっていた。立地の点からもすでに堅城であったと言え、元亀三年（一五七二）の武田信玄による示威行動としての高天神城攻めの際、力攻めをあきらめざるを得なかった理由が見て取れる。

地勢を利用した縄張りとしてもう一つ注目されるのは、城山は井戸曲輪を境に東峰と西峰に大きく分かれ、それぞれ独立した曲輪群で構成されている点である。井戸曲

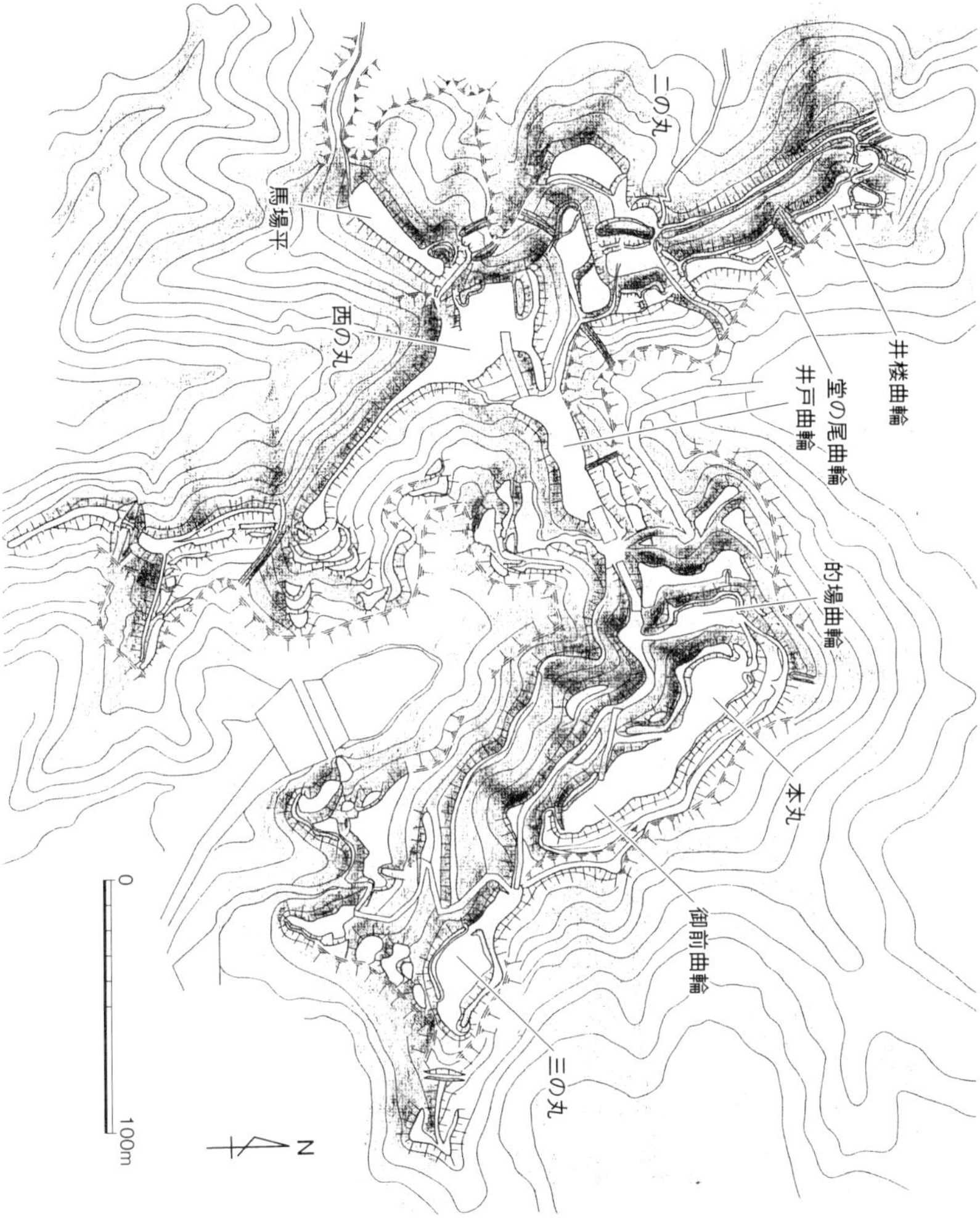

第１図　高天神城概要図

輪によって連結した様は、ちょうど「H」型の呈しており、これが俗に「一城別郭」などとも称される高天神城の縄張り的特徴である。また、城山が完全に独立した丘陵ではなく、天正九年（一五八一）の徳川家康による猛攻の際、武田方の横田甚五郎が逃亡した「犬戻り猿戻り」（甚五郎抜け道）は、その名の示すように人一人が通る程の痩せ尾根をはしる隘路で、その間道が小笠山山塊につながっており、攻め手は城山を完全に包囲することは非常に困難であった。

現状は、高天神社とそれに関連する周遊路以外ほとんどが鬱そうとした森林であり、城郭としては比較的良好な状態で保存されている。

三　出土遺構について

発掘調査は城郭整備に伴い実施されているもので、城域を地形状から大きく西峰と東峰にわけ、前者を二の丸ゾーン、後者を本丸ゾーンとそれぞれ呼称し、ゾーンごとに実施されている。ゾーンごとの出土遺構の概要とともに、各曲輪と遺構の機能を紹介したい。

（一）二の丸ゾーン

二の丸ゾーンは西峰に展開する曲輪群で、高天神社が建つ西の丸を最高所とし、南の尾根に沿って見張り台、南西には馬場が配置されている。さらに馬場の東端には「犬戻り猿戻り」（甚五郎抜け道）と呼ばれる山中への間道が続く。

西の丸北側には、一段下がった部分に二の丸・袖曲輪・馬出し曲輪・堂の尾曲輪が連なるように配されている。南北に急峻な谷が入り込むが、西側の赤根ヶ谷方面の斜面は比較的緩やかなため、入念な防御施設が構築されている。特に堂の尾曲輪から井楼曲輪の西側では、総延長一〇〇メートルにも及ぶ長大な横堀と土塁と、堂の尾曲輪を遮断する堀切等によって強固に防禦されている。

井楼曲輪は掘切を挟み、堂の尾曲輪から北に続く曲輪で、南北方向に細長く最大幅でも一〇メートル程度しかない狭長な曲輪である。曲輪の東側は急崖であるため土塁はなく、西側にのみ築かれている。曲輪の東北端に櫓台状の高まりをもつ。長径五〇センチ程の比較的大型のピットが複数検出されており、建物跡としての列びは確認されてはいないが、曲輪内でも最も高く眺望が利く部

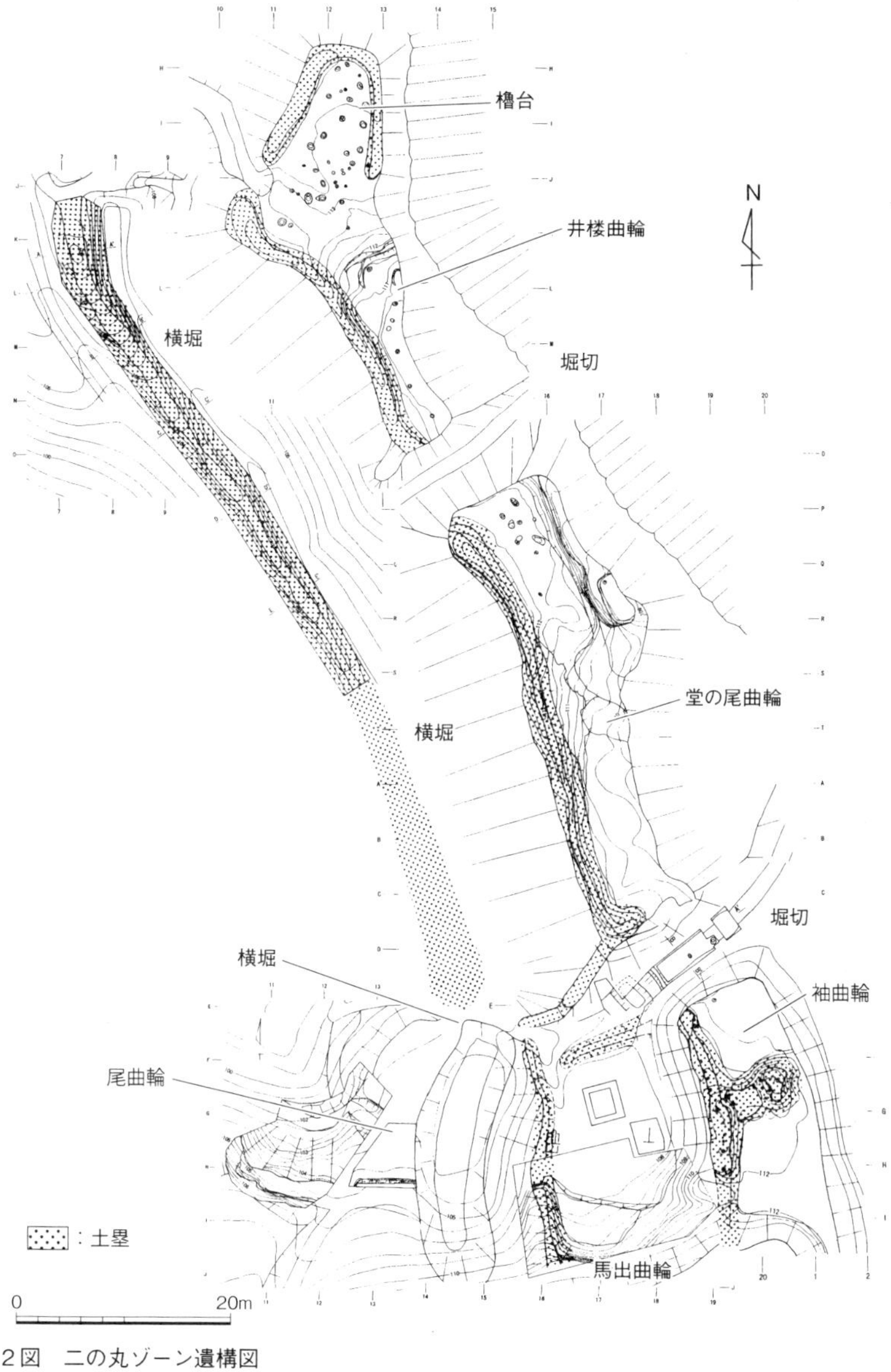

第２図　二の丸ゾーン遺構図

分であることを勘案すれば櫓状の構造物が存在したと考えられる。井楼曲輪の北西端には一段下がって腰曲輪が取り付き、南北に土塁が確認されているほか、南の横堀、北の堀切とは土橋によって区切られていることが判明した。東北端の櫓台同様、物見に用いられたものであろうが、南の横堀と北の堀切からの侵入者とっては容易に井楼曲輪にはたどり着けない袋小路（キルゾーン）としても機能したと考えられる。当初より腰曲輪として存在したのではなく、北の堀切を埋めて腰曲輪としての平坦を確保したことが発掘調査で判明しており、このような改修によって迎撃をも考慮した強化が図られている。

堂の尾曲輪は北端が竪堀、南端が掘切によって遮断された細長い曲輪で、西側に土塁をもつ。発掘調査では、東縁辺部で五×三メートル程の規模の方形竪穴が検出された。方形竪穴内には対になる二つのピットも確認されており、小屋掛け遺構と考えられている。また、ピット内からは天目茶碗と茶入が重なった状態で出土しており、意図的な埋納の可能性も考えられ、落城直前の様相を示すものとしても非常に興味深い。

二の丸は面積も広く西峰の曲輪群において中心的な曲輪で、西から三段に分けられる。最上段は西に張り出し、土塁がコの字状に巡っており櫓台が存在したと考えられる。すべての段から複数のピットが検出されているが、建物跡としての列びは確認されていない。曲輪の規模を勘案すれば何らかの建物が存在したことは間違いなかろう。最下段においては、曲輪縁辺部に柵列と考えられるピット列が確認されている。礎石に用いられた石も多数確認されており、被熱痕のある石も確認されていることから、天正九年（一五八一）落城後の焼き払いを示すものかもしれない。

袖曲輪は二の丸から北に展開する曲輪で、曲輪西側に土塁が巡り本来は二の丸下段に連結していたことが判明した。土塁は曲輪中央で障壁状に伸び、土塁上からは柵列・門跡と考えられるピット群が検出されており、複雑で堅固な守りをみることができる。袖曲輪と堂の尾曲輪とを分断する堀切内からは橋脚痕が検出された。特筆すべきは、橋脚周辺には畝と段差を備えており、橋脚部の堅牢性とともに防御性も確保されていた。

馬出し曲輪は袖曲輪の西方下段に位置する曲輪で、西には横堀、北は袖曲輪と二の丸を分断する堀切、二の丸に続く土塁等によって防禦されている。西の横堀の土橋によって往来は可能であるが、それ以北へは行き場のない袋小路となり、侵入者にとっては上段に位置する二の丸や袖曲輪からの頭上攻撃に曝されることになる。また、馬出し曲輪を突破したとしても、袖曲輪から土橋によって連結する二の丸下段も馬出し曲輪同様の袋小路を呈しており、ここでも頭上攻撃に曝されることになる。このように二の丸直下の曲輪群では、行き止まりとなる曲輪を重層的に設けており、単に敵の侵入の阻止のみを目的としたものではなく、行き止まりとなる袋小路に誘導することによって効果的な迎撃を可能とするキルゾーンを形成していたと考えられる。

堂の尾曲輪、井楼閣曲輪の西方下段には、総延長一〇〇メートルにも及ぶ長大な横堀が配置されている。さらに横堀は土塁を伴い西側からの攻撃に対し厳重な防禦を備えていた。横堀の断面形は箱堀状を呈し、上端幅三・二メートル、深さ一・六〜二メートルを測る。堀底を平時の通路として使うことも可能であろうが、長大な横堀による長隘路を形成することによって、そこに侵入した攻め手にとっては堂の尾曲輪からの横矢に曝されることになる。たとえそこを突破したとしても前述の馬出し曲輪から二の丸下段の袋小路に誘導されることになる。

二の丸西下の横堀南端では畝が一条確認されており、横堀を西の丸下段へ通路として利用する際の障壁としての機能が考えられる。

（二）本丸ゾーンの遺構

本丸ゾーンは東峰に展開する曲輪群で、周囲を急涯と深い谷に囲まれた、まさに天然の要害で、北側の登城口にもなっている搦手は、比高差一〇〇メートルにも及ぶ断崖絶壁で、今でも見る者を圧倒する。最高所となる本丸から御前曲輪を中心に、西側に的場曲輪、腰曲輪等が搦手の守りとして配置されている。

本丸の調査では、掘立柱建物跡と礎石建物跡が検出された。掘立柱建物跡は六間×二間の規模で、内部には礫が敷かれており石敷きの建物跡と考えられる。礎石建物跡は四間×一間の規模で、掘立柱建物跡とは直行する位置関係で一部が重複し、重複関係は礎石建物が先行する可能性が高い。どちらも本丸虎口に隣接することから、虎口関連の遺構と考えられる。

本丸の下段に位置する的場曲輪でも石敷き遺構が検出

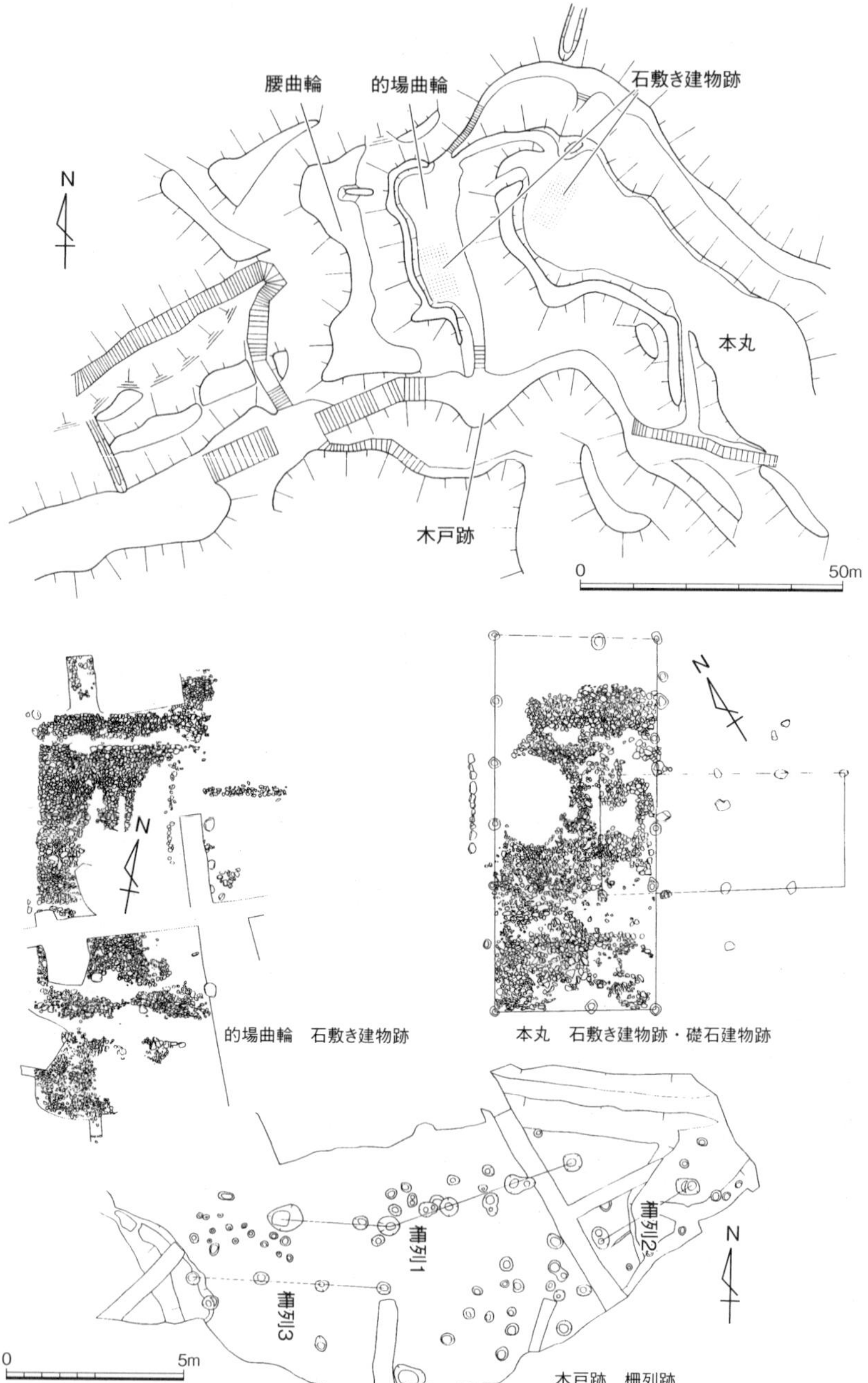

第３図　本丸ゾーン遺構図

された。東西約五メートル、南北約一一メートルを測る範囲で検出されたが、明瞭な矩形の輪郭を呈すものではない。石敷き遺構の中には四箇所の凹みが検出されており、石の組み合わせ状況から石敷き構築当初から凹ませていることが判明した。甕などの不安定な物を安定させるための施設だと考えられ、石敷き遺構の性格を考える上でも興味深い。土塁との関係において、石敷きの南端は土塁下に入り込むことや、石敷き内には時期を異にする礎石建物が含まれることなど、当石敷き遺構の時期比定、性格を考える上では課題も多い。これら石敷き遺構以外に遺構面は、焼土層含め生活面が複数確認されている。最下層から十五世紀代の遺物が出土しており、二の丸同様、十六世紀初頭に居住空間としての利用が開始されていたことが判明した。

的場曲輪西側の階段状に巡る曲輪群では、粘土層版築による障壁遺構や、犬走り状遺構などが検出されており、曲輪間の通路を考える上で興味深い遺構と評価できる。的場曲輪南側の張り出し部では、約七〇基の大小のピットが検出され、そのいくつかは柵列になると考えられる。この張り出し部は、的場曲輪・本丸を控えた両曲輪の虎口部分にあたり、虎口に関連する堅牢な作事遺構が存在したと考えられる。

本丸から三の丸の搦手側に位置する帯曲輪では、山裾に沿って排水溝が検出され、土塁の存在も明らかとなった。帯曲輪は幅約三～五メートルを測る狭長な曲輪で、本丸から三の丸側の山裾には垂直な切岸が続き、曲輪端は登坂が不可能な急崖となっている。排水溝は、幅二〇～三五センチ、深さ一五～二〇センチを測り、曲輪側に一〇～四〇センチ程の礫を用いた石組で、崖方向にL字状に屈曲する部分などが見られる。絵図などによればこの帯曲輪は、南東にいくに従い徐々に狭小となり行き止まりとなるが、石組排水溝による丁寧な整備状況から単なる帯曲輪とは考え難い。

四　出土遺物について

高天神城は、山城としては陶磁器類を主とした出土遺物が豊富であり、陶磁器類の時期ごとの出土傾向の差異と、各曲輪、エリアによる差異をみることができる好資料と言える。それぞれの差異は言うまでもなく、城郭が使用された時期、各曲輪の機能、それぞれの差異を反映

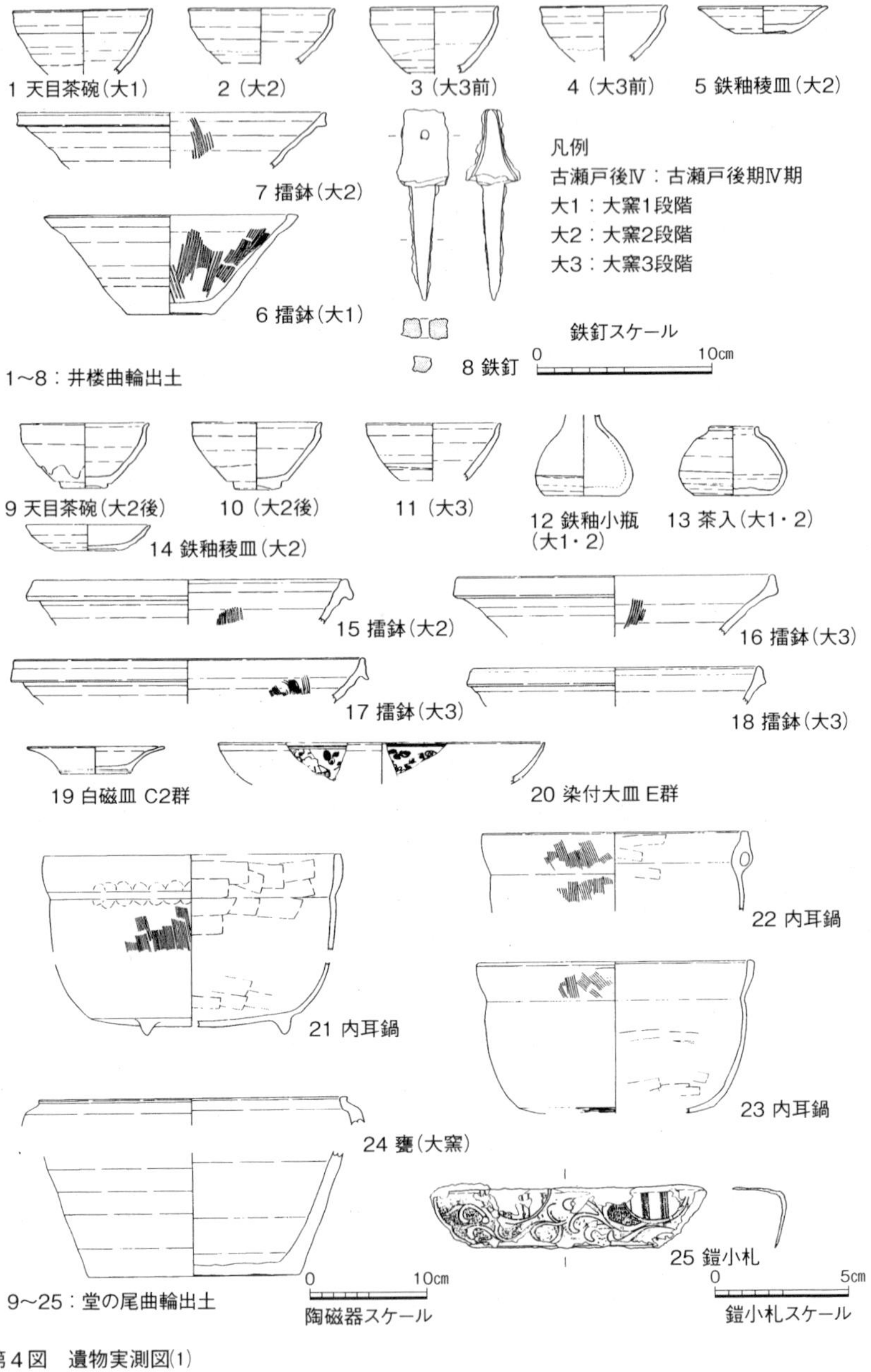
1 天目茶碗（大1）
2（大2）
3（大3前）
4（大3前）
5 鉄釉稜皿（大2）
7 擂鉢（大2）
凡例
古瀬戸後Ⅳ：古瀬戸後期Ⅳ期
大1：大窯1段階
大2：大窯2段階
大3：大窯3段階
6 擂鉢（大1）
鉄釘スケール
0
10cm
8 鉄釘
1～8：井楼曲輪出土
9 天目茶碗（大2後）
10（大2後）
11（大3）
12 鉄釉小瓶（大1・2）
13 茶入（大1・2）
14 鉄釉稜皿（大2）
15 擂鉢（大2）
16 擂鉢（大3）
17 擂鉢（大3）
18 擂鉢（大3）
19 白磁皿 C2群
20 染付大皿 E群
22 内耳鍋
21 内耳鍋
23 内耳鍋
24 甕（大窯）
25 鎧小札
0
10cm
0
5cm
9～25：堂の尾曲輪出土
陶磁器スケール
鎧小札スケール

第4図　遺物実測図(1)

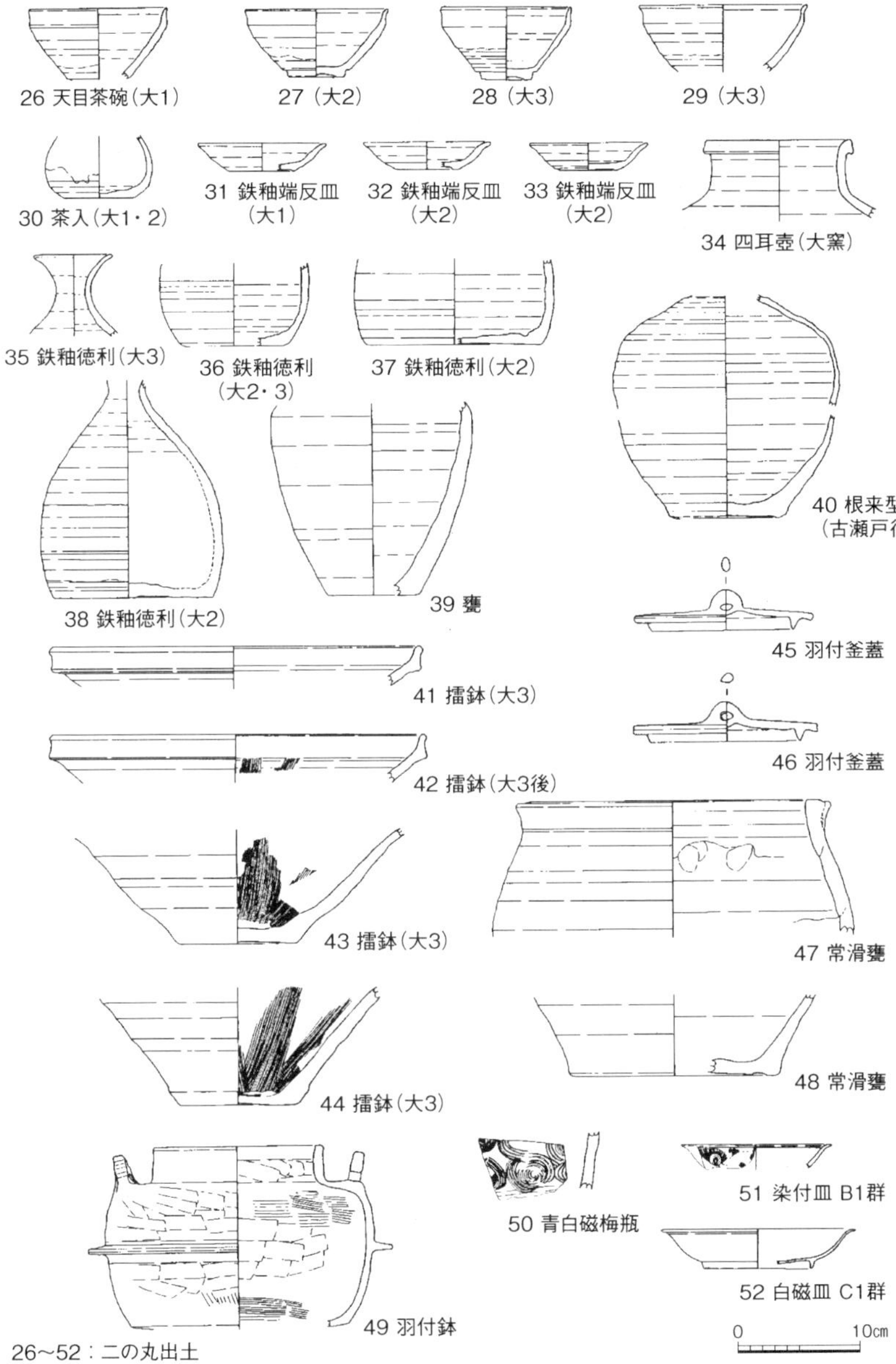
26 天目茶碗（大1）
27（大2）
28（大3）
29（大3）
30 茶入（大1・2）
31 鉄釉端反皿（大1）
32 鉄釉端反皿（大2）
33 鉄釉端反皿（大2）
34 四耳壺（大窯）
35 鉄釉徳利（大3）
36 鉄釉徳利（大2・3）
37 鉄釉徳利（大2）
38 鉄釉徳利（大2）
39 甕
40 根来型瓶子（古瀬戸後Ⅳ）
41 擂鉢（大3）
42 擂鉢（大3後）
43 擂鉢（大3）
44 擂鉢（大3）
45 羽付釜蓋
46 羽付釜蓋
47 常滑甕
48 常滑甕
49 羽付鉢
50 青白磁梅瓶
51 染付皿 B1群
52 白磁皿 C1群
0
10㎝

26~52：二の丸出土

第5図　遺物実測図⑵

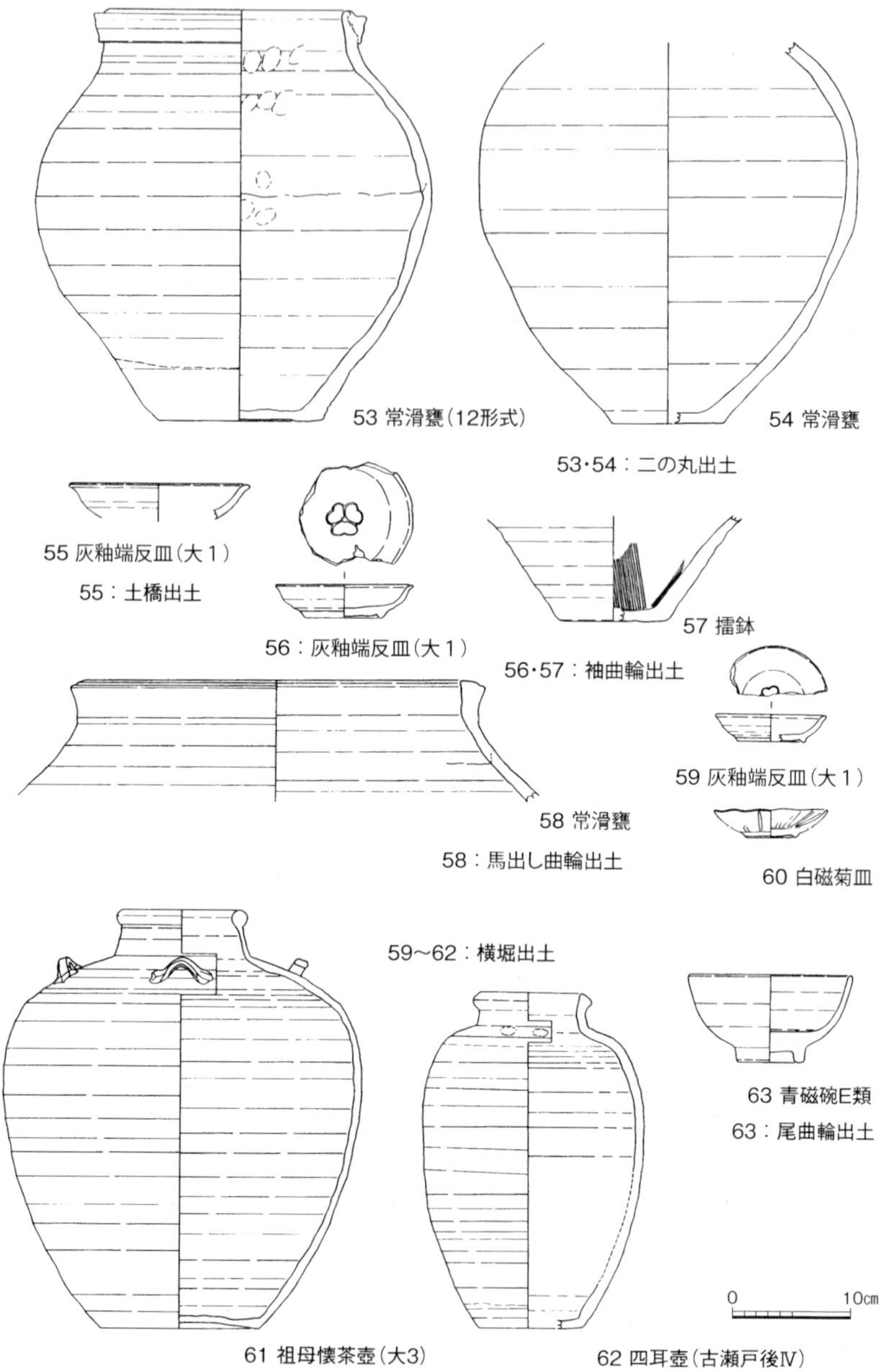
53 常滑甕(12形式)
54 常滑甕
53･54：二の丸出土
55 灰釉端反皿(大1)
55：土橋出土
56：灰釉端反皿(大1)
57 擂鉢
56･57：袖曲輪出土
59 灰釉端反皿(大1)
58 常滑甕
58：馬出し曲輪出土
60 白磁菊皿
59～62：横堀出土
63 青磁碗E類
63：尾曲輪出土
0
10㎝
61 祖母懐茶壺(大3)
62 四耳壺(古瀬戸後Ⅳ)

第6図　遺物実測図(3)

すると考えられている。ここでは時期ごとの概要を示すとともに、そこから反映される高天神城の特徴を紹介したい。

城郭に関係する遺物として最も古く位置づけられるのは、古瀬戸後Ⅳ期の四耳壺で、続く大窯1段階の製品が本丸と二の丸を中心にまとまって出土している。さらに大窯2～3段階の製品も出土量を減ずることなく各曲輪から継続して出土していることから、十六世紀初頭にはすでに本丸と二の丸が成立し、十六世紀後半まで継続的に居住空間として存続していたと考えられる。

中国製陶磁器では、伝世品と考えられる十三世紀代の青白磁の梅瓶、唐物天目茶碗などは社会的権威、信用、ステータスを表す、いわゆる威信財として認定できるもので、その他にも十六世紀代に比定される青磁碗E群、白磁皿C群、白磁菊皿、染付皿B群などが出土している。

かわらけについて、出土陶磁器類の比率では四〇％以上を示しており、かわらけを用いた儀礼空間の存在が指摘できる。

大窯3段階後半、十六世紀末になると中国製磁器も染付皿E群が伴うようになるが、中国製磁器の出土量は激減し、大窯4段階の製品は確認されなくなる。遺物の衰微は、この時期の山城の廃絶とも矛盾しないことが確認された。

このように高天神城の出土遺物は、十六世紀初頭から後葉まで継続的に一定量が出土することから、長期にわたり居館として機能していた山城の様相がうかがえる。福島《くしま》氏によって本格的に山城として築城された十六世紀初頭から、小笠原氏が入城した十六世紀前半にかけては、本丸と二の丸を中心に居館としての居住空間が存在し、あわせて威信財の存在は福島・小笠原両氏が今川氏の重臣に相応しいものであり、かわらけを用いた儀礼空間の存在も勘案すると、遠江支配においては戦略上のみならず政略上でも重視されていた城郭だったと言えよう。

十六世紀後半、武田勝頼の支配下になると、井楼曲輪・堂の尾曲輪・二の丸を中心とした西峰の曲輪群では戦闘的かつ技巧的な山城として改修されるが、遺物の出土量は激減し、天正九年（一五八一）の落城とともに廃城となったことが遺物の出土傾向からもうかがえる。

五　まとめ

発掘調査による遺構の検討から、東峰、西峰のそれぞれの曲輪群を比較すると、総じて本丸を中心とした東峰の曲輪群は面積が広く、長きに亘って居住空間として使用されてきたエリアであるのに対し、西峰の曲輪群、中でも井楼曲輪から堂の尾曲輪を経て二の丸にいたるエリアでは、横堀・土塁・堀切を用いた攻守に専一した極めて戦闘的な城域へと発達していったことが判明した。

特に、馬出し曲輪・袖曲輪・堂の尾曲輪等の比較的小規模な曲輪が近接するエリアでは、虎口形態はそれほどテクニカルなものではないものの、複雑な通路と高低差を巧みに活かした曲輪配置と、長隘な横堀へ誘導するかのような導線、それは攻め手の侵攻を困難にするばかりか、至る箇所での頭上攻撃による効果的な迎撃を可能とするキルゾーンが形成されていた。これらの遺構は、天正九年（一五八一）の落城時の様相を表すものであり、天正二年（一五七四）に奪取した武田勝頼による改修の所産であることが明確となった。

山城としては出土遺物が豊富であり、特に十六世紀前半代の二の丸と本丸におけるその出土状況からは、居館としての機能があったと考えられ、さらにこのような山城においても平地での居館と同様の威信財によるステータスの示威と、かわらけを用いた儀礼空間が存在していたことになる。ただし、平地の居館のような大型建物や庭園があるわけではないため平地の居館とは同列に扱えるわけではなく、この点については本書の松井一明氏の論考に詳しいので参照されたい。

十六世紀後半の出土量の激減は、西峰の井楼曲輪から堂の尾曲輪を経た二の丸エリアで見る限り、攻守に専一された極めて戦闘的なエリアへの改修を画期とし、その激減は落城による廃城と軌を一にしながら、最終的には遺物も見られなくなる。廃城後の片付け等も考慮すべきだか、明らかに居住空間とは異なった様相が見て取れる。

一方、東峰の本丸を中心とした曲輪群では、十六世紀後半以降も礎石建物、敷石遺構等の存在から引き続き居住空間として利用されており、西峰と東峰との機能差が鮮明になることもこの時期の特徴と言える。

武田と徳川による攻防の舞台は、マクロな観点からすれば要衝に位置するがゆえの争奪の舞台と理解できるが、発掘調査結果によるミクロな視点に転じると、時代の変遷とともに戦略と政略という指向から、やがて戦略に重きを置き、さらに戦術と戦闘に専一した城へと変貌をとげていったことも理解できよう。

参考文献

掛川市教育委員会　二〇〇九『史跡 高天神城跡―本丸ゾーン発掘調査概報―』
鴨川達夫　二〇〇七『武田信玄と勝頼―文書にみる戦国大名の実像―』岩波新書
大東町教育委員会　一九九三『高天神城の総合的研究』
大東町教育委員会　二〇〇四『史跡 高天神城跡―二の丸ゾーン発掘調査報告書―』
松井一明　二〇〇九「遺物から見た城郭の変遷」『静岡県における戦国山城』静岡県考古学会
土屋比都司　二〇〇九「高天神攻城戦と城郭」『中世城郭研究』二三号　中世城郭研究会

事例3

勝間田城

溝口　彰啓

一　城の立地

勝間田城は牧之原市勝田小山段に所在する山城である。城は勝間田川が形成した沖積平野の最奥にあたり、牧ノ原台地から南東に向かって派生する標高一〇〇～一二六メートルの丘陵上に立地する（第1図）。城の周辺は小河川によって形成された開析谷が無数に入り込む要害地形となっている。金谷から静波方面へと繋がる勝間田道と呼ばれる古道が勝間田城の眼下である勝間田谷の山裾を通り、また坂口から最明寺、桃原《もんばら》を経て牧ノ原台地に上がる市道と呼ばれる古道が城の南側付近を通っていたとされる（榛原町一九九八）。

二　城の概要

勝間田城は勝田氏《かつまた》（勝間田氏）がその本拠である勝田庄の中心、勝間田谷の最も奥まった場所に築いたとされる。勝間田川中流域の中地区には、やはり勝田氏が築城したとされる穴ヶ谷城（中村城）がある。勝田氏は『保元物語』にその名がみえるように、平安時代末期から活躍が知られる遠江有数の名族で、鎌倉時代には御家人、室町時代には奉公衆として、武芸をもって将軍に仕えた一族でもあった。

築城年代については正確な記録がないため明らかではないが、後述するように発掘調査による出土遺物が十五世紀中葉～後葉にかけた時期にほぼまとまることから、十五世紀中葉頃に築城された可能性が高い。本拠である城の周辺地域では、同時期から勝田氏の活動が活発になっていることが指摘されており、そのことと要害としての築城は密接に関連するものと思われる。

文明七年（一四七五）以降、勝田氏とその同族である横地氏は遠江進出を窺う駿河守護今川義忠と対立するようになり、しばしば武力衝突を繰り返すこととなる。やがて義忠は両氏の本拠へと侵攻し、勝田氏の勝間田城、横地氏の横地城（菊川市）を落城させる。義忠は駿河への帰路、勝田・横地氏の残党によって討たれるが、その後勝田氏一族は当地より四散したとされる。この一連の出来

第１図　勝間田城跡位置図

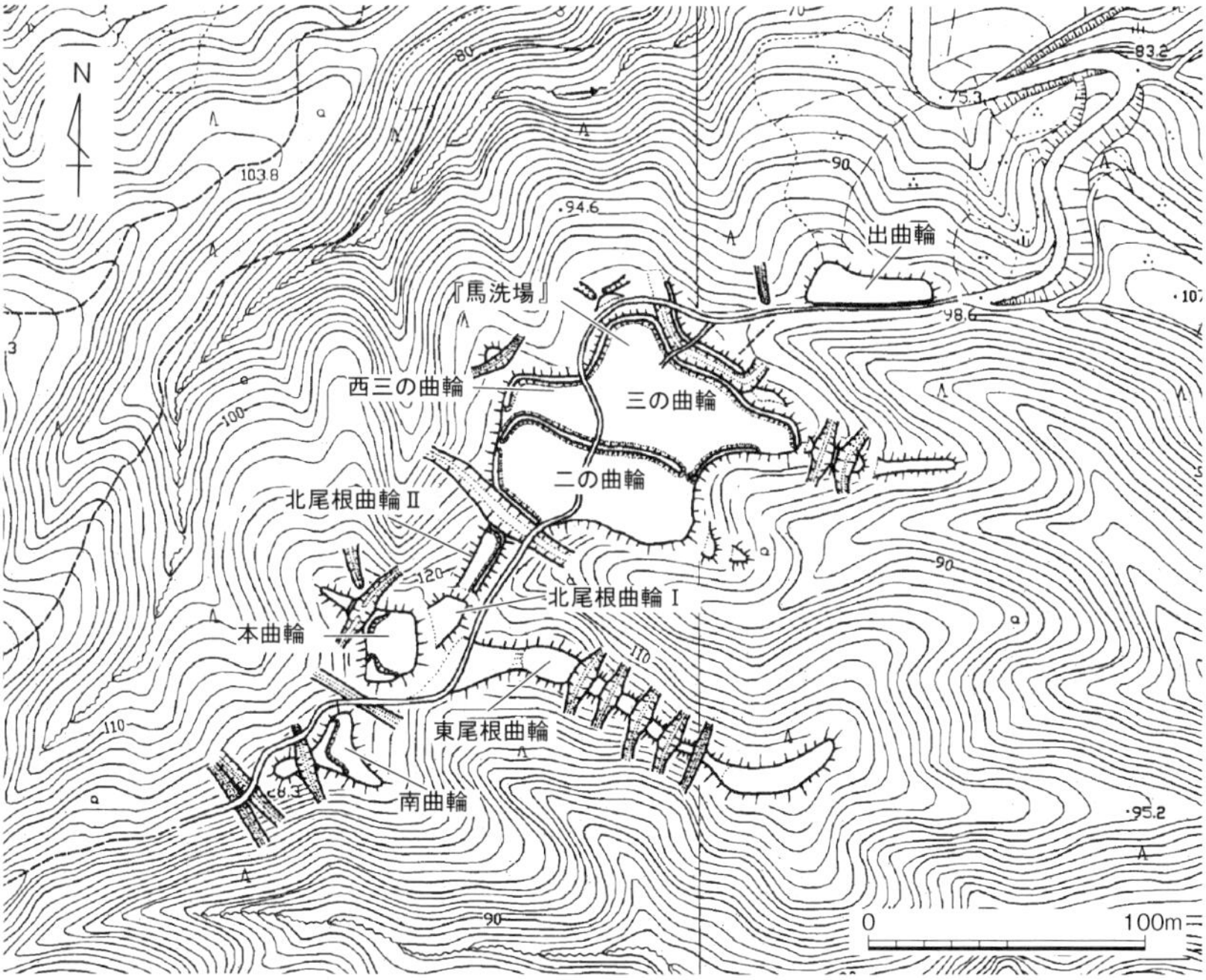

第２図　勝間田城跡概要図

事の年代は諸説あるが、『妙法寺記』によれば文明八年（一四七六）のこととされ、妥当性が高いとされる（静岡県一九九七）。これ以降、勝間田城は記録の上では確認されず、廃城となったと考えられる。

三　城の構造

城は牧ノ原台地から降下しながら派生する丘陵上を階段状に削平して築かれている。本曲輪を中心に、二の曲輪、三の曲輪といった曲輪群を尾根筋に連ねて配置するいわゆる連郭式の山城である（第２図）。西側に厚い土塁を備えた本曲輪は最高所の尾根に所在する。本曲輪から続く尾根筋には北東に北尾根曲輪、南西に南曲輪、東に東尾根曲輪などの曲輪が配置される。本曲輪の南西側尾根には南曲輪を挟んで四条の堀切、また東尾根曲輪先端の尾根には五重の堀切が設けられ防備を固めるが、いずれも幅二メートル程度と小規模なものである。城のほぼ中央には城を分断するかのように幅約一〇メートルの大堀切が設けられ、北側には二の曲輪、三の曲輪が配置される。二の曲輪は東西約七〇メートル、南北約三〇メートルの規模を持つ不整形な曲輪で、南東部を除く周囲は土塁で囲まれている。三の曲輪は東西約七〇メートル、南北最大幅約三五メートルの不整形な曲輪で、北西側に南北約一〇メートル、東西約二五メートルの西三の曲輪を伴い、三の曲輪、西三の曲輪ともに土塁が巡る。三の曲輪北東の尾根筋には出曲輪とされる小曲輪が配置されている。登城道及び虎口は明らかでなく、三の曲輪と西三の曲輪の間にある現道部分に虎口の存在が想定されるものの、戦国期後半にみられるような技巧的な虎口を現況では確認することができない。本曲輪周辺が小規模な曲輪で構成されるのに対し、大堀切を隔てた北側の二の曲輪・三の曲輪周辺は土塁囲みの広大な曲輪が配される相違点があり、北側部分が戦国後期に改修された可能性を指摘する意見もある。

四　発掘調査の概要

勝間田城では昭和六十年から平成七年にかけて、史跡整備事業に伴う発掘調査が行われた。調査は主に曲輪内の遺構確認を目的として二の曲輪、三の曲輪及び西三の曲輪、北尾根曲輪、東尾根曲輪での発掘調査が行われ、城内施設の様子が明らかとなった（第３図）。

（一）二の曲輪の検出遺構

二の曲輪では大半の部分の調査が行われ、内部構造が明らかとなっている（第４図）。東部北では方形の区画溝に囲まれた掘立柱建物ＳＨ02（二×二間）とＳＨ03（二×三間）が見つかった。東部南では雨落溝を持つ掘立柱建物ＳＨ11（三×二間）とＳＨ12（四×二間）、またその西側では区画溝あるいは雨落溝を備えた礎石建物ＳＢ01（五間以上×五間）が検出されている。西部北では方形の区画溝に囲まれた掘立柱建物ＳＨ04（三×二間）、ＳＨ05（二×二間）、ＳＨ06（二×二間）が検出されている。西部南では建替えによって重複する掘立柱建物ＳＨ07・ＳＨ08（いずれも三×二間）の二棟があり、その南東には石列を挟んで掘立柱建物ＳＨ09（三×二間）、さらにその南東には掘立柱建物ＳＨ10（四×三間）が検出されている。

このように二の曲輪では計一二棟の建物の存在が明らかとなるが、重複する建物の存在などから、曲輪内で建物の建替えや配置に段階があることが確認される。建物の軸方向に着目すると、西部と東部では若干差があるが、それぞれの地区内で軸を合わせていることがわかる。西部と東部で方向が違うのは地形に合わせているためで、

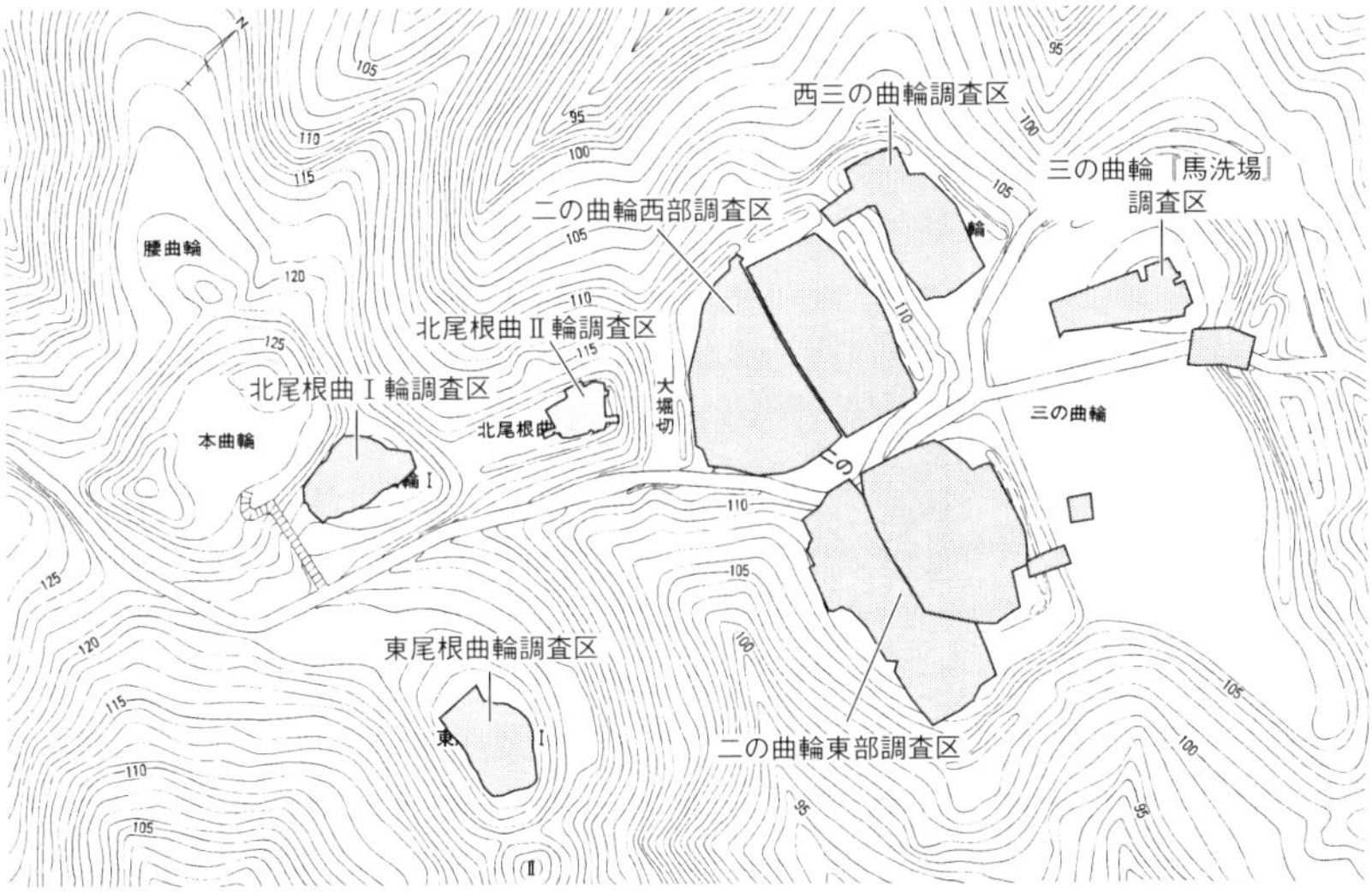

第３図　調査区配置図

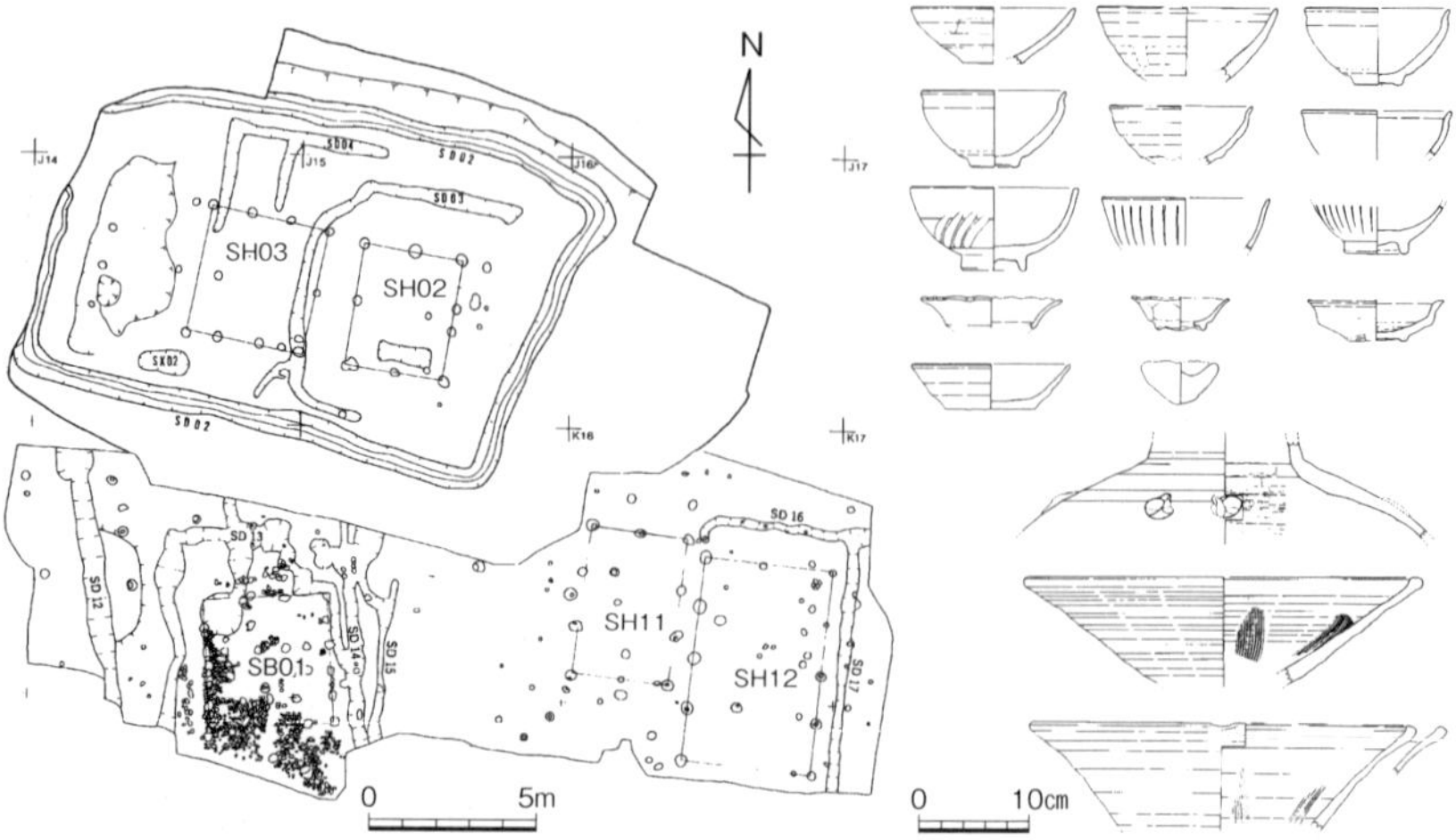

二の曲輪東部

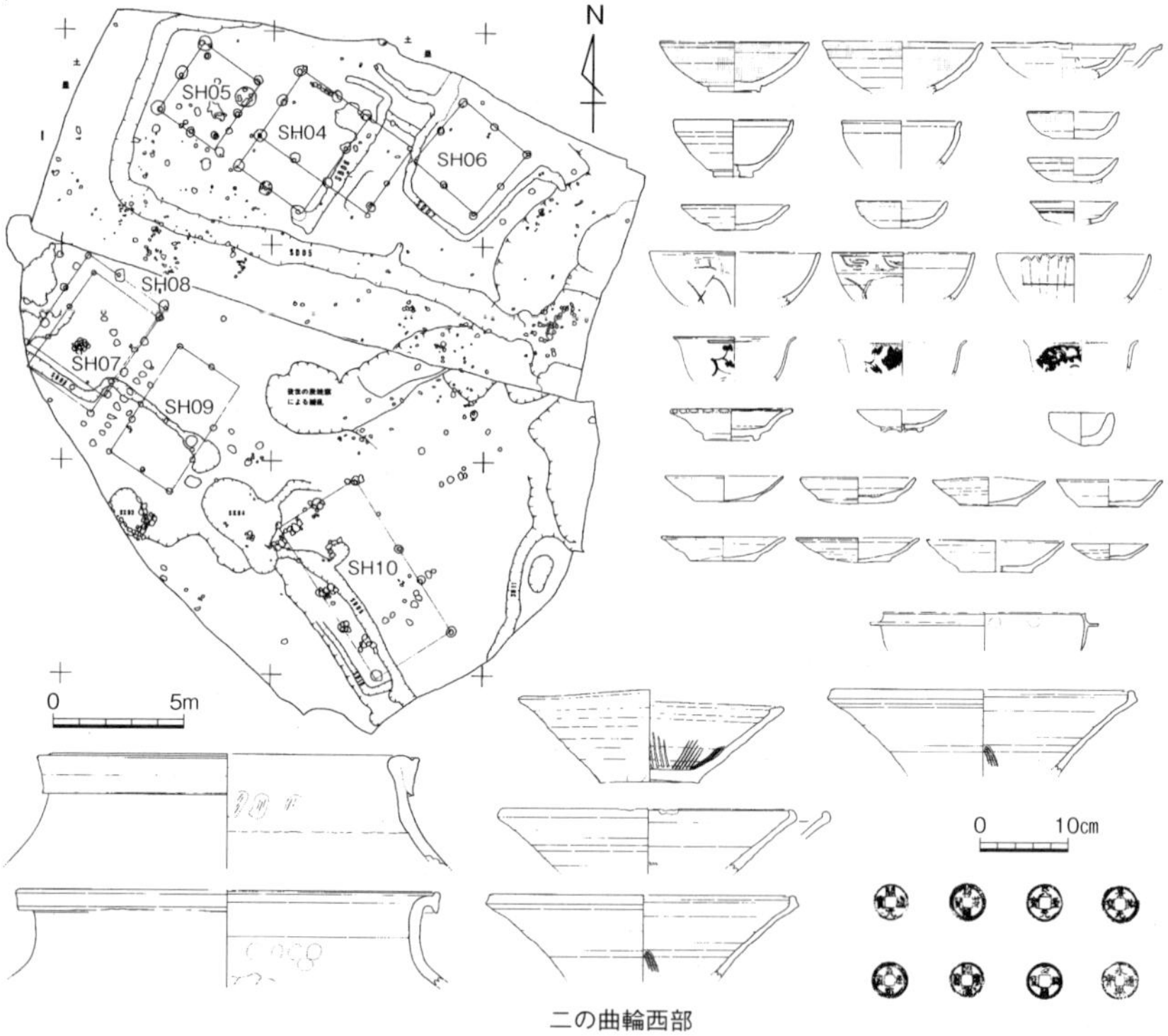

二の曲輪西部

第４図　二の曲輪検出遺構及び主要出土遺物

西部南の掘立柱建物ＳＨ10の方向がずれるのも隣接する土塁に沿って建てられているからあろう。東部南のＳＢ01はこの時期の建物としては極めて稀な礎石建物であるとともに、地形に規制されずに唯一西に軸を振ることから、他の建物とは時期が異なる可能性がある。これら建物群を囲むように、二の曲輪には周囲を巡る土塁が設けられているが、その規模は基底部幅五・六メートル、残存高一・三メートルを測り、二の曲輪側から土を積み上げられていた。二の曲輪と三の曲輪を仕切る土塁の東端近くには切り通し部分があり、そこには川原石を使用した階段状施設を伴う基底幅〇・五メートル程度の通路の存在が確認されている。

これら遺構に伴って、青磁・白磁・染付といった貿易陶磁、また瀬戸美濃産・志戸呂産・常滑産の陶器類、灯明皿を含む多量のかわらけなどが出土している。豊富な遺物は多数の建物の存在とともに、この曲輪が中心的な居住空間として使用されたことを伝えるものである。

(二)三の曲輪・西三の曲輪の検出遺構

城内で最も広大な三の曲輪であるが、部分的な発掘調査のみであったことから、内部の詳細構造は不明である。三の曲輪北端の低地部分では、「馬洗場」と伝承される水場遺構が発見されている(第5図)。遺構は長軸九・八メートル、短軸六・〇メートル、深さ二・〇メートルの略長方形を呈する。南西がスロープ状となり、他の三方は粘土を貼った地下水を溜める施設であったと考えられる。遺構内からは木簡や木製品(漆碗、建築材など)が出土し、その中には炭化した建築材も含まれることから、これらは火災後にまとめて捨てられた可能性が指摘される。木簡には「笠原殿」や「池田衆陣所」といった人名や集団に関わるものや、兵糧や竹などの物資調達の際の付札とみられるものがあり注目される。また、三の曲輪南東部では現存していた現代の石組井戸を調査したところ、城に伴うとみられる素掘の井戸が重複した形で発見された。井戸や水場遺構の存在から、二の曲輪同様多くの施設が存在する居住空間であったと推定される。

三の曲輪北西側の西三の曲輪では浅い落ち込みを伴う掘立柱建物ＳＨ01(三×三間)と、それを巡る区画溝が検出されている(第5図)。炭化物や焼土が多量に検出されており、火災にあった可能性が指摘される。この区画溝

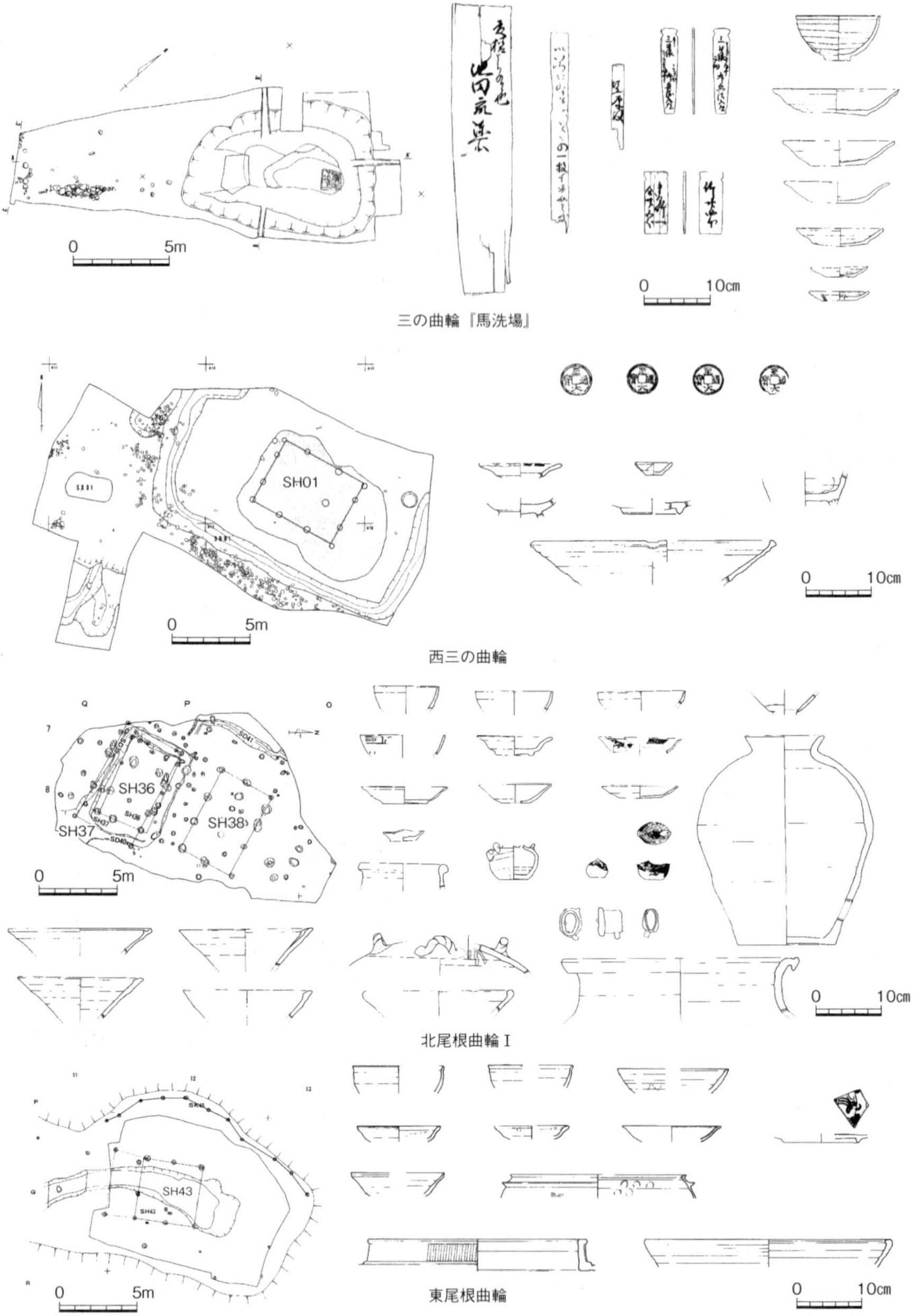

第５図　三の曲輪・北尾根曲輪Ⅰ・東尾根曲輪遺構図・主要出土遺物

は調査前から落ち込みとして認識されており、廃絶後そのまま埋没していたとみられる。

（三）北尾根曲輪Ⅰ・Ⅱ及び東尾根曲輪の検出遺構

本曲輪の北側に連なる北尾根曲輪は南側の曲輪Ⅰ、北側の曲輪Ⅱに分けられる。曲輪Ⅰは本曲輪下段に位置する重要な曲輪と考えられ、重複する二棟の掘立柱建物ＳＨ36・ＳＨ37（いずれも二×三間）と、その北側にも掘立柱建物ＳＨ38（二×三間）が隣接していた（第5図）。もともと単体だった建物が、建替えを契機としての二棟に増設されたものと考えられ、また建物の周囲には列状の小穴列があることから、塀や柵が併設されていた可能性もある。なお、曲輪Ⅱでは施設の存在は確認できなかったものの、整地状況が確認されている。曲輪Ⅰでは鳥形水滴、水注、瓶子や唐物天目、茶壺といった茶道具など、比較的高級品を含む陶器類が出土し、また建物の床面からは炭化した籾が出土したことから、本曲輪に付属する貯蔵施設が置かれた曲輪とも考えられる。

東尾根曲輪は本曲輪の東側にあたり、城の東側への眺望が開けた位置にある。東側の尾根筋には五重の掘切が設けられていることからも、城の防衛上重視されたとみられる。曲輪内では二×二間の掘立柱建物ＳＨ43とともに曲輪北側端部に設けられた柵列あるいは塀の柱穴が検出された（第5図）。曲輪の立地などから物見的な建物であった可能性がある。

（四）出土した遺物

静岡県内における主要城館では軍事的緊張がピークとなる十六世紀後葉まで使用が継続しており、出土遺物の様相もほぼそれを反映する傾向がある。しかし、年代の指標となる瀬戸美濃系施釉陶器に着目した場合、勝間田城では古瀬戸後Ⅳ期段階（十五世紀中～後葉）までの製品で占められ、それに継続する大窯段階の製品が全く確認されていない（菊川シンポ実行委員会二〇〇五）。これは落城年代である文明八年（一四七六）以降に城が使用されていないことを示しており、古瀬戸後Ⅳ期の実年代の標識ともなっている。勝間田城で発見された多くの城内施設は落城時の遺構と判断されるもので、発掘調査の成果と落城年代が合致する可能性が極めて高いといえる。

瀬戸美濃系施釉陶器は古瀬戸後Ⅱ期～後Ⅳ期（十四世

紀末葉～十五世紀後葉）の製品が出土し、特に後Ⅳ期古～新段階（十五世紀中～後葉）の製品が大半を占めていることから、集中した時期に整えられたとみるのが妥当である。器種は天目茶碗や茶壺などの茶道具が目立ち、供膳具の碗皿類、調理具の擂鉢といった生活用具の出土も一定量みられる。また地元に近い志戸呂窯の製品の搬入も顕著で、同時期の瀬戸美濃窯製品と競合関係にあるが、擂鉢や茶壺が多く、碗皿類は少ない傾向である。

貿易陶磁は碗皿が主体となり、青磁の碗・稜花皿、白磁の碗・皿類、染付の碗・皿類を中心に十五世紀前葉～後葉にかけての製品が出土している。これらは瀬戸美濃系施釉陶器とともに山上における供膳具として使用されており、特に出土量の多い碗類はむしろ国産品を凌ぐ程である。一方、四耳壺や梅瓶などの壺・瓶類や盤類などの上質な高級品はなく、唐物天目といった高級品の中でも普遍的に出土する器種があるに留まっている。

出土遺物の中でも特に注目されるのはかわらけで、総出土遺物量の八〇％近くを占めるほど多量に出土している。かわらけの大量消費は頻繁に行われた武家儀礼に使用されたことによるものと考えられ、それは山上における儀礼空間の存在を窺わせるものである。

このように勝間田城出土遺物の内容は発掘調査の行われた二の曲輪、三の曲輪を中心とした空間に領主かそれに近い階層の居館的施設が存在したことを示している。十五世紀中～後葉の段階に勝田氏本拠の一角に恒常的な居城として築かれたことが想定される。

五　まとめ

未調査部分の発掘調査と関連資料の総合的な調査を経て改めて検討する余地を残すことから、戦国後期の改修を否定することはできないが、現時点では勝間田城は十五世紀中～後葉における山城の一形態を良好に示す事例といっていいだろう。土塁で囲まれた防御空間内に城内施設を配置する構造は、防御施設を備えた平地居館と同質の思想から構築された、つまり平地居館がそのまま山上に移動した形態の山城であったと考えられる。小規模な建物が地形に合わせた形で展開しているのは、山上という限定された敷地に立地することによるものであろう。こうした遺構のあり方は、居館の機能の一部のみが軍事的緊張状態に即して移動してきた結果と考えられる。

小規模な建物で構成される城内施設、また高級品は多いものの、特定の時期の陶磁器類に限られることや、器種に偏りがみられる出土遺物の傾向は、山上と並行して主たる居館が存在した可能性を物語る。山上における居館がどのようなものであったかを知るのは現状では困難であるが、かわらけや茶道具の出土傾向などから、主従による武家儀礼が執り行われた場と考えられ、領主、ここでは勝田氏当主自身が必要な機能を移して在城する山上居館という見方が可能と思われる。

西国では応仁の乱に端を発した戦乱により、十五世紀後半以降に居住空間を伴う防御施設が出現したことが指摘されているが（中井一九九九）、勝間田城も同様の背景から築城された居館施設を併せ持つ恒常的山城であったのであろう。冒頭に述べたように、勝田氏は十五世紀中葉以降に在地領主として活動が目立つようになる。城の周辺地域ではこの頃に勝田氏の関与により開基、中興された寺伝を残す寺院があり、それは勝田氏の本拠における具体的な動きを示すこととして注目される。十五世紀中葉頃から遠江守護斯波氏と駿河守護今川氏の対立により遠江は不穏な情勢となっており、京都における応仁・文明の乱以降、その余波を受けてさらに激烈な状況となっていったと思われる。勝田氏は本拠地にあって領内の経営を進めるとともに、こうした情勢に対応するため居館の防御機能を補完する恒常的山城である勝間田城を築き、整備を進めていったと考えられる。

参考文献

及川　司　他　一九八六～一九九六『勝間田城跡』Ⅰ～Ⅷ　榛原町教育委員会（第４・５図出典）

静岡県　一九九七『静岡県史』通史編二　中世

榛原町教育委員会　一九九八『榛原町の古道』

中井　均　一九九九「居館と詰城―発掘調査から見た山城の成立過程―」『帝京大学山梨文化財研究所研究報告』第九集

菊川シンポジウム実行委員会　二〇〇五『陶磁器から見る静岡県の中世社会』

溝口彰啓　二〇一〇「遠江勝間田城の再検討」『北杜―辻秀人先生還暦記念論集―』辻秀人先生還暦記念論集刊行会

事例4

諏訪原城

萩原佳保里

一　諏訪原城の位置と立地

諏訪原城は、日本一の規模を持つ茶園として名高い牧ノ原台地の北端部に近い東側平坦に位置している。城跡の東側には駿遠《すんえん》両国の境をなし、近世には「箱根八里は馬でも超すが越すに越されぬ大井川」と唄われた大井川が流れている。牧ノ原台地は、かつての大井川が形成した扇状地がその後の地盤活動で隆起して形成された洪積台地で、島田市居林《いばやし》付近から御前崎まで約二五キロにわたって続いている。城跡の位置する標高は、二十五メートルから二二〇メートルで、城跡との比高差は約一一〇メートルである。この城の南には、小夜の中山から菊川宿を経て鎌塚・色尾に至る東海道が通り、菊川《きくがわ》宿から北へは新宿《しんしゅく》に抜ける街道も通じていた。諏訪原城は、大井川の渡河点に通ずる二つの街道を押さえている位置に築城されており、交通の要衝に立地している。また当時は、大井川が牧ノ原台地縁部に沿って流れており、城の背後は大井川の本流であった。つまり諏訪原城は、城入口から見れば「平城」となり、背後の大井川より眺めれば「山城」という典型的な『後ろ堅固の城』となっており、自然地形を巧みに活かした山城といえる。

写真1　諏訪原城跡遠景

また、本曲輪を要として二の曲輪、惣曲輪、大手曲輪などの曲輪が扇状に配置され、それを防備する堀が現存していることから別名扇城とも呼ばれている。

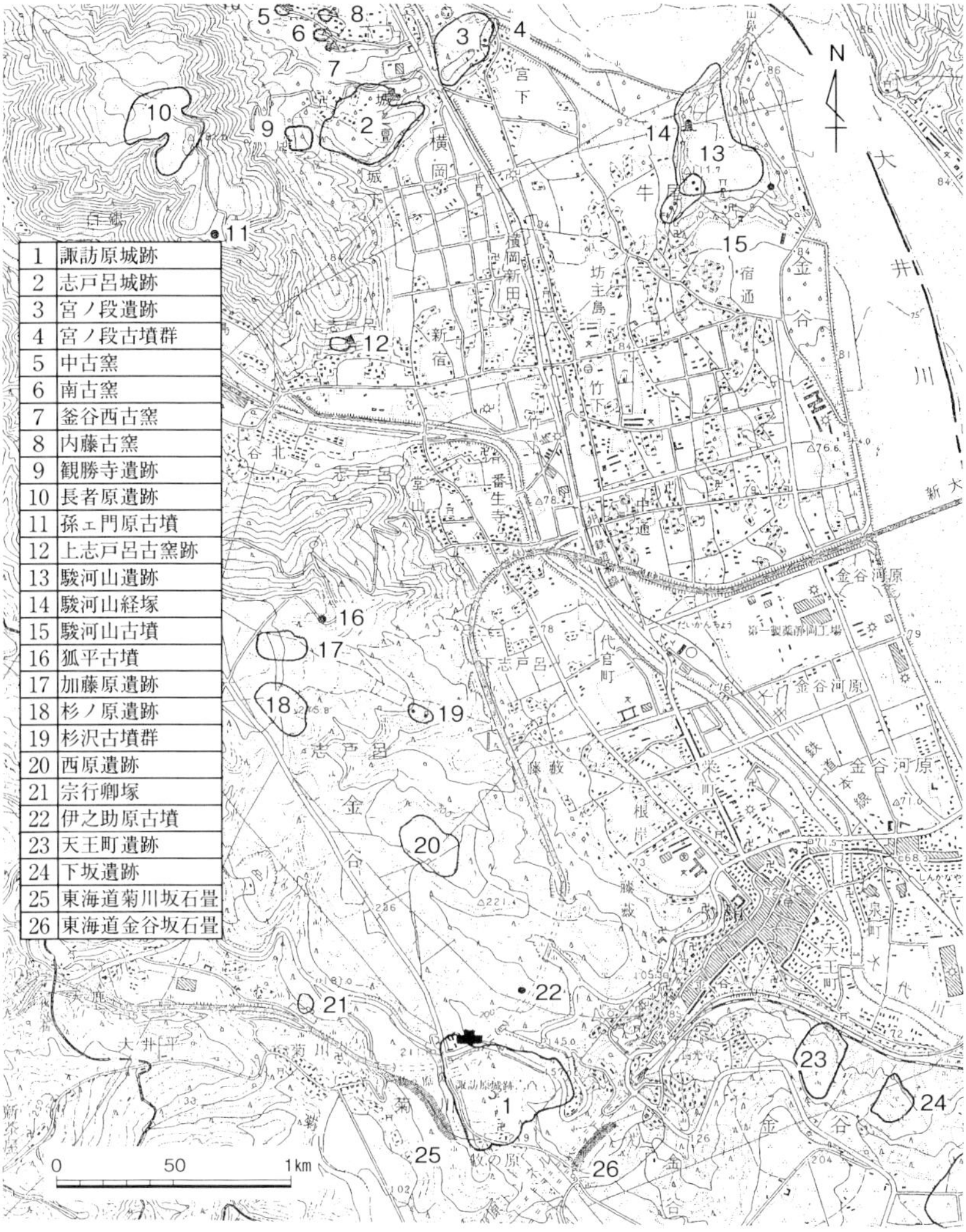

1	諏訪原城跡
2	志戸呂城跡
3	宮ノ段遺跡
4	宮ノ段古墳群
5	中古窯
6	南古窯
7	釜谷西古窯
8	内藤古窯
9	観勝寺遺跡
10	長者原遺跡
11	孫エ門原古墳
12	上志戸呂古窯跡
13	駿河山遺跡
14	駿河山経塚
15	駿河山古墳
16	狐平古墳
17	加藤原遺跡
18	杉ノ原遺跡
19	杉沢古墳群
20	西原遺跡
21	宗行卿塚
22	伊之助原古墳
23	天王町遺跡
24	下坂遺跡
25	東海道菊川坂石畳
26	東海道金谷坂石畳

第１図　史跡諏訪原城跡周辺図

二　諏訪原城の概要

武田勝頼は、天正元年（一五七三）に遠江を制圧するために、家臣の馬場美濃守信房に命じて牧ノ原に城を築き、武田氏の守護神である諏訪大明神を祭ったことから諏訪原城と名付けたと言われている。

諏訪原城は、久野城（袋井市）・掛川城（掛川市）を牽制し、高天神城（掛川市）を攻略するための陣城として、また兵站基地としての役割を担っていたと考えられている。天正二年（一五七四）五月に武田勝頼は、高天神城を攻略し、天正三年五月には長篠城（愛知県新城市）を包囲したが、織田・徳川両軍の前に武田軍が敗れる結果となった。家康は、同年七月・八月と諏訪原城を攻撃した。そのため、諏訪原城にいる城兵たちは、城に火を放ち夜陰に乗じて小山城（吉田町）へ逃げたと言われている。諏訪原城は、八月二十四日に家康の手に落ち、「牧野城」と改名している。家康は、天正四年（一五七六）に牧野城城主として今川氏真を迎えたが、武将としての資質に欠けており、結局、天正五年（一五七七）三月には解任している。その後、定番衆として松平康親《やすちか》や松平甚太郎家忠・牧野康成《やすなり》らが牧野城に入っている。また、加番として松平主殿助《とのものすけ》家忠・西郷家員《いえかず》らが交代で城に詰めた。松平主殿助家忠が記した『家忠日記』には、天正六年から天正九年にかけて「番普請」「牧野市場普請」「塀普請」「堀普請」などの城の改修の記述がいくつか見られる。この中で天正八年八月八日～二十日「堀普請」、同年九月四日～七日「牧野市場普請」、天正七年九月八日・十月一日「塀普請」、天正九年十二月二十一日～二十七日「番普請（城門造営）」など期間や内容がわかるものも記載されている（『図説金谷町史』より抜粋）。このことから、牧野城はたえず普請が加えられていたことがわかる。

天正九年（一五八一）に高天神城が落城し、その後武田氏が滅びると、この城の軍事上の役割は終わったと考えられる。

諏訪原城の廃城時期は不明であるが、家康が天正十八年（一五九〇）八月に関東に移ったこともあり、この頃には、廃城になっていたのではないかと思われる。

その後諏訪原城は、昭和五十年十一月二十五日に国指定史跡となり、平成十四年十二月十九日には大手曲輪などが追加指定されている。現在の総指定面積は、十一万三千三〇五平方メートルである。

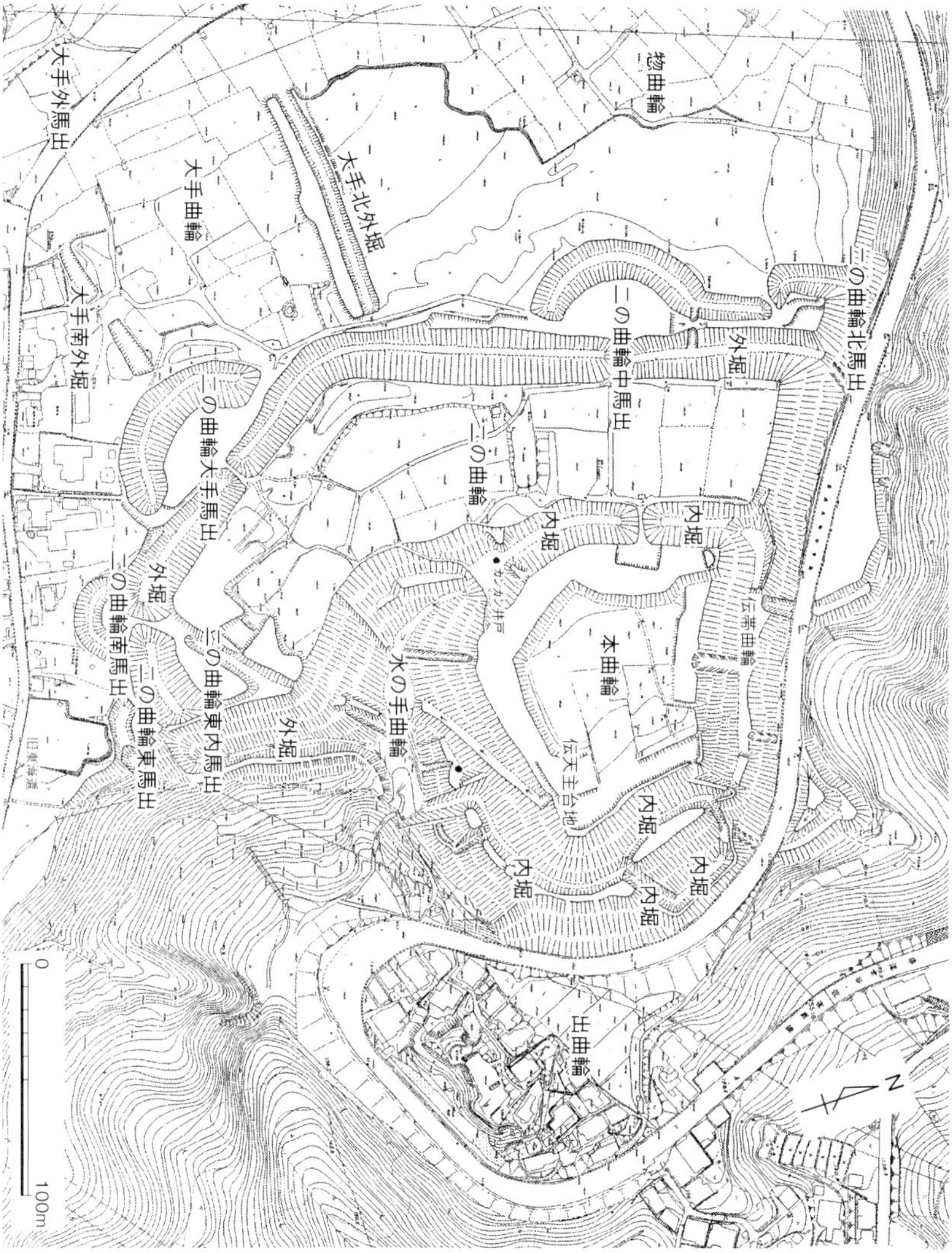

第２図　諏訪原城跡概要図（作図：中井　均）

第3図　諏訪原城跡発掘調査箇所（●は門跡）

三　発掘調査の概要

諏訪原城では、茶園改植や道路拡張工事などにより、大手曲輪や外堀（旧九号堀）の一部が発掘調査されている。また、平成十六年（二〇〇四）より史跡整備に伴う発掘調査が開始され、少しずつではあるが諏訪原城の姿が見え始めてきたので調査結果をまとめてみることにする。

（一）大手曲輪第一次調査（昭和五十八年）

茶園改植を行なうときに大手曲輪内のトレンチ調査を実施している。空堀を掘った土で大手曲輪内を造成したことが判明した。

（二）大手曲輪第二次調査（昭和六十三年）

県道吉沢・金谷線の導水管埋設工事に伴い調査を実施した。検出された遺構は、大手曲輪からその前面の馬出に渡る土橋の一部（虎口）とその両側の空堀の一部、及び同曲輪の南縁の空堀の一部である。土橋付近で柱穴と考えられるものが八カ所確認されたが、このうち三つは土橋上に直線的に並んでおり、両端の柱穴には、底に小石が詰められ、こぶし大の石が根巻石《ねまきいし》として入れられていた。

（三）大手曲輪第三次調査（平成二年）

県道の拡幅工事に伴い調査がされている。位置的には、第二次調査に隣接する場所である。大手曲輪馬出口とこれに伴う空堀が見つかっている。溝状遺構や土坑も確認されているが、陶磁器片から近世の遺構である可能性が高くなっている。

写真２　大手曲輪第三次調査で見つかった空堀

（四）本曲輪発掘調査（平成十六年度～平成十九年度）

①本曲輪中央部平坦地トレンチ調査

表土より約四〇センチ下で焼土層を確認。焼土より上層部分で、本曲輪を囲む枡形土塁が構築されていることが判明。平成十七年度のトレンチの北側端では、土塁の基底部の版築《はんちく》面を十層ほど確認することができた。

焼土より下層部分では、堀を掘ったときに出た牧の原礫層の残土を水平に整地した痕跡が確認された。場所によっては、二メートル以上の整地が確認されている。

出土品は、焼土下部より瀬戸美濃産の丸碗のかけら、炭化米、焼けた土壁が出土している。

②本曲輪虎口・内堀の調査

二の曲輪と本曲輪をつなぐ土橋の本曲輪側の虎口部分では、東西一・五メートル、南北二・一メートルの間口に対し奥行きの狭い薬医門と見られる四つの礎石が確認されている。土橋側の礎石には、宝篋印塔の部材（基礎と反花座《かえりばなざ》）が転用され一部被熱は確認されているが、焼土は周囲からは検出されていない。また、この虎口部分では、L字形に囲む桝形の土塁の基底部が確認され、東側には、本曲輪に出入りするためのスロープ状の通路が確

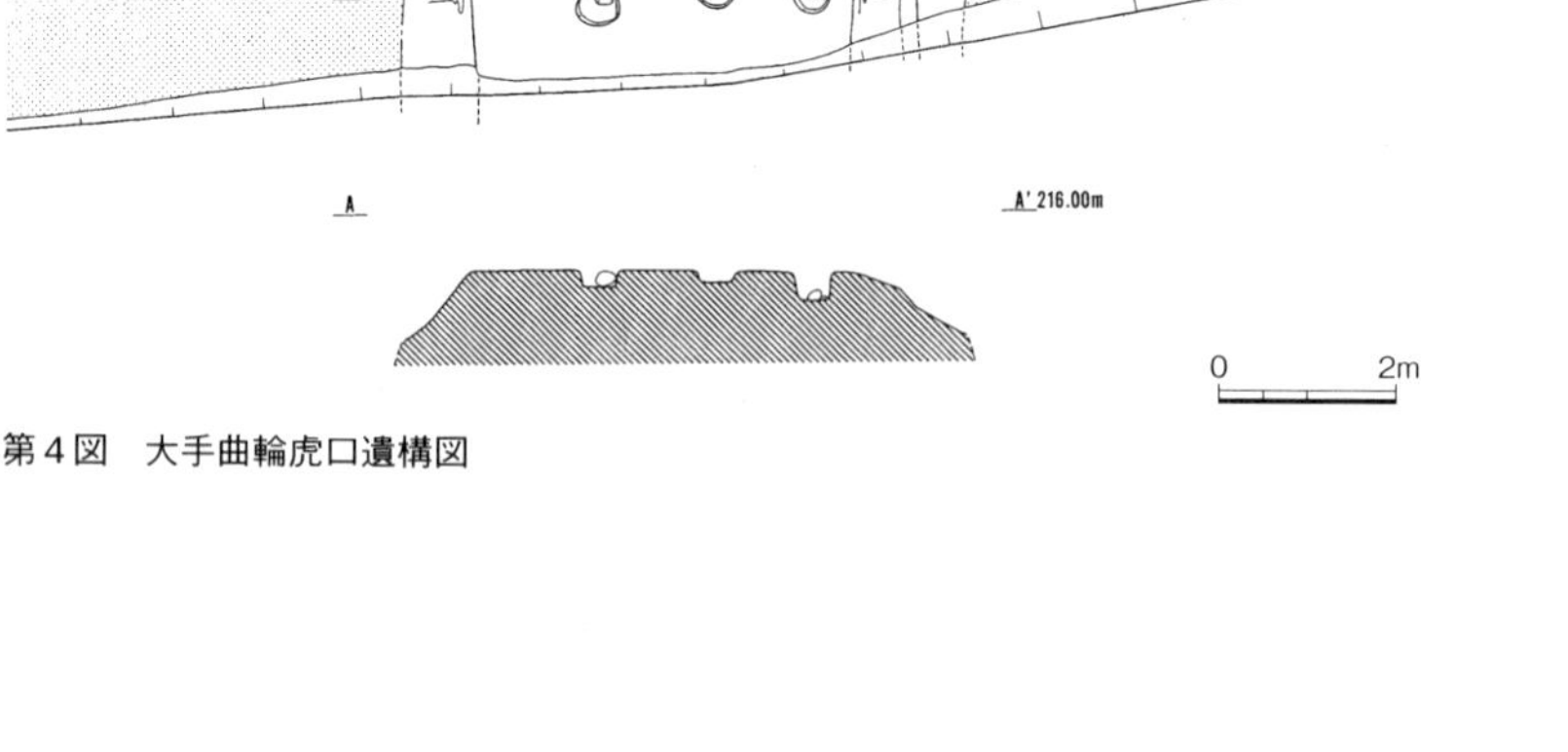

第４図　大手曲輪虎口遺構図

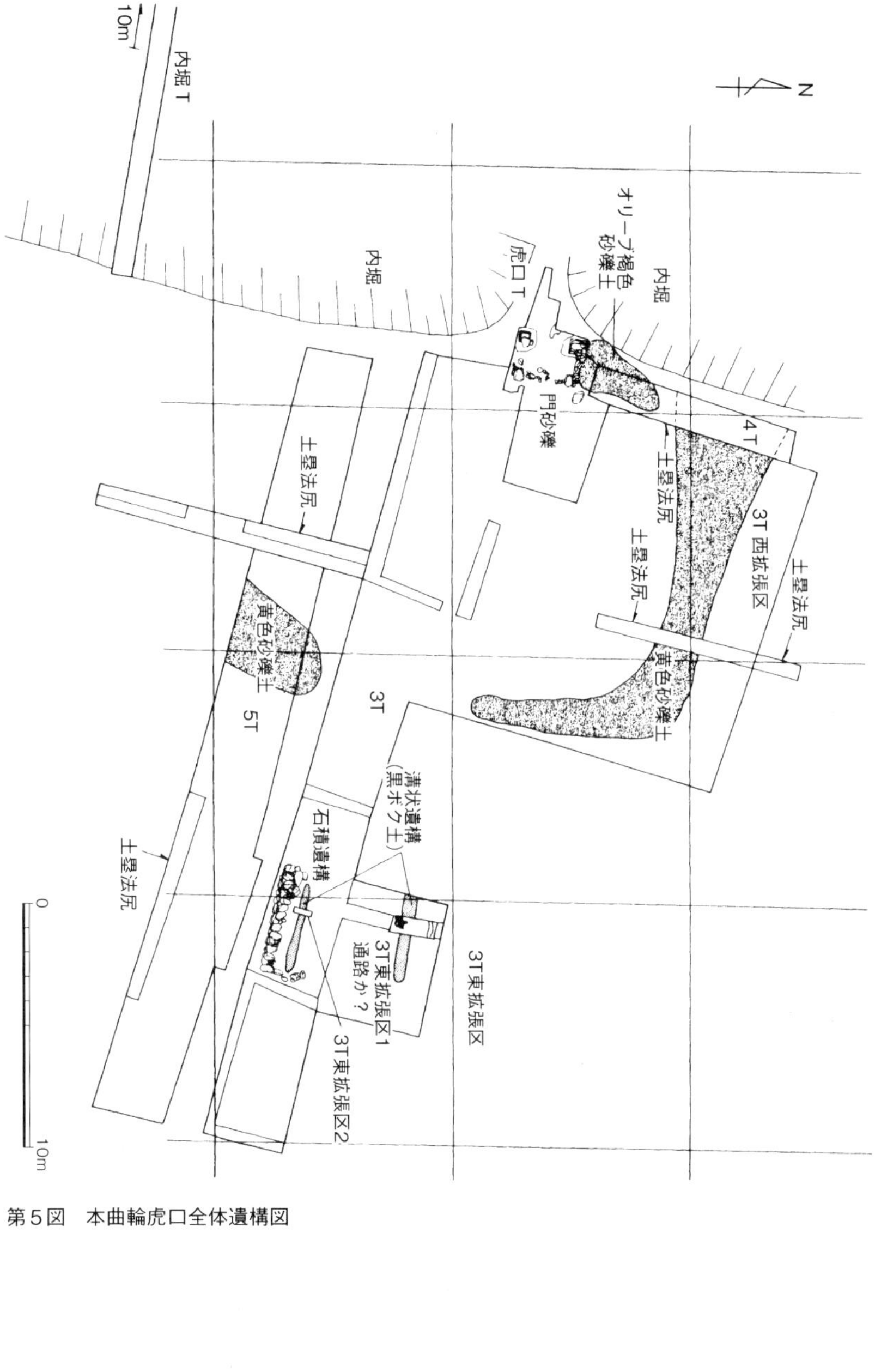

第５図　本曲輪虎口全体遺構図

認されている。この通路の南側では石積遺構が確認されているが反対の北側では確認されていない。この通路では鉄砲玉が出土している。

内堀の調査では、堀幅約二〇メートル、深さ約一〇メートル、堀底の幅六・七五メートルで堀の傾斜角は約五十五度前後の箱堀の形状であることが判明した。堀にたまっていた土砂は、灰白色で玉石が多いことから、本曲輪にあった土塁を崩して埋めたものではないかと考えられる。また、堀底は黒色腐植質土を中心とした土で整地されていたため、堀底の凹凸はまったく見られなかった。調査範囲が狭かったので堀の形状を把握するのにとどめた。したがって、堀底に構築物や柵列などの遺構を確認することはできなかった。

写真３　本曲輪虎口門の礎石

③本曲輪（伝天主台地・伝帯曲輪）調査

伝天主台地と呼ばれていた場所は土塁上になるが、表土を剥いだことところで建造物の基礎（布基礎）と思われるものが確認された。石列の残りが悪いため掘立柱なのか礎石建造物か判別ができず全体像は不明である。焼土層の上にある土塁上に基礎があること、また焼けた痕跡がないことから徳川氏の時代によるものではないかと推測される。

伝帯曲輪跡は、現状の地形が平坦地であったため曲輪として理解されていたが、表土から二・五メートル下で堀底を確認した。堀の形状は薬研堀であり、土塁も確認された。今まで平坦地になっていたのは、本曲輪の土塁

写真４　本曲輪建造物基礎

を崩して埋めたものと考えられる。つまり、本曲輪は西側に巨大な内堀と、これと接続する形で横堀が北から東を廻って、さらに南半分までいき、竪堀と竪土塁によって遮断されていることが判明した。

（五）二の曲輪ゾーン発掘調査（平成二十年度〜平成二十一年度）

二の曲輪北馬出の調査では、惣曲輪から二の曲輪北馬出をつなぐ土橋を渡った位置には、桝形の空間と堀の形状に沿ったL字型土塁と二の曲輪中馬出をつなぐ通路に直線状の土塁が確認された。また、この通路と中馬出の接続部は、本来堀切であったことが確認され、現在通路として活用されている部分は後世の埋め戻しであることが判明した。北馬出の出入り口では六つの門の礎石が確認され、中央部の石は門止め石であることが判明した。間口二・二メートル、門止め石までは一・一メートルと規格性が認められる。礎石付近では、笄《こうがい》が出土している。また、曲輪内部では堀を掘ったときの残土と見られる牧の原礫層による整地でいくつかの柱穴を検出したが、建物になるようなつながりは確認されなかった。柱穴上面で、染付け碗の破片（漳州窯産《しょうしゅうよう》）が出土している。

写真５　二の曲輪北馬出門の礎石

写真６　二の曲輪中馬出の堀（三日月堀先端）

二の曲輪中馬出の調査では、三日月堀とそれに接続する直線状の堀の接続部の調査を行った。この場所では、湾曲した三日月堀の形状と堀底の深さを確認することができた。惣曲輪の地点から深さ約一〇メートルが三日月堀の本来の深さであり、直線状の堀は、深さ約六メートルであることから、最初に三日月堀が造られ、その後、直線状の堀が付け加えられたものだと考えられる。馬出平坦部では、北端部に土塁の土留め石及び柱穴が検出されたが柵列なのか門の柱穴なのかは不明である。馬出平坦部の中央部の二の曲輪出入口正面部では、集石遺構が確認されているが調査範囲が限られていたため、用途は明らかになっていない。また、土塁の基底部も確認されている。馬出南端部では、平坦部外縁をめぐる通路が確認されているが、年代は不明である。

二の曲輪中馬出では、瀬戸産の天目茶碗の破片や鉄砲玉が三点見つかっている。

四　まとめ

諏訪原城では、馬場美濃守信房により築城され、丸馬出を多様に採用していることから武田氏築城の山城の典型として認識されてきた。本曲輪の調査では、焼土を挟んで二面の遺構が確認され、焼土より下の遺構面が武田氏時代のものであり、焼土より上面が徳川氏時代のものであると推測される。しかし、二の曲輪や二の曲輪北馬出・二の曲輪中馬出の調査では、焼土等は確認されず遺構面は一面である。また、縄張再調査により、本曲輪南側の水の手曲輪を経由して、谷筋を通って出曲輪方面に続く幅一間ほどの通路が確認された。つまり、本曲輪の南側斜面以外は、堀によって本曲輪は守られている形になり、この横堀が途切れる部分が大手である可能性がでてきたということになる。このように発掘調査の成果及び縄張再調査によって、現在見ることのできる堀などの大部分は、徳川家康による大改修によって築かれた牧野城時代の遺構である可能性が高いことがわかってきた。今後も発掘調査により、新しい成果が得られるのではないかと考えている。

最後になりましたが小稿作成にあたって、加藤理文・中井均・松井一明・溝口彰啓・池田純の各氏より多大なご協力・アドバイスをいただいた。末筆ながら記して感謝申し上げたい（図面及び写真は島田市博物館の提供により掲載）。

写真7　二の曲輪門の礎石（現地説明会より）

追補　小稿作成中に、諏訪原城の発掘調査が、二の曲輪で実施されていたが、二の曲輪出入口で間口二・四メートル奥行一・五メートルの門の礎石が確認された。諏訪原城内では、本曲輪虎口、二の曲輪北馬出虎口に続き、三事例目となる。

参考文献

金谷町教育委員会　一九五四『諏訪原城の調査書』
清水勝太郎　一九七五『諏訪原城史』
小和田哲男　一九八一『静岡県の中世城館跡』静岡県教育委員会
金谷町教育委員会　一九八七『遠江諏訪原城大手曲輪発掘調査報告書増補版』
池田誠　一九八七「武田氏築城の一考察」『中世城郭研究』創刊号　中世城郭研究会
八巻孝夫　一九八八「武田氏の遠江侵略と大井川城塞群」『中世城郭研究』二号　中世城郭研究会
金谷町教育委員会　一九八八「諏訪原城」『町の文化財』
八巻孝夫　一九八九「馬出を考える」『中世城郭研究』三号　中世城郭研究会
金谷町教育委員会　一九九三『諏訪原城跡保存管理計画策定書並びに付図』
石川浩治　一九九四「三河の武田氏城郭について」『愛城研報告』創刊号　愛知中世城郭研究会
加藤理文　二〇〇一「諏訪原城跡」『武田系城郭研究の最前線』山梨県考古学協会
高田徹　二〇〇二「織豊期城郭における馬出」『新視点中世城郭研究論集』新人物往来社
水野茂　二〇〇二「家康の諏訪原城と付城」『古城』四八号　静岡県古城研究会
金谷町　二〇〇四『金谷町史　通史編』本編　金谷町
三浦正幸　二〇〇五『城のつくり方図典』小学館
松井一明・篠ヶ谷路人他　二〇〇六「駿河中・西部地域の中世石塔の出現と展開」『研究紀要』第三〇号　静岡県博物館協会
溝口彰啓　二〇〇七「東海の城」『歴史読本　戦国の城を歩く』5　新人物往来社
中井均　二〇〇九「諏訪原城」『カラー版徹底図解　日本の城』新星出版
加藤理文・中井均　二〇〇九「諏訪原城」『静岡の山城ベスト50を歩く』サンライズ出版
島田市教育委員会　二〇一〇『史跡　諏訪原城跡』島田市埋蔵文化財報告第四十二集
萩原佳保里　二〇一〇「諏訪原城」『静岡県における戦国山城』静岡県考古学会

事例5

庵原城

河合　修

はじめに

静岡県中部にある静岡市清水区は、今ではかつての甲斐国（山梨県）や伊豆国（静岡県東部地域）とある程度距離を隔てた地域であるようにも感じる。しかし北部の丘陵では甲斐国と国境を接しており、天文年間の北条氏との騒乱「河東一乱」では、富士川付近にまで北条氏の勢力が及ぶ時期があった。このように一帯は、駿河国の中心である駿府（現在の静岡市中心部）への外敵の侵入を阻むための重要な地域であったといえる。

戦国時代に海道一の弓取りと称された今川氏は、駿府の東側に位置する富士川以東を「河東」、西側に位置する高草山以西を「山西」と称していた。これら天然の障壁に囲まれた内側が今川領国の「核心」にあたる部分と考えてよい。実際、永禄十一年（一五六八）の武田信玄による駿河侵攻に際して、時の当主今川氏真はこの「核心」の外縁部に当たる薩埵山一帯を防御線としている。

一　駿府東縁の交通と要害

ここで取り上げる庵原城は、薩埵山から五キロほど静岡よりに入った静岡市清水区草ヶ谷にある。城が築かれているのは山塊から南に張り出した最高所で標高四八・二メートルの城山と呼ばれる小さな尾根だが、三方を急峻な崖と裾を流れる小河川に護られた天険である。しかしこの場所は、東海道からおよそ一・七キロ北側にあり、駿河湾とはさらに隔たっているので、東西の陸上・海上交通に直接干渉するには適していない。

一方で、丘陵部と平野部の境に位置するこの地域は、山間部をたどる道によって甲斐国南部（山梨県南巨摩郡）から通じる南北の交通路に接している。国境にある徳間峠からは興津川の上流部、樽峠からは興津川の支流である中河内川の上流部に出ることができる。興津川と中河内川の合流点に近い茂野島から南側の尾根を越えると庵原城の東側を流れる山切川の上流部にある吉原や、西側を流れる庵原川上流部の上伊佐布に至ることができる。この地域には室町時代、徳間峠を越えた興津川沿いに河内関が置かれていたことから、今川氏が国境付近の備えを重視していたことが知られている。時期は定かでないが、和田島に和田島城が設けられたことも、甲斐国との往還を押える施策の一環であろう。

また、これらの道には「次ノ日廿八日には、信玄公、陣を払、駿河いはらの山を打越、道もなき所を原隼人助工夫に任、甲府へ御馬を入れ給ふ」（甲陽軍鑑品第卅四）に見えるように、武田信玄により軍道として開削された道も含まれているとみられる。

二　庵原城の築城

庵原城が築かれた時期は定かではないが、この地を名字の地とする庵原氏の手によることは確かであろう。庵原氏は清水平野に勢力をもつ一族で、鎌倉時代には梶原景時一行を迎え撃った庵原小次郎の名が知られる。

戦国時代に至って、庵原氏は軍師、太原崇孚雪斎を輩出したことでも知られる今川氏の重臣となる。史料にも庵原周防守・同安房守（今川かな目録）、庵原左衛門尉（言継卿記）などが見え、他にも桶狭間の合戦の際に討死にした庵原将監・左近・彦次郎・美作守、武田信玄の駿河侵攻の際に薩埵山に布陣した庵原安房守が知られる。庵原氏の館は、庵原城から西におよそ一キロ離れた場所に比定されるが、学校用地などとなり旧状は定かでない。

鎌倉府に対抗する足利幕府にとって関東と国境を接する駿河国は要衝で、守護職を務める今川氏も国境の備えを重視していた。駿府の外縁部に位置する庵原城は、今川氏の対外政策の一環として、隣国との緊張状態が高まるたびに段階的に整備されていったと考えることができる。上杉禅秀の乱（応永二十三年）や永享の乱など関東の戦乱の影響、今川氏親から氏輝にかけて武田氏との抗争が繰り広げられた時期（永正年間～天文五年）、ついで北条氏との河東一乱の時期（天文六～二十三年）、更には信玄乱入など、いくつかの契機を見出すことができる。信玄の侵攻に際しては迎撃する家臣団の崩壊もあって、庵原城での戦闘の記録はみられない。また、武田軍の来襲が、今川方の察知から六日後と急速であったことから、城の再整備もどこまでかなったか定かでない。

永禄十二年（一五六九）以降、信玄の駿河侵攻に与した今川氏の重臣筆頭であった朝比奈右兵衛太夫（信置）は、駿河先方衆として取り立てられるとともに、庵原一円の

第１図　遺跡の位置

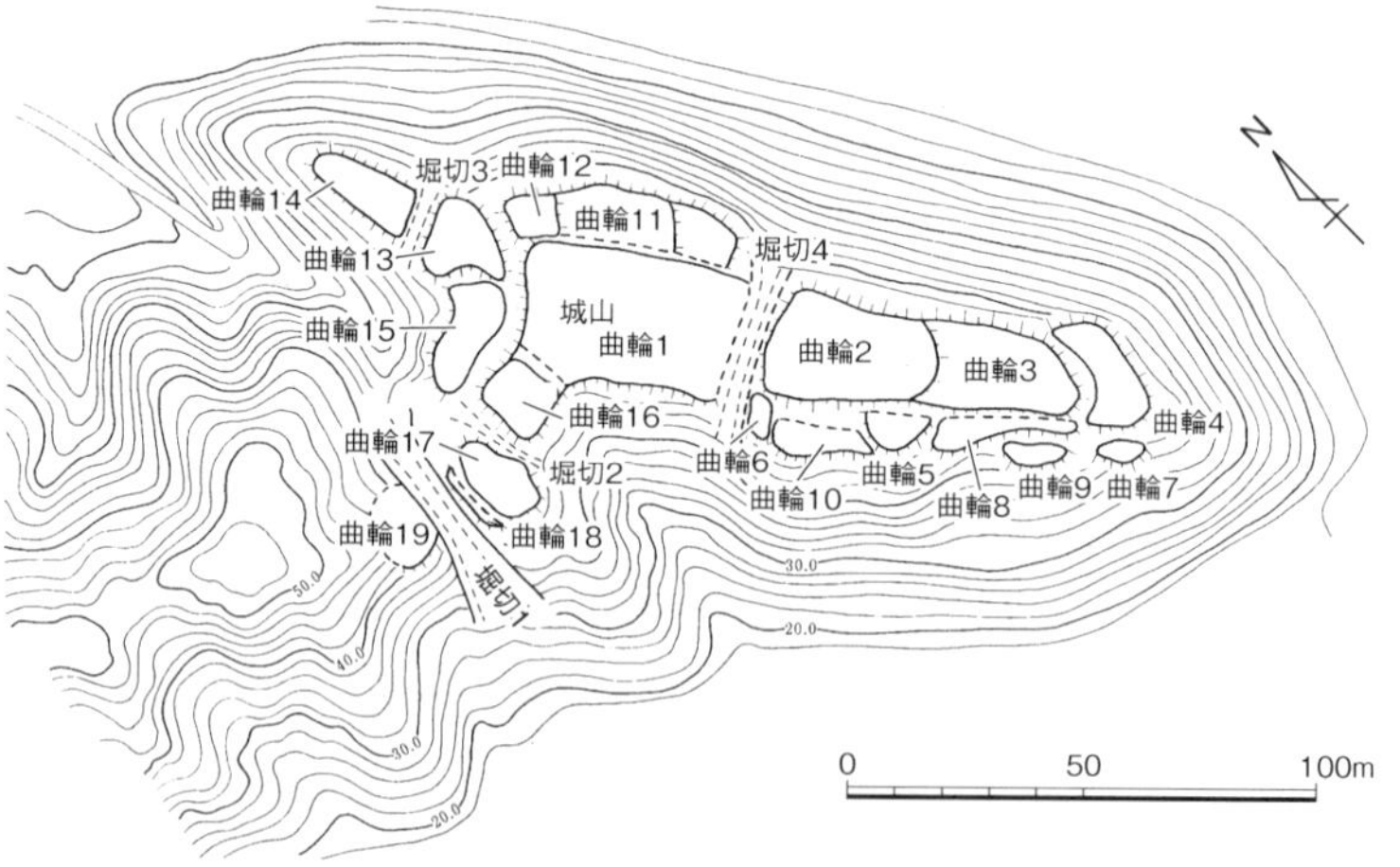

第２図　遺構概念図（北野ほか2010より）

知行を約束されている。信置自身は各地を転戦しているが、領国経営の一環として庵原城の改修を手掛けたことは十分考えられる。後の天正十年（一五八二）、信置は武田氏の滅亡の際、庵原館で息子とともに自裁したと伝えられるが、この城での戦闘行為は記録に残っていない。

三　現代に現れた庵原城

庵原城跡は、新東名と現東名を結ぶアクセス道の建設に伴って財団法人静岡県埋蔵文化財調査研究所が平成十七年度から断続的に調査を実施している。調査範囲は城域の西側斜面を中心とする限定的なものであったが、いくつもの興味深い成果が得られている。

（一）現況地形からみた城の構造

調査着手時の城域の多くは、雑木林や放棄された茶園・果樹園、密集する女竹に覆い尽くされていた。これらの一部を伐採しながら踏査を行い、曲輪や堀切とみられる部分を第2図のように見出した。

この結果、城の主要な遺構は、東西からの谷に大きくえぐられる尾根の付け根から南に築かれていること、斜面がややなだらかな西側に小規模な曲輪を重点的に配置していることなどの特徴が想定された。一方で、現況地形には整然と成形される法面や不自然に広い平坦面など、近世以降、畑地に開墾する際に加えられた地形の改変も随所にまぎれているものと考えられた。

（二）調査によって明らかになった遺構

調査は、尾根の西側斜面一帯の約四千平方メートルが対象となった。遺構名は、混乱を避けるために踏査で設定した名称を原則として用いることとした。

城域の北西境を区画する堀切1は、東西から入る自然の谷地形を巧みに取り入れて尾根を遮断している。曲輪17の肩からでは幅一五メートル、深さ五・五メートルの規模があり、近世以降も山を挟んだ集落同士を結ぶ峠道として昭和中頃まで利用されていた。堀切1の直上に想定した曲輪18には、切岸の下位に、二重堀切化を図った痕跡と捉えられる堀切1に平行する溝が掘られていた。

曲輪17は長さ一六・五メートル、幅五・五～一一・五メートルの規模がある。曲輪上は、規則的に並んだ果樹の堀方で広く攪乱されていたが、南端には土塁とみられるわずかな盛り上がりが観察された。この直下には腰曲輪状の平坦地があり、更に南側にも幅五メートル、奥行

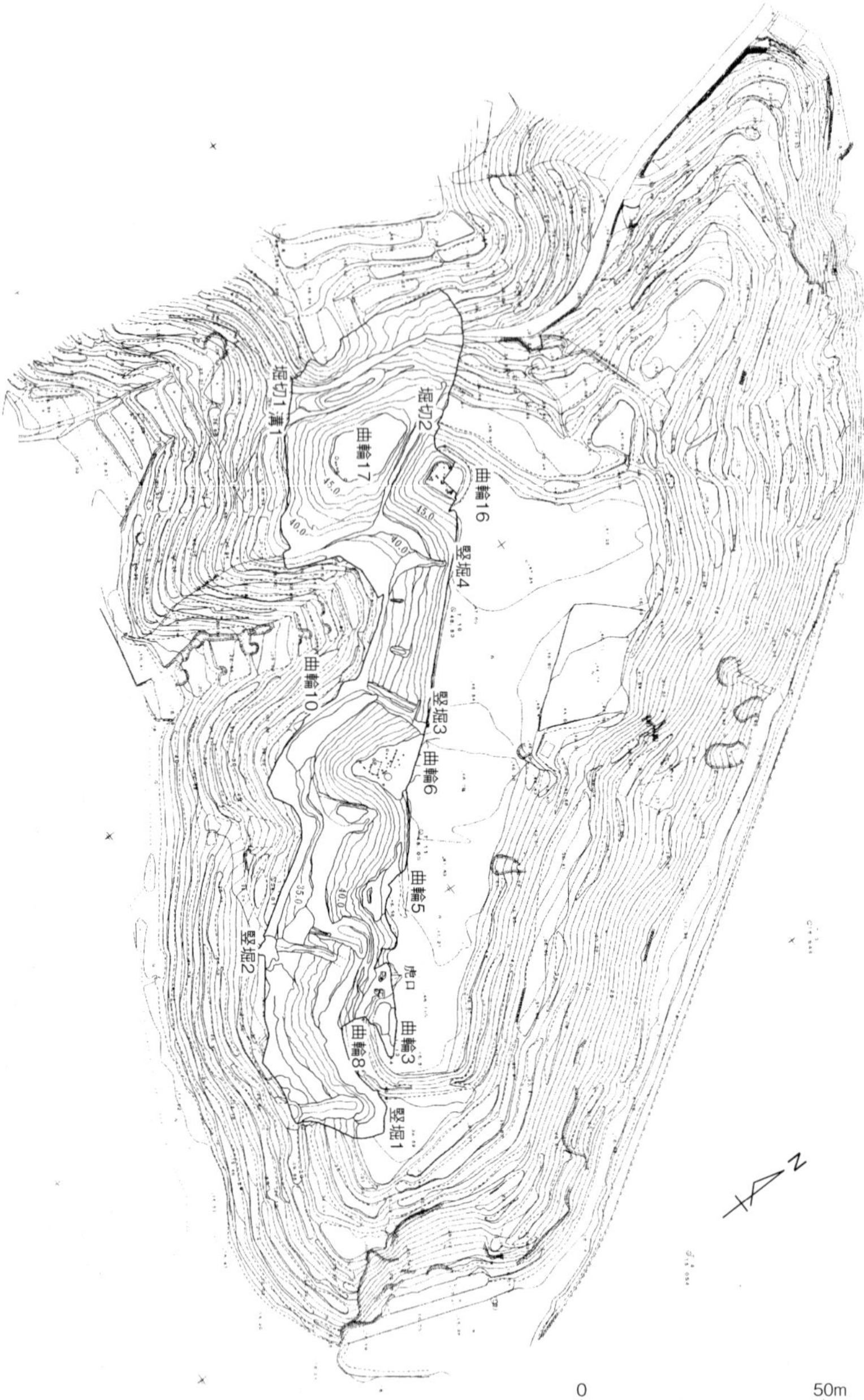

第３図　検出遺構平面図（北野ほか2010より）

き九メートルほどの三角形状の曲輪が設けられている。

堀切2は幅八メートル、曲輪17からの深さ三・六メートルを測り、断面形は逆台形状を呈するが、地山土ですべてが埋め立てられていた。曲輪16の南側斜面には畑の造成による鉢巻状の段が複数箇所あり、これらを削り出した残土を用いたのだろう。城の内側にあたる曲輪16側斜面がより急斜面となり、曲輪頂部と堀底との比高差はおよそ六メートルとなる。末端は明瞭ではないが、南側の谷方向では竪堀4と接していた可能性がある。

曲輪16は「物見台」と称される、周囲に眺望が利く角錐台状の突出部である。頂部に一辺五〜七メートルの平坦面を残している。西側は曲輪1と約二メートルの比高差があり、後世の改変の可能性もある。堀切2側の末端には、柵列とも考えられる小穴が検出されている。

曲輪6・10・5・3・8は、いずれも西側斜面に突出した小さな尾根に構築される。斜面のいたるところに横矢がかかるように仕組まれているとみえる。

曲輪6は大きく西側へ突出する幅五・八メートル、奥行き一〇メートルほどの三角形状の曲輪である。曲輪2との境は緩慢で、内部には長辺二・七メートル、短辺一・八メートルの簡易な掘立柱建物と柵が設けられていた。

曲輪6の下位にある曲輪10は縁辺に杉が植えられ、畑として利用された痕跡があった。しかし、かわらけなどの遺物が出土しているので、曲輪として機能していたと考えたい。北端の一部は竪堀3と干渉するが、後世の耕作に影響されているのだろう。南端は曲輪6下位の切岸に擦り付くように終息する。

曲輪5は西側へ突出する尾根上の、幅一〇メートル、奥行き三メートル程の曲輪である。先端には柵を伴う土塁が築かれ、防備を固めている。この曲輪は小規模ながらも、曲輪8方向を見通すことができる重要な位置にある。

曲輪5の南側には曲輪10と三メートル程の比高差をもつ細長い曲輪8がある。これは最南端にある曲輪4から通じる城内道的な役割があるのだろう。

曲輪8の上位には、幅六・五メートル、深さ一・五メートル程度の矩形に掘り込まれた空間がある。その両隅には対になる土坑が認められ、門を備えた虎口であったと考えられる。この前面には幅一・六メートルほどの城内道と考えられる南から登る平坦面が帯状に続いている。つまり、城の南側から切岸の裾を進み、右へほぼ直角に

第４図　虎口検出状況（北野ほか2010より）

第５図　西側斜面の遺構検出状況（北野ほか2010より）

折れて虎口に入る構造であったとみられる。

西側斜面には四箇所に竪堀が認められた。いずれも敵兵を防ぐために効果的な部分に設けられている。

竪堀4は、曲輪16から曲輪1にかけての切岸が方向を変換する付近に掘られ、堀切2の末端と同じ谷へ落ちる。幅〇・八〜一・七メートルと小規模だが、西側からの進入を阻害する効果的な位置に設けられている。

竪堀3は、西側斜面へ突出する曲輪6の北側に接して掘られている。幅一・二〜二・二メートルの断面形状が異なる二条が平行するので、前後する時期に掘り直されているものと考えられる。上端は急斜面のため未調査であり、想定される堀切4との接合部は確認できていない。

竪堀2は畑の撹乱で上位が失われるが、虎口の北縁から掘られていたのだろう。曲輪5の切岸南側にあり、曲輪5から虎口付近の防備を堅くする用途がある。

竪堀1は今回の調査範囲では最大規模となる。曲輪3と4の接点付近にあり、尾根先端部の単調な地形を補っている。上端部では曲輪3の南側切岸との間が狭く、曲輪8に至るためにはクランク状に折れ曲がる幅一メートル程度の土橋状の通路を通ることになる。竪堀一は幅二〜四メートルで下位に行くに従って細くなる。

このように、庵原城の構造は自然地形を有効に生かしたものである。谷地形によって幅が狭くなる尾根を堀切1で遮断する構造は、築城当初からあってよいものだろう。しかし、その規模や近接する堀切2、堅牢な構造の虎口の存在は、より新たな改修を感じさせる。

(三) 出土した遺物

調査範囲から出土している遺物は、貿易陶磁、国産陶器、かわらけである。

貿易陶磁は少量で碗が主体となる。青磁碗B1類・B4類、染付碗B群、白磁皿B群がある。青磁碗の中には伝世品とみられる十三世紀代に位置づけられるものもある。他は十五世紀代のものとなる。

国産陶器には瀬戸・美濃、信楽、常滑、古志戸呂製品などがある。瀬戸・美濃製品は縁釉小皿や平碗、袴腰形香炉、擂鉢など十五世紀後半（古瀬戸後Ⅳ期古段階〜新段階）に遡るものが主体である。中には十五世紀前半から半ば（古瀬戸後Ⅲ期）に遡る破片も少量含まれている。

古志戸呂製品は十五世紀後半の袴腰形香炉、信楽製品は壺の小破片で、常滑製品は九型式の鉢がみえる。

第６図　出土遺物：貿易陶磁（北野ほか2010より）

第７図　出土遺物：瀬戸・美濃、古志戸呂製品（北野ほか2010より）

かわらけは六五四破片と出土遺物のおよそ八割を占める。いずれも小破片だが、赤褐色の色調は駿府から出土するものとは異なっている。口径九センチ台・一一センチ台・一二センチ以上といくつかに法量分化している。またこの中には、灯明皿として使用されたすすけた個体も含まれる。

遺物の出土位置は、曲輪5・6・10、そして曲輪5に近接する竪堀3付近が多い。城内で使用されたものが西側の斜面に放棄されているようにもみえる。

このように出土した遺物は決して豊富とはいえないが、生活に使われた碗皿類に床飾りにも供される香炉や壺が含まれることは興味深い。このことは、兵が使う建物と、飾物を置く場所を備えた城将の利用する建物が城内に併設されていたことを暗示している。また、法量の異なるかわらけの存在も、平時のしきたりを反映した飲食が城内で行われていたことを示している。

前述のように遺物の年代は、十五世紀後半が主体となっている。十五世紀前半には上杉禅秀の乱で禅秀方の軍勢が入江（清水区）にまで乱入しているが、以降の十五世紀代には籠城戦が行われるような騒乱状態にはなく、遺物の年代が廃城年代に相当するものとは考えにくい。

おわりに

今回の調査では、把握された地物の中から城の時代以降に造られた主に畑による削平面を排除して、当時の遺構を抽出する方法を繰り返し行ってきた。その過程で、城の構造が明らかになってきたことは重要な成果である。

庵原城の特徴は、自然地形を巧みに取り込んで堅い防御線を設けていることである。北西側の谷に続く堀切、高低差を生かした切岸、西側斜面の随所に設けられた小規模な曲輪などに反映されている。この中で二箇所の堀切や虎口は、大規模な造作を伴う合理的な防御施設として異彩を放つ。これらは城が戦闘に直面した最後の時期である永禄年間以降に、再整備された部分であろう。

また、遺構の時期と出土遺物の時期に隔たりがあることも興味深い特徴である。戦闘に巻き込まれずに廃城になったがゆえに最終段階の遺物が含まれなかった可能性、あるいは伝世していた什器が持ち込まれた可能性などを考慮しなければいけないだろう。

参考文献

人物往来社一九六五『甲陽軍鑑』中　戦国資料叢書四
新人物往来社一九七九『日本城郭大系』九　静岡・愛知・岐阜
静岡県教育委員会一九八一『静岡県の中世城館跡』
北野寿一、勝又直人、井鍋誉之二〇一〇『庵原城跡』財団法人静岡県埋蔵文化財調査研究所

事例6

興国寺城

山本 恵一

はじめに

興国寺城は、後北条氏の祖である北条早雲旗揚げの城として広く知られている。

北条早雲の経歴については、諸説があるが備中国高越城（岡山県井原市）の城主伊勢盛定の子として生まれ、駿河国入りは姉妹の北川殿が、今川義忠へ嫁いだことが縁といわれている。

早雲は、義忠の急死後、北川殿の子竜王丸（今川氏親）を助け、今川家の家督争を収めた功績により長享元年（一四八七）に富士郡下方一二郷と興国寺城を与えられ、その城主となった。その後、早雲は延徳三年（一四九一）、足利政知の死後に生じた堀越公方の内紛に乗じて伊豆へ侵攻し、足利茶々丸を倒し、さらに相模へ進出していった。

早雲が、伊豆、相模に進出した影響で、興国寺城は再び今川氏側に移るが、今川義元が、河東一乱の後の天文十八年（一五四九）に改修するなどしたことにより本格的な城郭となった。

しかし、今川氏の衰退後は、北条氏と武田氏による興国寺城の争奪が激化したが、両氏は元亀二年（一五七一）に和睦に至り、武田氏側の城となっている。その後、天正十年（一五八二）には、武田氏が滅亡し、徳川氏の家臣牧野康成、松平清宗が城主になるなどしたが、天正十八年（一五九〇）の家康の関東転封後は、中村一氏の家臣河毛重次が城主となっている。

関ヶ原の戦い後の慶長六年（一六〇一）には、天野康景が城主となったが、幕府領富士郡原田村の百姓を家臣が殺害したことにより、代官井出正次に訴えられ、康景は改易となり慶長十二年（一六〇七）に興国寺城は廃城となっている。戦国期に重要拠点となった本城もおよそ一二〇年で、その役割を終えたことになる。

一　城郭の位置と立地

興国寺城は、静岡県沼津市根古屋字赤池ほかに所在し、愛鷹山南麓の尾根を利用して築城された山城である。こ

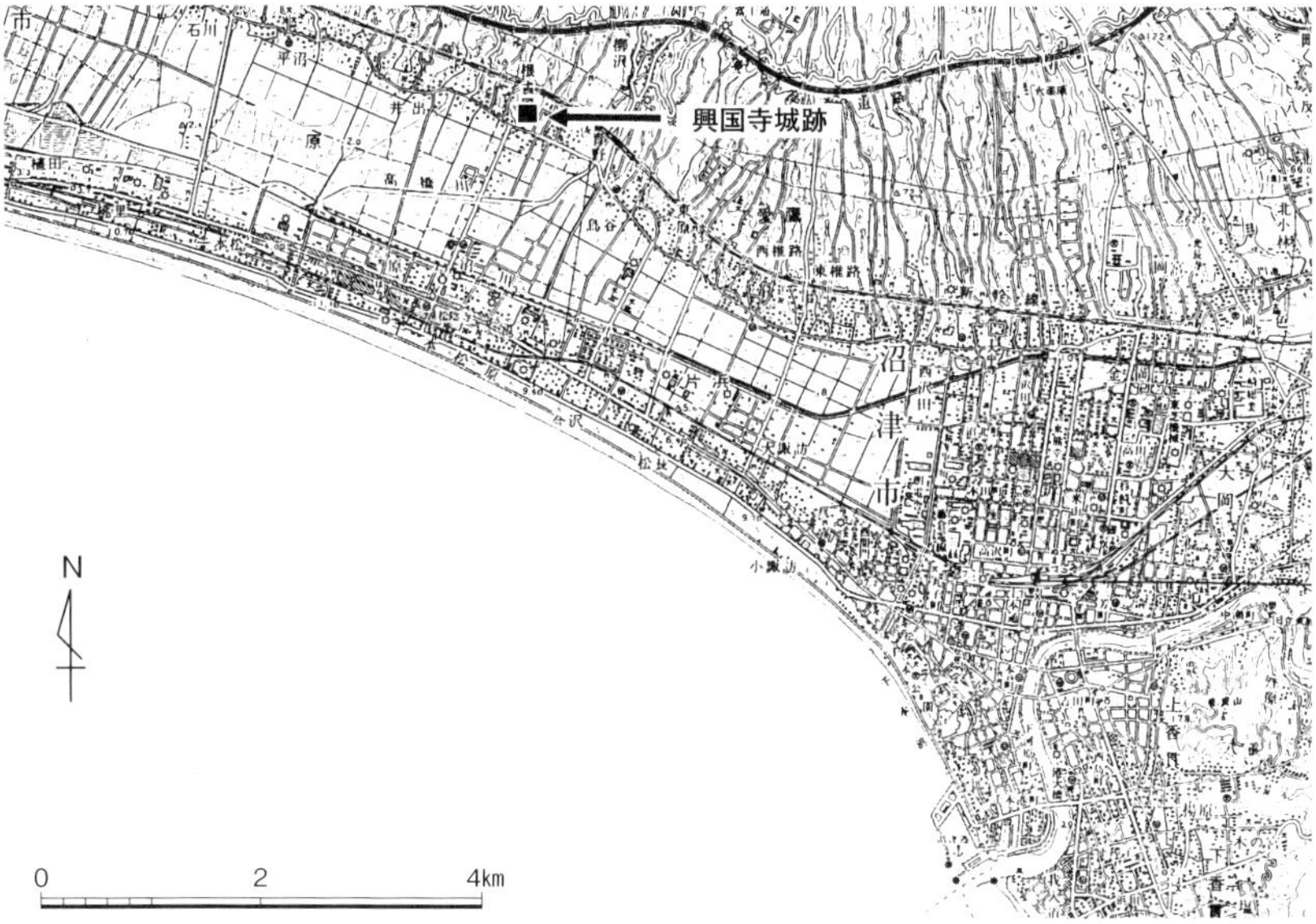

第１図　興国寺城位置図

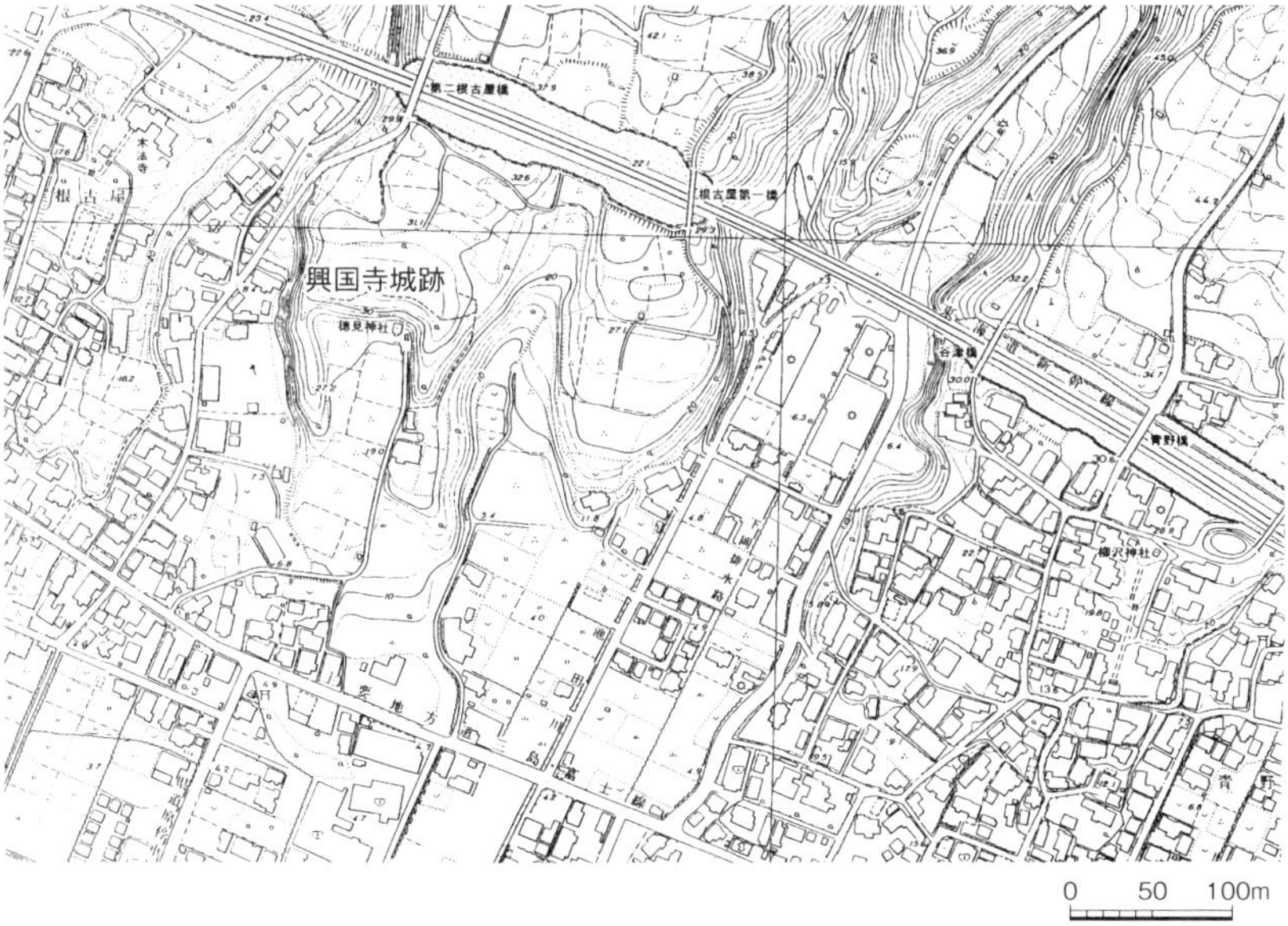

第２図　興国寺城周辺地形図

の愛鷹山から派生する尾根は、幾筋もの小河川、流水、土石流などによって侵食や切り込まれて形成された開析谷によって隔てられている。愛鷹山東南麓の尾根は、緩やかな傾斜を保ちながら平野に移行する。興国寺城が占地する西南麓は傾斜がきつい尾根が多い。ちなみに本城が、占地する尾根は篠山とも呼ばれ、三方が浮島沼に囲まれた天然の要害であることも立地条件の一つの要因であろうが、戦略的に見ても東海道に延びる竹田道と根方街道が、交差する交通の要衝を抑えることにあったといってもよい。

本城の築城には、尾根の自然地形を巧みに利用するとともに掘削や盛土による大規模な造成や土木工事が行われていることが、これまでの発掘調査によって確認されてきている。愛鷹山南麓の土層は、上部・中部・下部ロームに大別され、それより下位は岩盤に変わる。地表から岩盤までの深さは、場所によっても異なるが、少なくとも一五メートル前後の厚さをもつ火山灰や火山砕屑物等からなる。上部ロームは、厚さ五メートル前後で、それぞれの特徴から二十数枚の土層に区分することができる。上部ロームの中で、粘性の強い休場ローム層の下位は、黒色帯とスコリア層(帯)が互層をなして堆積している。しかもより下位にある黒色帯とスコリア層(帯)は硬い特徴をもつ。さらに下位の中部ロームに移行してもおなじように土層は硬い。

おそらく本城の各曲輪の造成面が、中部ローム上面か、上部ロームの黒色帯やスコリア層(帯)となっているのは、掘削面が硬いことで、地固めがほぼ不要となることを考えたい。また、これらの土層は、雨水による浸透性にも強く比較的撥水効果も期待できるなどの利点もある。したがって、曲輪の造成に際して、このような地層の特徴を巧く利用している。

二　城郭の概要

本城の構造は、本丸、二の丸、三の丸、北曲輪、清水曲輪からなる連郭式の城郭である。しかし、諸国古城図の絵図を見ると北曲輪、清水曲輪については欠いており、必ずしもこれらの曲輪が同時期のものではないことが理解できる。現状では、本丸を囲む伝天守台跡がある土塁と北曲輪との間にある大空堀はほぼ原形に近いが、他の土塁は削られるなどし、空堀(堀切)もほぼ埋められてお

第３図　興国寺城全体図

り原形を保っていない。

これまでに沼津市教育委員会が実施した本丸、二の丸、北曲輪等の発掘調査によって、地下遺構を確認するとともに旧地形にかなり手が加えられていることを知ることができている。

（一）本丸

本丸内で確認できた遺構は、城門跡と南北に延びる石組みの排水溝跡を確認している。建物跡については、遺構検出面が耕作等の影響で、礎石等が抜かれるなどしており明確となるものはわかっていない。しかし、本丸東部を囲む土塁の範囲や伝天守台跡東側から南へ延びる土塁の南端と推定される位置を確認している。

また、本土塁南端には、絵図「築城規範」に「カクシ口」と記されている城東側の出入り口付近と推定される落ち込みが確認されている。

城門跡　東西間約五・四メートル×南北間約三・六メートルの規模を有する。南西角の礎石を欠いているが、一メートル前後の大形石が六点検出されている。

発見された礎石の配置を見ると門の右手に潜り戸をもつものと推定される。また、これらの礎石に沿うように幅〇・四メートル前後の排水溝跡が、北礎石列沿いと西礎石列沿いに検出されている。西礎石列沿いの排水溝跡の長さは約四メートルであるが、北礎石列沿いの排水溝跡はさらに本丸北と南側の土橋まで延びている。

これらの排水溝跡は、自然石を石材とする石組みのものであるが、城門跡西礎石列沿いの石材には宝篋印塔等の基壇が一一点転用されている。また、この城門跡の東西には、幅二〇メートル程の土塁基底部とこれに沿うように幅二・五メートル前後、深さ〇・五メートル程の地山を掘り込んだ溝が確認され、門を防御する土塁とその土留石と推定される遺構も確認されている。おそらくこの土塁も本丸を囲む土塁の規模とほぼ同様なものであったと推定される。

排水溝跡　南北に延びる排水溝跡の総延長は、土橋から北へ約六〇メートルの長さを有する。しかし、確認した最北端部では、排水溝跡の石が抜かれたりしており、本来はもう少し延びるものと思われる。

また、これらの排水溝跡は、城門跡東西の土塁沿い溝で分断されているが、本丸内の排水はこの溝に集められている。しかし、西側には土塁があることから勾配差は

第４図　城門跡・土橋・空堀・三日月堀実測図

それ程ないが、あえて東側へ排水したとものと考えられる。城門跡内の排水もこの溝に落とす一方で、空堀にも排水している。ただし、空堀への排水は、土橋に石組の排水溝跡を延ばし、それを土橋の中間あたりで「L」字状に曲げ、東側に排水するようにしている。このことからも土橋を境として限定された排水処理が行われているのは明確である。

（二）土橋と空堀

土橋　土橋は、空堀を掘る際に地山の中部ロームを削り残して橋としたもので、中央部付近がやや狭く平面形は、いわゆる凹レンズ状となっている。その規模は、二の丸側が幅約七メートル、本丸側では幅約五メートルでやや狭い。また、土橋西側には一部であるが整地層が認められており、補修もしくは改修されたものとして理解される。

空堀　本丸と二の丸との境には、いわゆる底部が箱形となる空堀で区切られており、先述した土橋によって東西に分断される。空堀の幅は約一三メートル、検出面から堀底までの深さは本丸側で七メートル、二の丸側では三メートルを測る。堀底は、ローム層を掘り抜いて愛鷹山の基盤となる岩盤まで掘削している。

また、本丸東部と二の丸とを区切る空堀は、平面的には三日月形に近い形状を呈しているのが確認されている。堀底部は、平坦な箱堀であり、その底部はローム層を掘り抜いており、西半の本丸と二の丸同様に岩盤まで掘削されている。空堀の東端は、東側土塁の壁面まで及んで止まることが確認されている。空堀の規模は、堀幅上端約一三メートル、底部幅約二メートル、深さは約三メートルを測る。また、空堀底部から本丸東部南側土塁頂上までの高低差は約一一メートルを測る。

なお、空堀の埋土には耕作が営まれたと推定される土層が認められており、廃城後に空堀が耕地として利用されていたものと考えられる。

（三）二の丸

発掘調査によって二の丸の造成状況と三日月堀が存在することが確認されているが、建物跡等他の遺構の確認はできていない。

三日月堀　長さ約三七・八メートル、最大幅約四・三メートル、堀底幅約〇・八メートル、深さ約三・八メートルを測り、三日月形の平面形態を呈する空堀である。本空堀

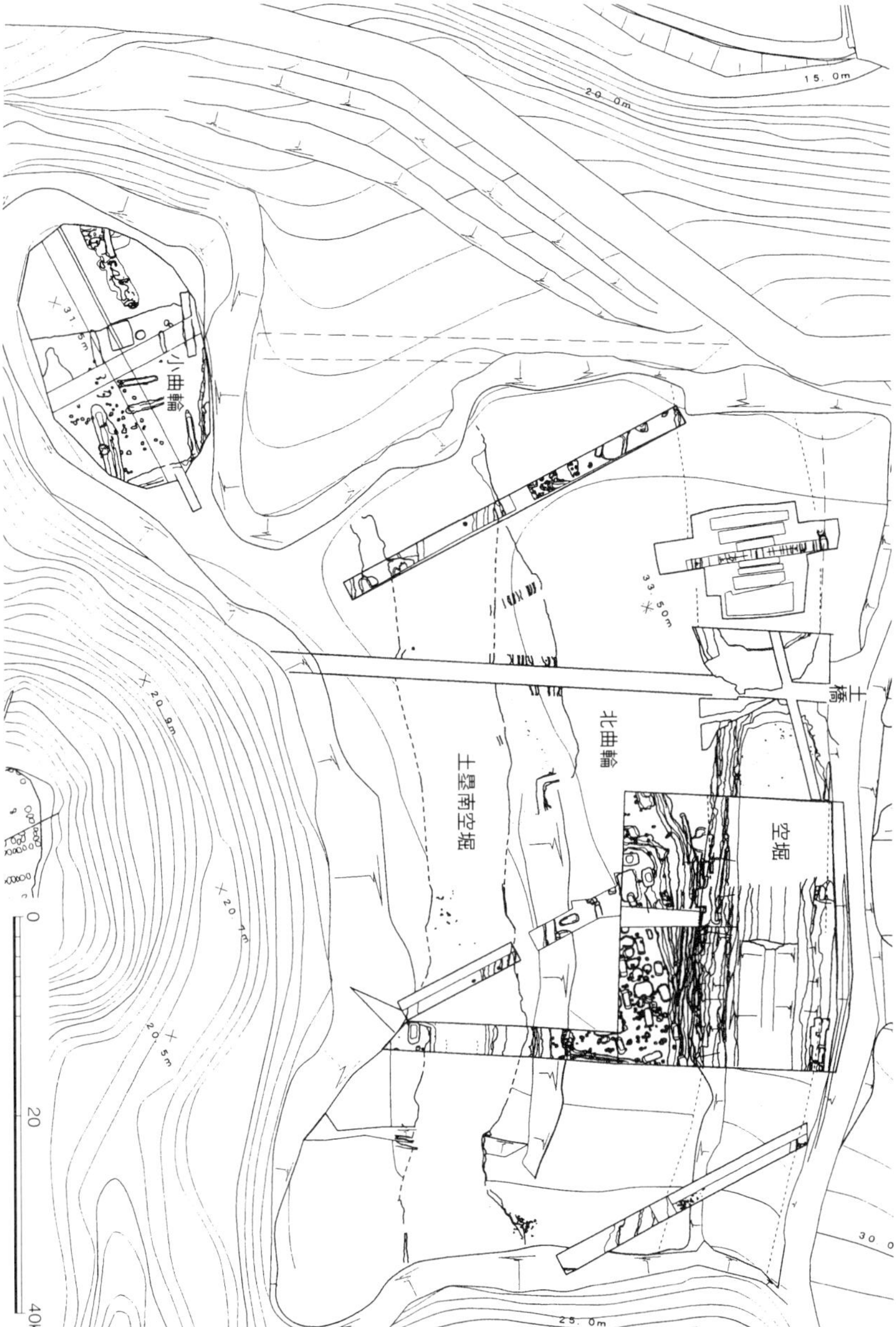

第５図　北曲輪遺構分布図

内の土層堆積状況から堀底から〇・八メートルまでは自然堆積土で、その上位は北側から南側へ土砂が一気に流し込まれた堆積状況が確認されている。おそらくこの堆積土は、本空堀の北側にある土塁を崩したものと理解される。したがって、ここは丸馬出であると推定されることから本空堀の南側は城域外となっていたものと考えられる。

出土遺物は、本堀底近くから擂鉢破片が出土しているが、埋土からも擂鉢、陶磁器、かわらけ等の破片が出土している。年代的には、共に大窯三期（十六世紀第三四半紀）のものと推定される。当時の歴代城主は、元亀二年（一五七一）頃には武田氏が入り、天正十年（一五八二）には徳川氏に移ることや丸馬出は武田氏系城郭の特徴とされており、この三日月堀は、武田氏の段階に造られたと考えられる。おそらくこの空堀は、出土遺物の年代からも徳川氏の段階に埋められた可能性が高いといえるであろう。したがって、本空堀を埋めることにより、城域を南側に拡張することで二の丸、三の丸が配置されたと理解される。

（四）北曲輪

北曲輪の西南には、舌状に張り出した小曲輪が所在し、新幹線に近い北側にはこれまでの発掘調査によって空堀と土塁が配置されていることが確認されている。しかし、確認調査と発掘調査を進める上で、土塁の南側にも別の空堀（堀切）が確認され、土塁を挟んで二本の空堀（堀切）が存在する。

本曲輪の土塁南域の造成は、空堀を埋め中部ロームや掘削した上部ロームの黒墨土、休場ローム層、各黒色帯、各スコリア層（帯）を混土して造成していることが確認されている。耕作等の影響を受けており、遺構面が明確にできなかったが、城郭に関連すると想定されるピットを確認しているが、建物等の礎石は確認できていない。

小曲輪　ほぼ楕円形の小曲輪の形状で、西半は、盛土による造成がなされ、自然地形に手を加えていることが判明している。また、東半には柱穴状のピットが確認されているが、これらは戦国期のものと推定される。

土橋　既存道路直下の第Ⅲスコリア帯で、本遺構が検出されている。本土橋も本丸で発見された土橋のように空堀を掘削する際に一部を削り残すことにより土橋として

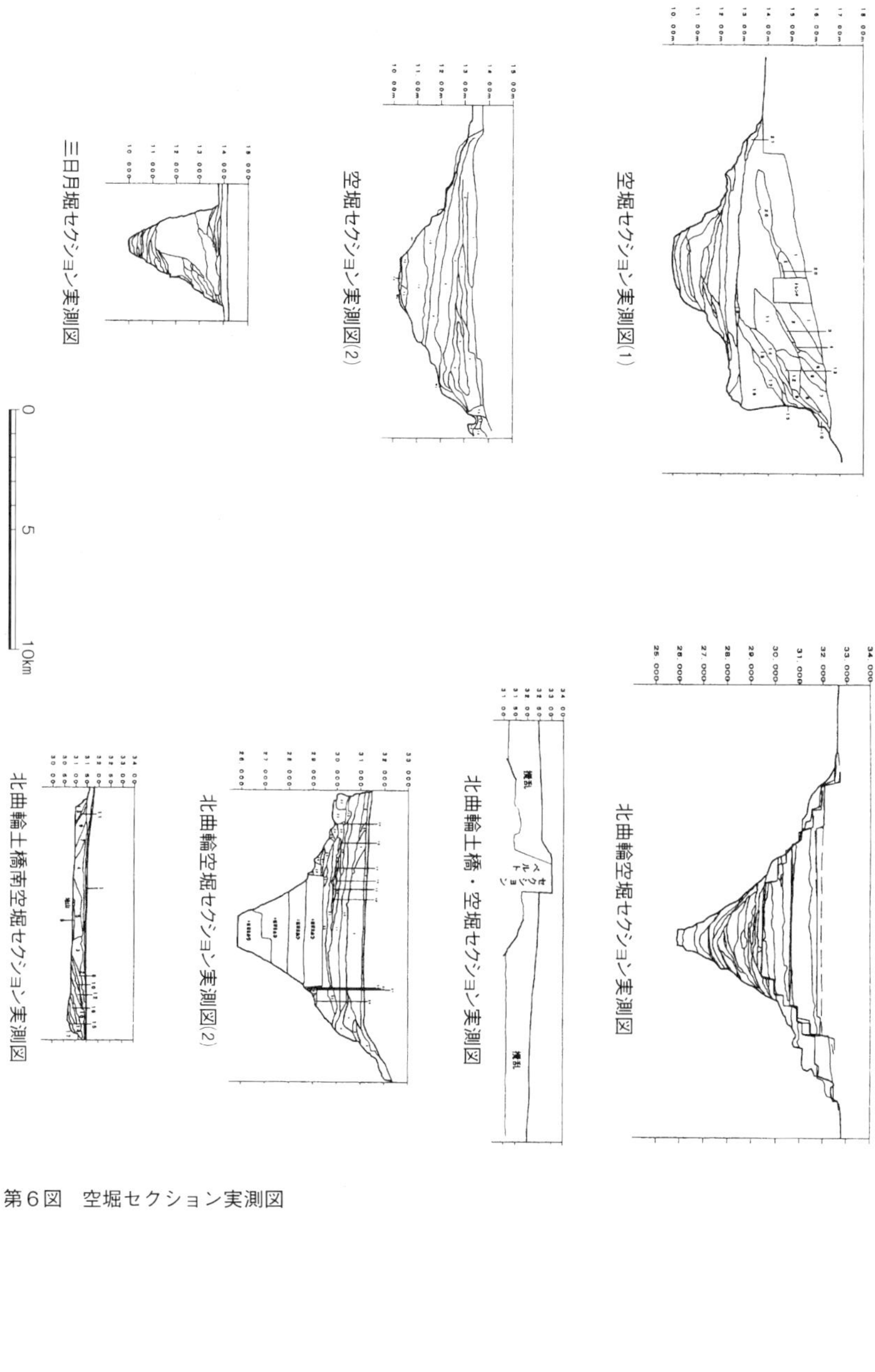

第６図　空堀セクション実測図

いる。しかし、後世による撹乱の影響により土橋の大半が掘削され、その全体を確認することはできなかった。したがって、平面形態は明確にできないが、本土橋に接する空堀の形状に近いものであろうと考えている。

本土橋の長さは約一三メートル、幅については掘削の影響が大きく推定幅も不明である。おそらく空堀の両立ち上がりを考慮すると三メートル前後の幅となるのではないかと考えられる。

空堀　本空堀は、北曲輪の土塁北沿いに延びるもので、西端は確認していないが、東端の確認状況から見て堀切となろう。本空堀の上端幅は約一三メートル、堀底幅が約一メートル、深さは約七メートルを測る。本空堀の埋土は、北方向から埋められた堆積状況を認めることができる。堀底は、箱堀状で、東側はさらに一段掘り下げて、二段の堀底となっていることが確認されている。しかし、土橋西側の確認調査地点では、堀底幅が約〇・四メートルと狭小であった。

なお、埋土や堀底には遺物は認められていない。

土塁南空堀　本遺構は、確認調査や発掘調査によって新たにその存在が確認されたものである。しかも本曲輪の東西両端部まで延びていることから堀切として理解される。ここでは、先述した土塁北沿いのものと区分するために便宜的に土塁南空堀と称している。堀幅は、検出面で約一〇メートルを測るが、堀底幅と深さは未確認である。しかし、確認した本空堀の立ち上がりの傾斜から推定して、深さは四メートル前後のものとなろう。また、空堀内の埋土は、南北両方向から流れ込んだ堆積状況が認められている。しかも南方向からの埋土には、愛鷹山の基盤である岩盤屑が多量に含まれるなどしている。

遺物は、十六世紀末~十七世紀初頭に位置づけられる陶磁器等の破片が散漫ながらも出土している。

三　まとめ

本丸の城門跡は、両側を土塁で護られていることから概ね櫓門と推定される。現状では瓦の破片が城門跡、土橋、空堀内から全く出土していないことから門の屋根は、板葺きである可能性が高い。

空堀は、本丸、本丸東部の二地点で発掘調査を行っているが、いずれも愛鷹山の基盤である岩盤を掘り下げており、相当量の土量を移動している。おそらく大半が、土塁の盛土に用いられているものと推定される。例えば本丸東部では、堀底から土塁頂上までの最大高低差が約一一メートルにも及ぶことから城門跡を護る土塁高も同程度になるのであろう。

二の丸内では、三日月堀を確認している。本遺構の埋土の堆積状況から北側には、土塁があったとことが想定され、武田氏段階の丸馬出であったものと考えられる。したがって、武田氏の後の段階になって、興国寺城の城域が南側に延びていることを確認することができている。

北曲輪は、土塁南空堀（堀切）を埋め造成されている。土橋のある北の空堀、大空堀との関係について幾つか考えられるが、明らかに土塁南空堀と大空堀は共存しない。これは、土塁南空堀の南側方向からの大量の埋土は、大空堀の掘削土を充填したものと考えられる。また、土橋のある北の空堀とは土塁を挟むように位置することから二重堀とも考えられるが、確実に共伴したかどうかは確定できていない。少なくとも土塁南空堀の出土遺物から見て大空堀の整備時期は中村氏、徳川氏、天野氏と想定される。武田氏以後、城域は南側に拡張されており、大空堀は城域の変更を示すための整備と考えたい。おそらく三者の中では、最も在城期間が長い天野氏の段階に整備が行われたものと考えられる。

参考文献

沼津市教育委員会　一九八四「興国城跡伝天主台跡・伝船着場跡発掘調査報告書」沼津市文化財調査報告書　第三二集
沼津市教育委員会　一九九九「長塚古墳・清水曲輪発掘調査報告書」沼津市文化財調査報告書　第六八集
山本惠一　二〇〇七「史跡興国城跡の発掘調査概要　歴史シンポジウムイン沼津よみがえる戦国の村―阿野庄と七栗田―資料集」静岡古城研究会
山本惠一　二〇〇九「興国寺城」『静岡の山城ベスト50を歩く』サンライズ出版
山本惠一　二〇一〇「興国寺城」二〇〇九年度静岡県考古学会シンポジウム資料集『静岡県における戦国山城』静岡県考古学会

事例7

長浜城

山本　恵一

はじめに

長浜城は、北条氏の伊豆水軍の拠点の一つとなった城郭で、重須湊を守るために築かれたといわれている。

長浜城に関する記録としては、天正七年（一五七九）の十一月七日付の北条家朱印状に記された「長浜ニ船掛庭之普請…」が最も古い記録とされており、この頃までには重須湊の防衛拠点として機能していたものと考えられる。

また、同年十二月十九日付の北条氏光の朱印状によると北条水軍の統括者である梶原備前守が、派遣されており、当時駿河に進出してきた武田氏との緊張関係に備えていたことを知ることができる。翌年の天正八年（一五八〇）には、武田水軍との駿河湾海戦がはじまったが、最終的に決着までには至っていない。

しかし、その後は年月の経過により情勢も大きく変わり、武田氏に代わって豊臣氏との緊張関係が高まるなどしている。天正十八年（一五九〇）の豊臣氏の小田原攻めに際し、北条水軍の主力が下田に移されたことで、長浜城の機能は低下することになる。少なくとも韮山開城とともに本城は廃城になったものと考えられる。

一　城郭の位置と立地

長浜城は、沼津市内浦重須字城山一ノ一ほかに所在し、発端状山から延びる尾根先端部に築かれており、城郭一帯は重須と同長浜の境でもある。ちなみに内浦から西浦にかけて延びる海岸線は、入江と岬が複雑に入り組みながらも続いており、本城の南側を除く三方は海と陰野川に囲まれ、あたかも島に築城されたような印象を受ける。しかも沖合に望む淡島は自然の堤ともなっていたとも考えられ、山城と水軍城の両機能を有する環境にあったといえる。

本城の最高所は、第一曲輪の標高は約三〇メートルにすぎないが、城郭周囲が崖となっており、まさに天然の要害に占地しているといってよい。これまで行われた発掘調査では、地山の下位は凝灰岩に変わることが確認さ

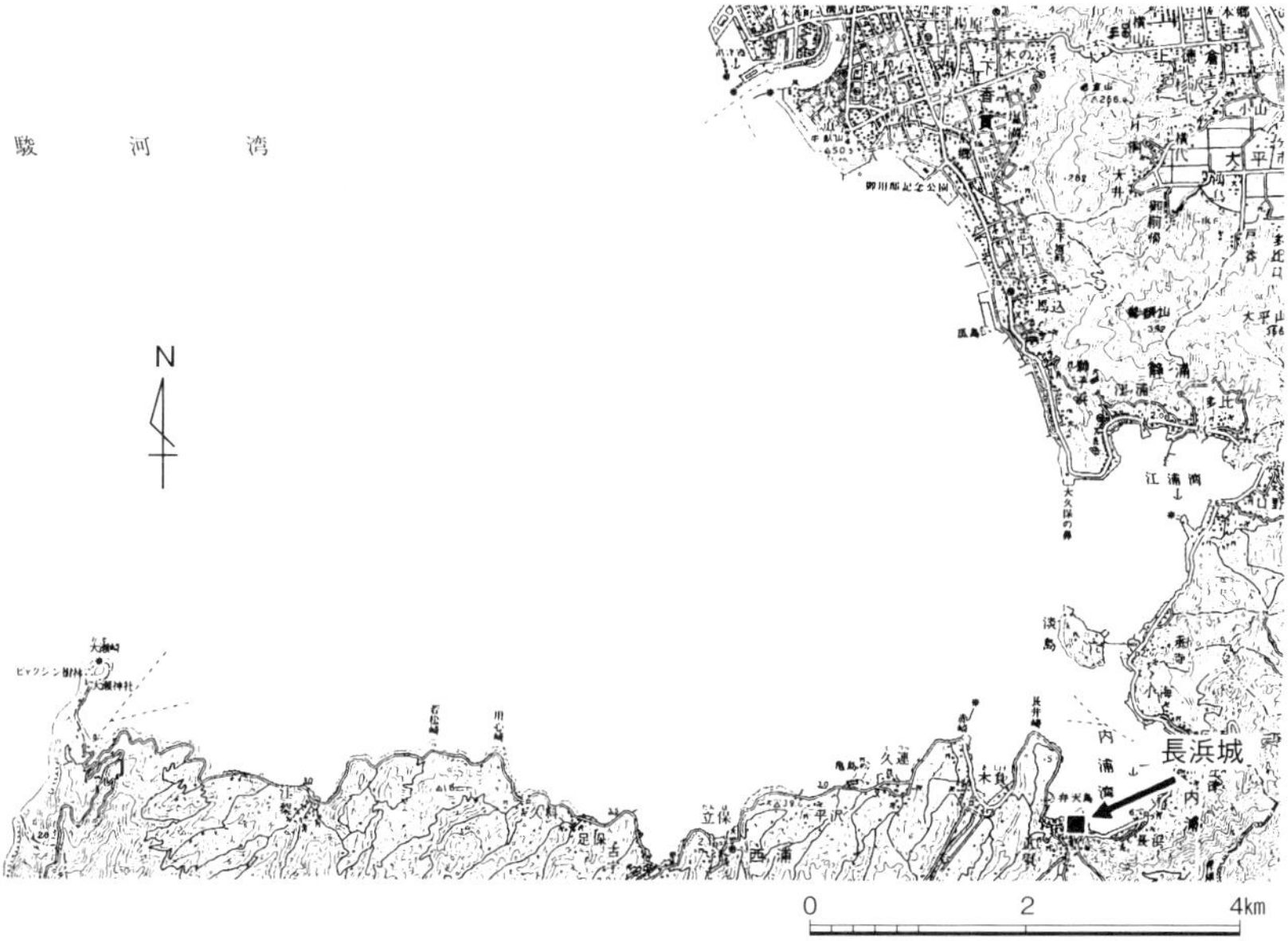

第１図　長浜城位置図

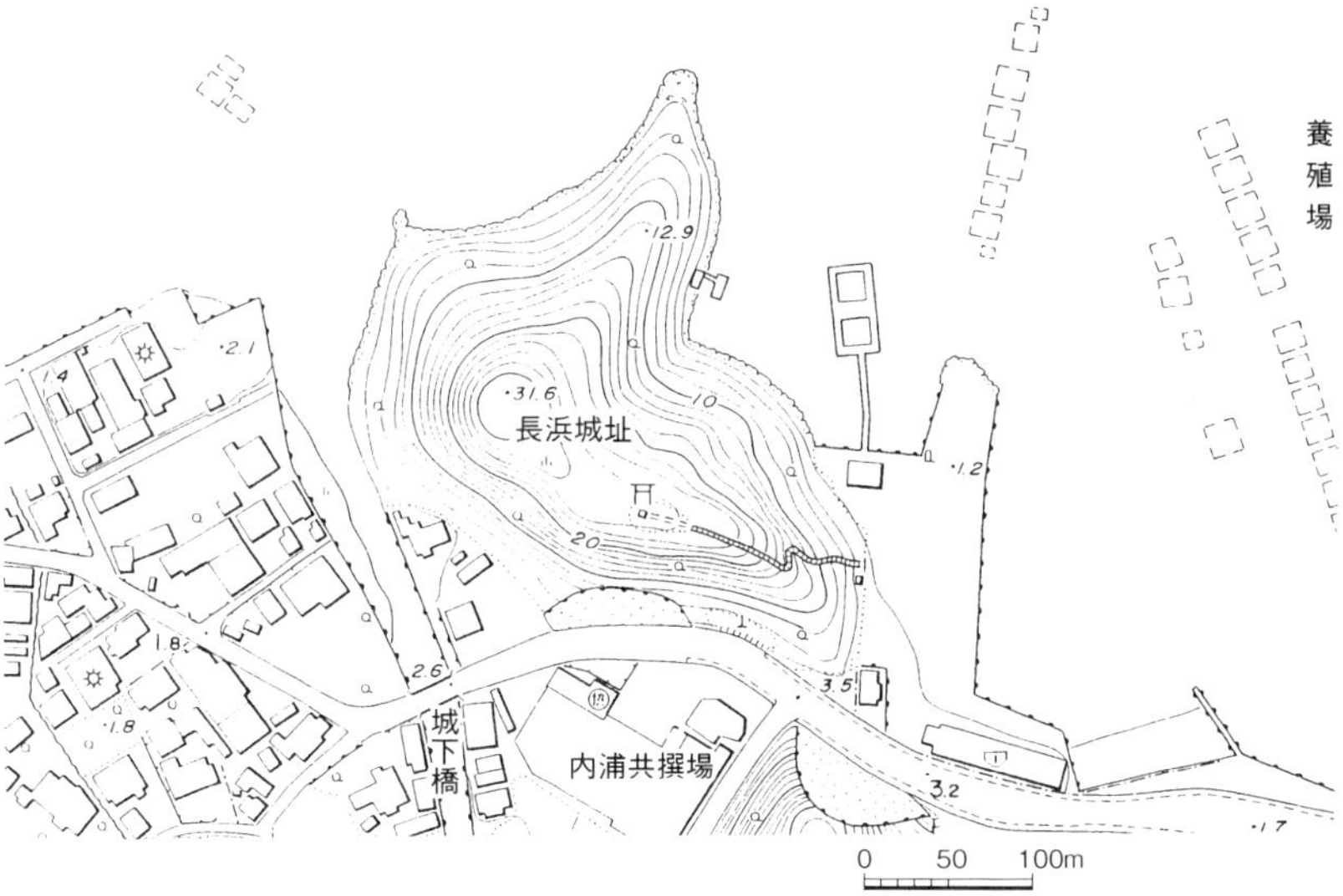

第２図　長浜城周辺地形図

れ、空堀や堀切の底部、掘立柱建物跡の柱穴等は、いずれも凝灰岩を掘り込んで造られている。また、思ったよりも地山が薄いのは、築城に際して曲輪の造成や土塁の盛土に用いられた影響によるものであろう。このことからも本城は、地形を改変させる大がかりな掘削等が行われたものと想定される。

二　城郭の概要

長浜城は、第一曲輪を中心として南東方向には、第二、第三、第四曲輪が、北東方向には階段状となる曲輪A~Dが配置されている。また、これらの曲輪の配置は、「L」字状を呈する連郭となっている。さらに曲輪間には、高低差があり、主郭となる第一曲輪と第四曲輪では約一〇メートルの比高差がある。

(一) 第一曲輪

平面形態は、やや台形に近い形状を呈しており、標高は約三一メートルを測る。土塁はかなり、削土されているが本曲輪の北縁辺から西縁辺にかけて平面形態が「L」字状を呈するように設けられている。また、発掘調査によって、本曲輪内から凝灰岩を掘り込んでいる径約一メートルのピット二基と「L」字状に延びる小ピット列等が検出されている。二基のピットは、他に同規模のピットが認められていないこと、小ピット列はピットP2につながる配置となっている。したがって、二基のピットは、セットとなる門柱穴として、小ピット列は柵または塀と推定される。

また、大型ピットのP1と土塁との間は、本来現存する土塁により遮断されていたものとして理解される。

(二) 第二曲輪

第一曲輪のやや南東方向に配置される曲輪で、本城郭内では最も広く、長方形状の平面形態を呈している。本曲輪の西辺から南辺にかけては土塁により防護されている。この土塁も平面形態が「L」字状を呈しているが、遺存状況はあまり良くない。特に西辺は僅かに盛り上がりが残る程度で、辛うじて土塁と認められるなど後世の削土による影響が大きい。

なお、第一曲輪と本曲輪の境には、発掘調査によって空堀と櫓跡と推定される遺構が検出されている。

(三) 空堀

第一曲輪と第二曲輪の区画を成す空堀は、曲輪全面を

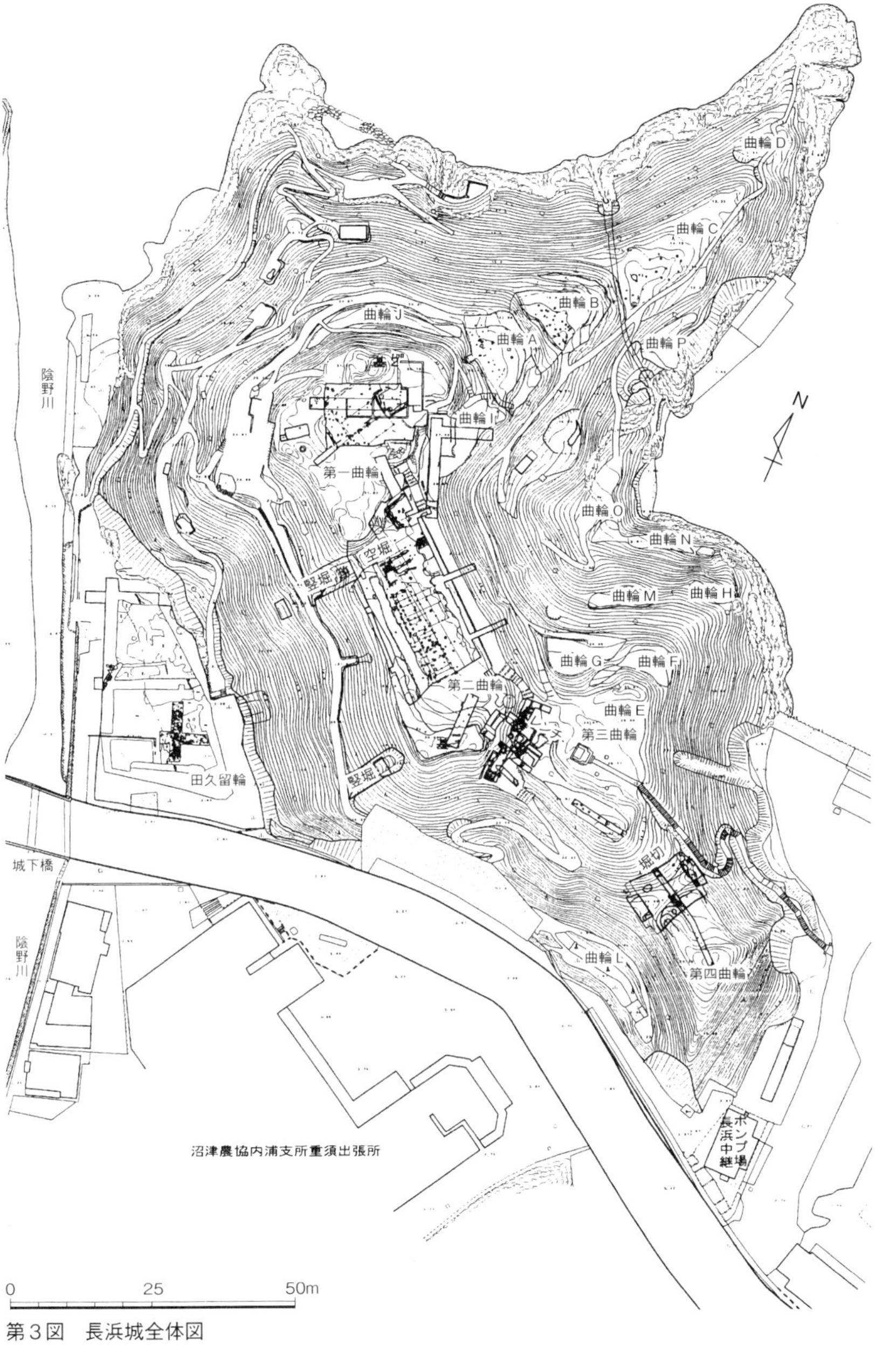
曲輪 D
曲輪 C
曲輪 B
曲輪 A
曲輪 J
曲輪 P
曲輪 I
第一曲輪
曲輪 O
曲輪 N
曲輪 M
曲輪 H
空堀
竪堀
曲輪 G
曲輪 F
第二曲輪
曲輪 E
第三曲輪
竪堀
田久留輪
堀切
曲輪 L
第四曲輪
陰野川
城下橋
陰野川
沼津農協内浦支所重須出張所
ポンプ場
長浜中継
N
0
25
50m

第３図　長浜城全体図

切断するような堀切とはならず一部を区画したものである。本空堀は、凝灰岩を掘り込んで造られており、その規模は長さ約六・五メートル、幅約四メートル、堀底幅は約二・五メートル、深さは約二メートルを測り、断面形はいわゆる箱型状を呈している。その壁面や堀底の掘削は実にていねいに行われており滑らかである。特徴的なのは、本空堀と第二曲輪斜面の竪堀を一体化としているもので、空堀西端部の岩盤を僅かに削り残すことにより境としている。

（四）櫓跡

当初は空堀の東半と考えていたが、検出面からの深さは約一メートルで、空堀の堀底よりも浅い。溝や六尺四方のピット列が検出されており、空堀とは別の遺構であることが判明している。本遺構で検出したピット列は、少なくとも三回程度の改修が認められており、かなりこだわりをもって使用されている。

おそらく本遺構のような六尺四方の間隔をもった柱を有するものとして、規模的にも櫓の柱等が想定できることから第一曲輪との連絡用となる櫓跡と考えている。岩盤を掘り込んだ竪穴状となっているのは、海手側に配置した曲輪A等への移動を考慮したためであろう。

なお、本遺構と空堀の間は、掘削が行われておらずいわゆる土橋のようになっている。しかし、この一帯から第一曲輪の斜面にかけての範囲には、連絡用となるような階段等の痕跡は全く認められてはいない。

（五）掘立柱建物跡・柵・塀

礎石建物跡は確認できていないが、岩盤を掘り込む多数のピットから掘立柱建物跡、柵若しくは塀が存在したものと考えられる。今のところ、明確に掘立柱建物跡と推定できるのは六棟、しかも切り合いが認められることにより、多少なりの時期差もあったことがわかる。

この柵若しくは塀と考えられる小ピット列は、空堀沿いと本曲輪内の中央付近にそれぞれ検出されている。

（六）虎口

本城の最終時の虎口は、第二曲輪と第三曲輪の間の堀切を改修して造られている。この堀切は、凝灰岩を掘削しており、その規模は長さ約一〇メートル、幅約三・三メートル、堀底幅約二・二メートル、深さは約二メートルを測り、断面は箱形状を呈する。第二曲輪の空堀同様、壁面や堀底の掘削はていねいで滑らかである。また、少

第４図　遺構・出土遺物実測図

なくとも現状の第三曲輪の土塁は、堀切内まで延長されていることが確認されている。

発掘調査によって虎口の門は、礎石柱ではなく掘立柱であることが確認されている。門の東柱穴は堀切内にあるが、西柱穴は堀切外で検出されている。さらに西柱穴の北にもこれら東西柱穴と同規模となるピットが検出されたことにより、ピット数は三基となった。検出状況から西柱穴とその北側のピットは、約二・四メートルの間隔で並び岩盤を掘り込むなどの共通性があることからももともとはセットになるものであろう。このことから門の西柱穴は、虎口の門柱として転用したものだと考えられる。転用前の用途については、柱穴の径が約二・四メートル、深さ一・一メートル前後で、岩盤を掘り込んだ大型のピットである。このことからもその用途は、簡易的なものではないと理解している。おそらくこれらのピットは、堀切横断用の橋脚跡ではないかと考えられる。残念ながら堀切の対岸には、対応するような橋脚跡は確認できていない。しかし、これらのピットはかなりの強度を考慮したものとして理解できるものであり、二脚からなる跳ね橋を考えても良いのであろう。

（七）竪堀

第二曲輪の西側斜面には、二本の竪堀があるが、北側の竪堀は先述したように第二曲輪空堀西端部と接している。これらの竪堀の規模は、上部幅は約四メートル、堀底幅は約二・四メートル、深さ約一・五メートルを測る。埋土は〇・四メートル程の堆積が認められているが、これらは第二曲輪等からの流れ込みである。

（八）田久留輪

陰野川河口に面した唯一平地にある曲輪で、第二曲輪とは約二八メートルの比高差がある。発掘調査によって、客土を除去すると橙褐色の色調となる平坦面が一面に認められ、この面が曲輪造成面の整地層であることが確認されている。この整地層は、〇・二メートル前後の厚みがあり、その下位には砂礫や岩盤等の直上に旧表土や自然礫等が充填されている。

（九）遺物

本城では、散漫ながらも古瀬戸後Ⅳ期から大窯期となる瀬戸・美濃の丸皿、擂鉢、青磁の碗等、かわらけの破片等が出土している。これらの大半は、第一曲輪や第二曲輪で出土したものである。

また、田久留輪では、整地層内から十六世紀後半の羽釜破片や橙褐色土層の直上から二点の鉛製の鉄砲玉等も出土している。

三　まとめ

長浜城は、自然地形を巧みに利用している城郭であるが、発掘調査等によって地下遺構の状況が明確になってきている。検出されている遺構として、第一曲輪では、門と柵若しくは塀となる施設が、第二曲輪では空堀、櫓跡、建物施設等の存在を知ることができている。城郭としての存続期間が、記録からでは十年程度にすぎないが、第二曲輪と第三曲輪の間の堀切を改修し、虎口を付け替えていることからある段階には大がかりな改修が行われていたことになる。

第二曲輪の西側斜面にはかなり急傾斜地でありながら二本の竪堀が設けられている。これは、敵の西辺から南辺への進攻を寸断するために配置されたものであり、改修された虎口へ回ることを防御する堀として理解される。おそらく、これらの竪堀も虎口改修時に設けられたものと考えられる。

最後に本城郭内の遺構等について説明をするのに際し、便宜的に海側を北、山側を南として方向を示している。したがって、実際の方向とはズレがあることを明記しておく。

参考文献

沼津市教育委員会　一九八六「長浜城跡詳細分布調査報告」沼津市文化財調査報告書　第三八集
沼津市教育委員会　二〇〇五「史跡長浜城跡発掘調査概報」沼津市文化財調査報告書　第八八集
山本惠一　二〇〇九「長浜城」『静岡の山城ベスト50を歩く』サンライズ出版
山本惠一　二〇一〇「長浜城」二〇〇九年度静岡県考古学会シンポジウム資料集『静岡県における戦国山城』静岡県考古学会

事例8

山中城

鈴木　敏中

はじめに

山中城は、箱根山中腹に築かれた戦国時代末期の山城である。後北条氏によって、本城である小田原城の西方を守備する国境警備の城、いわゆる境目の城として築城された。したがって地域支配の政治的な役割をもつ城とは異なり、きわめて軍事的要素の強い城である。昭和九年に国の史跡指定を受け、昭和四十八年という全国的にも早い段階から発掘調査と環境整備が行われ、現在、史跡公園として一般公開されている。約二万平方メートルに及ぶ発掘調査によって、障子堀をはじめとする後北条氏の城郭構造がはじめて明らかにされた意義は大きい。ここでは、やや古い調査事例ながら、後北条氏によって築城された戦国山城の一例として山中城を紹介したい。

一　山中城の位置と地形

山中城は三島市山中新田及び函南町桑原にかけて、箱根山西麓の標高約五八〇メートルに位置する。城郭の範囲は東西約五〇〇メートル、南北約一〇〇〇メートルで、面積は約二五万平方メートルと推定され、南西方向に延びた細長い丘陵上に築城されている。丘陵の東側は来光川の比高差約一六〇メートルに及ぶV字状渓谷をなす急崖で、西側は山田川による複雑に開析された丘陵地形であり、まさに要害の地に位置している。山中城の位置する場所は、箱根道（旧東海道）から韮山城への道（韮山道）の分岐点で、城内に道路を取込んだ曲輪の配置は、足柄城とともに街道を封鎖する関所的な役割を担っていたと考えられる。

二　遺跡の概要

（一）歴史

山中城の創築は明らかではないが、『甲陽軍艦品第三五』に「永禄十二年（一五六九）六月二日に信玄公甲府を御立あり。（中略）富士のすそ野へ出陣なされ、悉ク焼払イ、にら山、山中まで働キ（後略）」と見えることから、

第１図　山中城の位置と地形

駿河・甲斐・相模のいわゆる「三国同盟」が崩壊し、軍事的緊張が高まった永禄十年頃と考えられている（註1）。元亀二年（一五七一）「相甲一和」が成立し、山中城の戦略的意義は薄らぐが、真田氏との名胡桃《なぐるみ》城《じょう》をめぐる抗争に端を発し、豊臣秀吉との確執が表面化、その決定的な対決が現実的課題となった天正十五年（一五八七）頃から、領国内に朱印状を発給して農民を徴収、大改修工事を開始している。天正十七年には本城の南西に位置する岱崎の地を出丸として城内に取り込み増強を図ったが、戦いには間に合わず天正十八年三月二十九日の開戦となった。寅の刻に始まったとするその激しい攻防は、中村一氏の配下で、「山中城一番乗り」を果たした渡辺勘兵衛の『渡辺水庵覚書』によって知ることが出来る（註2）。豊臣秀次方一万五千人、徳川家康方三万人など総勢六万七千人に達する圧倒的な豊臣軍の前に、城主、松田康長、副将、間宮康俊はじめ約四千人の山中城守備軍は短時間で壊滅し、午の刻には落城、以後廃城となった。

（二）縄張

山中城は本丸を要の位置として扇形に展開する変則的な連郭式城郭である。本丸から派生した三本の尾根を利用してこれを堀切により分断し、巨大な横堀を設置して直線的に独立性の高い曲輪を造築している。南西方向の尾根上に本丸、二の丸、元西櫓、西の丸、西櫓を配置し、本丸の北西側に北の丸・ラオシバ、南方向の尾根上に三の丸、南櫓を配し、さらに岱崎出丸を設けている。大手口は岱崎出丸と南櫓の堀切部に設けられ、搦め手口は三の丸の最北端にあったと考えられる。本丸を城郭の北端に配置したこの縄張りは、敵の攻撃を南西方向の尾根筋に想定した専守防衛の縄張といえよう。

本丸は標高五八六メートルの最高地点に位置し、二段構築の特異な曲輪である。東側を除く三方に大土塁を配し、北西隅に大きな櫓台を設置している。周囲は横堀で区画され、北西に位置する北の丸とは木橋、南西の二の丸とは堀切を持つ土橋、三の丸とは土橋で連結されている。曲輪の最上段には『渡辺水庵覚書』によれば「広間」と呼ばれる建物が存在したものとみられる。調査では撹乱のため未検出であったが、過去、礎石と考えられる石が複数出土しており、近くの民家に現存する。本丸の南側には兵糧庫と呼ばれる曲輪があり、掘立柱建物や土坑が検出された。二の丸は本丸の南西側に位置する不

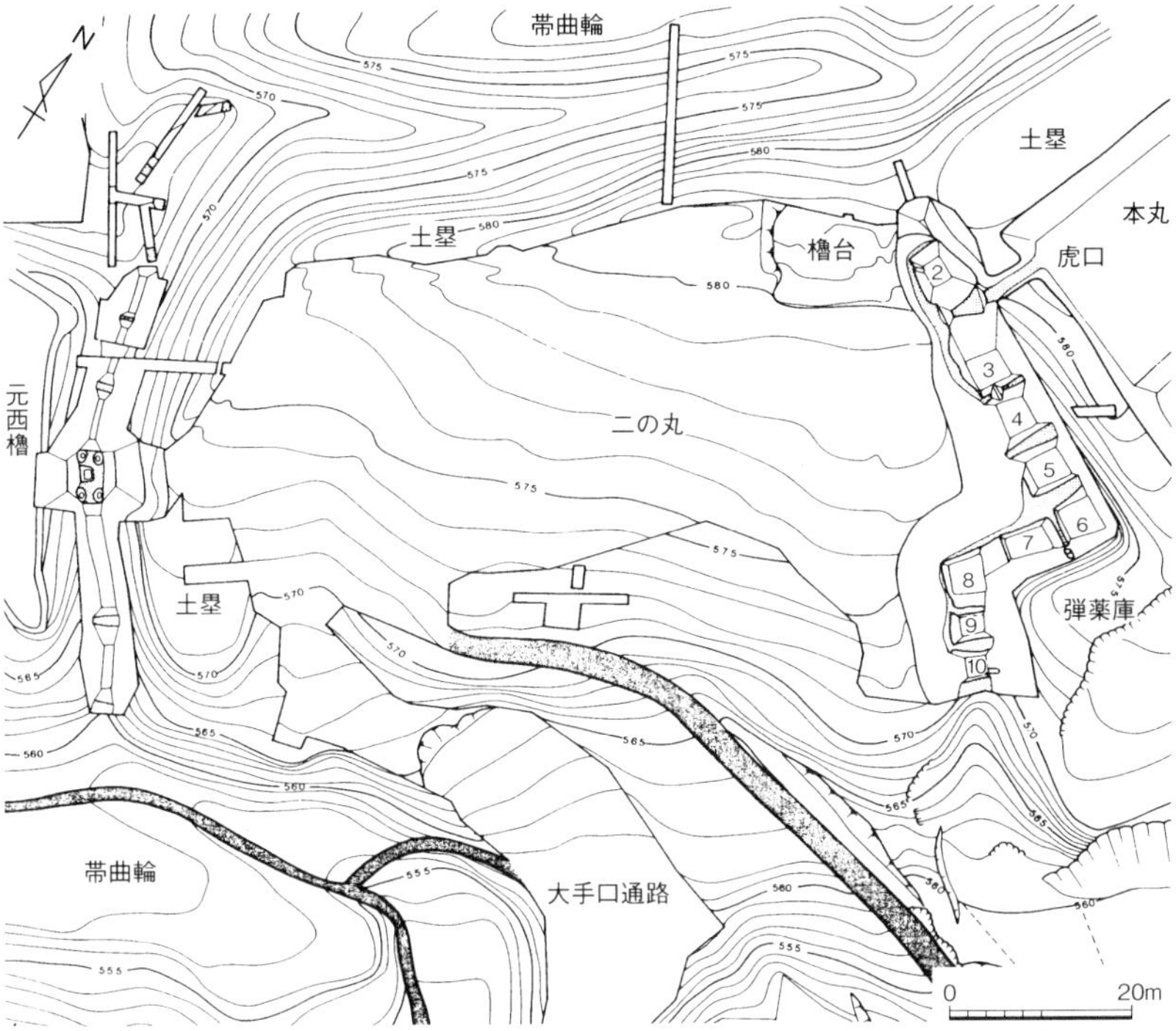

第２図　二の丸全体図

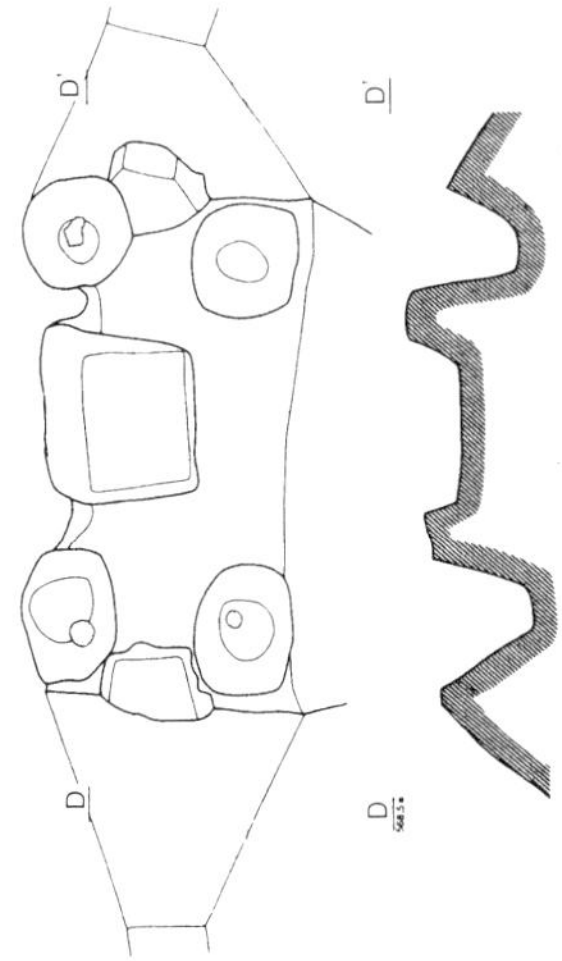

第４図　二の丸西虎口橋脚台

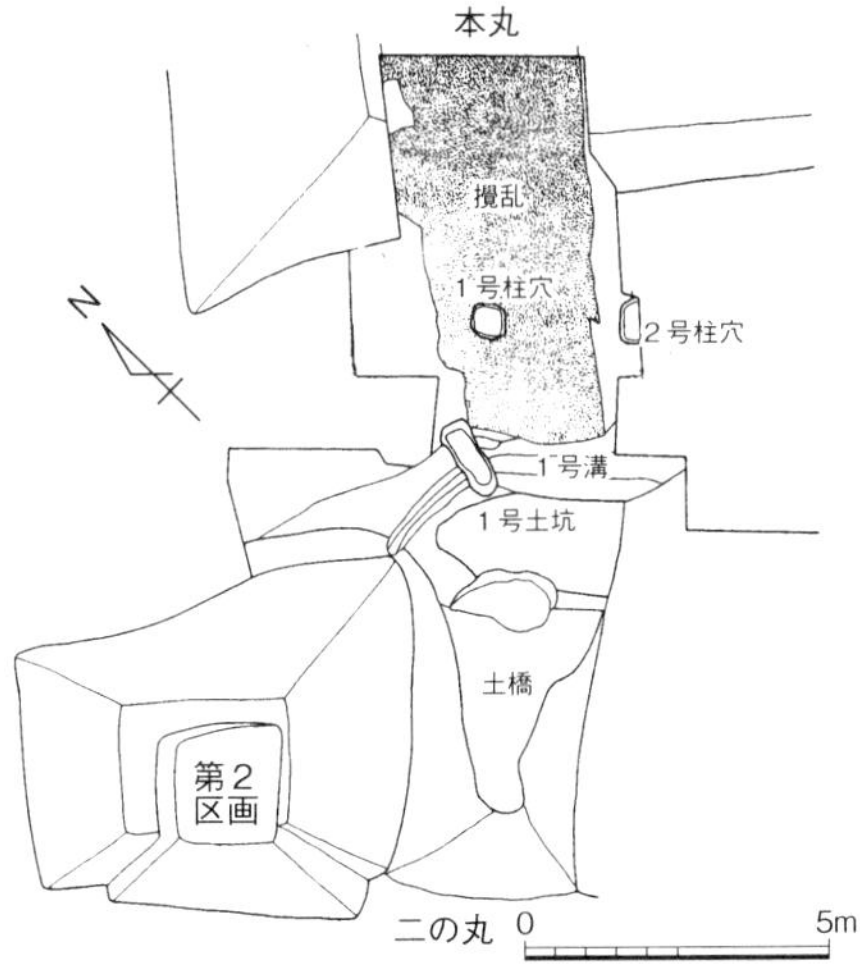

第３図　本丸西虎口

整形な曲輪で、西側と北側に土塁を設け、本丸と同じように北西隅に櫓台を置いている。曲輪の北側は横堀、西側の元西櫓とは堀切で画される。曲輪全体が南側に傾斜しており、後世の破壊も考えられるが、南西部に屈曲スロープの大手道があり、三の丸へは水堀（箱井戸）をまたいで木橋がかけられていたものと考えられる。三の丸は本丸と二の丸の下段に位置し、居住区と考えられる。南櫓に連結する大手側は堀切とこれを防備する櫓台、搦め手口には二重の堀切が設置されている。北の丸は本丸の北西を防備するために設置された曲輪である。北端部はラオシバとの間に山中城内最大の堀切が設置されており、北東部は帯郭に連結して三の丸の搦手口に至る。曲輪と帯郭の接合点より四本の掘立柱による門が検出されている。西の丸は西側に巨大な馬出の西櫓を従え、最終段階で増築された西方防御の中枢的な曲輪と見られる。東を除く三方に土塁を設置し、周囲には高度に発達した畝堀・障子堀の横堀を巡らせ、西端部には土塁を付設した大きな櫓台を設置している。岱崎出丸は南櫓の南方に配置された独立した一角で、箱根道を側面から制圧するために増設されたものである。中央と先端に曲輪が築造されているものの不整地が認められ、未完成のまま戦闘に突入したと見られる。箱根道に沿って畝堀による横堀と長大な土塁、中央部に櫓台と末端部が竪堀に連なり、畝を一基設置した堀切が配置されている。このほか二の丸から南に派生した尾根上に廐が存在する。指定地外のため詳細を欠くが、尾根を横断するように大土塁が配置されており北側は切岸となっている。丸井戸の谷、尾根上、三の丸堀を進行してくる攻撃軍に対する防御施設と考えられよう。

三　検出遺構

（一）土塁

山中城の土塁は敵の攻撃が想定される方向を正面にして、曲輪の三方を囲むコの字状に設置されている。土塁の規模はA～Cの三種があり、A種は本丸の大土塁で、基底幅一五メートル、高さ四・五メートルと巨大なものである。B種は二の丸・西の丸・西櫓などの一般的な土塁で、基底幅約五メートル、高さ約一・八メートルのもの。C種は西の丸櫓台上に設置された土塁で、基底幅二メートル、高さ〇・八メートルのものである。土塁の築成は、曲輪を囲む横堀の掘削土であるロームブロックと表土等の黒色土を交互に積み上げて構築しており、断ち割り調査を実施した二の丸北・西側土塁は、所謂、版築土塁であった。また、土塁の頂部からは平均一・八メートル間隔で、径、深さ共に約三〇センチの柱穴が西櫓の西・南土塁で六本、西の丸櫓台の土塁で三本検出されており、柵の存在が推定される。

（二）堀

山中城の堀は、未確認の北の丸、自然の谷を利用したと見られる三の丸堀を除き、すべて障子堀である。障子堀は箱堀の底面に畝状の障壁を一定間隔で設置したもので、地山の掘り残しによって構築されており、堀内における敵兵の横の動きを遮断する目的で設置されたものと考えられる。障子堀には単列型と複列型があり、一般的に前者を畝堀、後者を障子堀と呼称しているが、本来的にはすべて障子堀である。なお、江戸時代の軍学書である『武教全書』には「堀障子」と見え、こちらが本来の用法であろう。山中城では西の丸西堀及び北堀の一部が複列型で他はいずれも単列型である。単列型の障子堀は、形態・規模からA～Cの三種に分けられる。A種は本丸西堀・東堀に見られる一辺四～五メートルの底面形が方形基調のもので、畝は頂部が平坦で高さ約八〇センチ程度のもの。小田原城の障子堀A1類に近似する。B種は二の丸西堀に見られる底面の長さ五～一〇メートル、幅約一メートルの長方形で、畝の頂部が丸く高さ約二メートルのもの。小田原城の障子堀A2類に近似する。C種は西櫓、西の丸南・北堀、岱崎出丸に見られる底面の長さ五～八メートル、幅約二メートルの長方形で、畝の頂部が丸く高さ約二メートルのものである。障子堀C種は天正十五年以降増築したと見られる曲輪の堀に採用されていることから、後北条氏の障子堀では最も新しい段階と考えられるが、A種、B種の前後関係は不明であり、場所による使い分けの可能性も想定される。一方、複列型の障子堀は堀の中央部に幅の広い頂部が凹面をなす畝を設け、両曲輪に向かって直角に、そして交互に頂部の丸い畝を伸ばすものである。各区画の底面の長さは四～五メートルで幅一～二メートル、畝の高さは約一・七メートルとなっている。幅広の堀切に対応した最新技術と考えられよう。これら障子堀は基本的に空堀であるが、二の丸西堀、西の丸西堀では地下水脈を切り水堀となった区画があり、皮革製甲冑部品や建築部材など重要な遺物が出土している。

（三）虎口と門

本丸北虎口、西虎口は共に両側に直線的な土塁を持つ平入り虎口である。北虎口は北の丸と四本の橋脚を持つ木橋で連結され、西虎口は二の丸と堀切を持つ土橋で連結されており、木橋・土橋複合形態であった。この虎口には本丸の南側に位置する弾薬庫から横矢が掛けられる。二の丸西虎口はやはり平入り虎口で、西側の元西櫓とは木橋で連結される。橋脚台北側の堀より門柱が出土している。一方、二の丸南虎口は二の丸大手口に通じる幅約六メートルの通路である。土塁に囲まれ、四カ所に折れを持つ屈曲スロープで、後北条氏による桝形虎口の進化した形態と見られる。西の丸南虎口はくい違い虎口で、土塁の基端部から二本の柱穴が検出されており、冠木門であった可能性がある。北の丸搦め手門は四本柱の掘立柱建物で、二階門の可能性が高い。帯曲輪との連結部に平石二個を伴う三段の階段が設置されている。

（四）建物跡

兵糧庫で一棟検出されている。総柱の掘立柱建物で、報告では三間×四間の礎石建物とされたが、確実な部分では南北方向に主軸を持つ二間×四間の掘立柱建物である。柱穴は径三〇～六〇センチで、深さはほぼ二〇センチである。また、建物の西側に土坑四基が建物と平行に設置されており、平行する柱穴も二本存在することから、これらの土坑を取り込んだ三間×四間の建物の可能性も考えられる。礎石とされた石は少数で柱穴に据えられて出土したものがないことから、根固め石と考えられよう。

（五）その他の遺構

兵糧庫は中央の溝で二分される。東側では浅い一六基の土坑と二基の土坑を細い水路で連結させた遺構が確認され、洗い場と下水溜とされた。一方、西側では、掘立柱建物と土塁との間に約〇・八×一メートル、深さ約二メートルの方形の土坑が四基並んで検出されており、トイレ遺構の可能性が考えらないであろうか。西の丸では長方形で約一×〇・八メートル、深さ一メートルほどの土坑が一〇基検出されている。配列に規則性はなく性格不明であるが、焼土や礫、陶磁器を持つものが顕著に見られる。

（六）改修工事の痕跡

本丸西堀第二区画に堀底の重複、第三区画の畝に掘割、二の丸側斜面に犬走り状の通路が認められ、天正十五年頃以降に実施された堀の拡幅工事の痕跡と考えられる。畝の掘割や通路は拡幅に伴う残土搬出のため設置され、本丸西虎口土橋の堀切も同目的のため設置されたものと考えられよう。

四　出土遺物

出土遺物は、土器・陶磁器の他、槍・石突・鉄砲玉・草摺・兜の前立など武器・武具類、硯・銭貨・遊具類などの日常品など多彩である。しかし、その出土量は二万二七三〇平方メートルという広大な調査面積に比して非常に少なく、土器・陶磁器に関してはわずか二二五点である。一平方メートルあたりの出土量は〇・〇一点で、調査面積一〇〇平方メートルに対して土器・陶磁器がわずか一点出土する計算になる。

①土器・陶磁器の組成は、瀬戸美濃が最も多く、七二点で三分の一近い三二・六%を占める。ついで貿易陶磁が五七点で二五・八%である。静岡県内に生産地のある志戸呂は二六点で一一・五%、初山が二三点で一〇・二%であり、両者を合計すると県内産陶磁器が二二・二%となる。かわらけも三四点あり、一五・四%を占める。これに比して、常滑は九点と非常に少なく、また、鍋類は一点も出土していない。②貿易陶磁は染付が四〇点あり、貿易陶磁全体の三分の二を越える七〇・二%である。ついで白磁が一六点で二八・一%である。青磁はわずかに一点のみである。器種別では碗

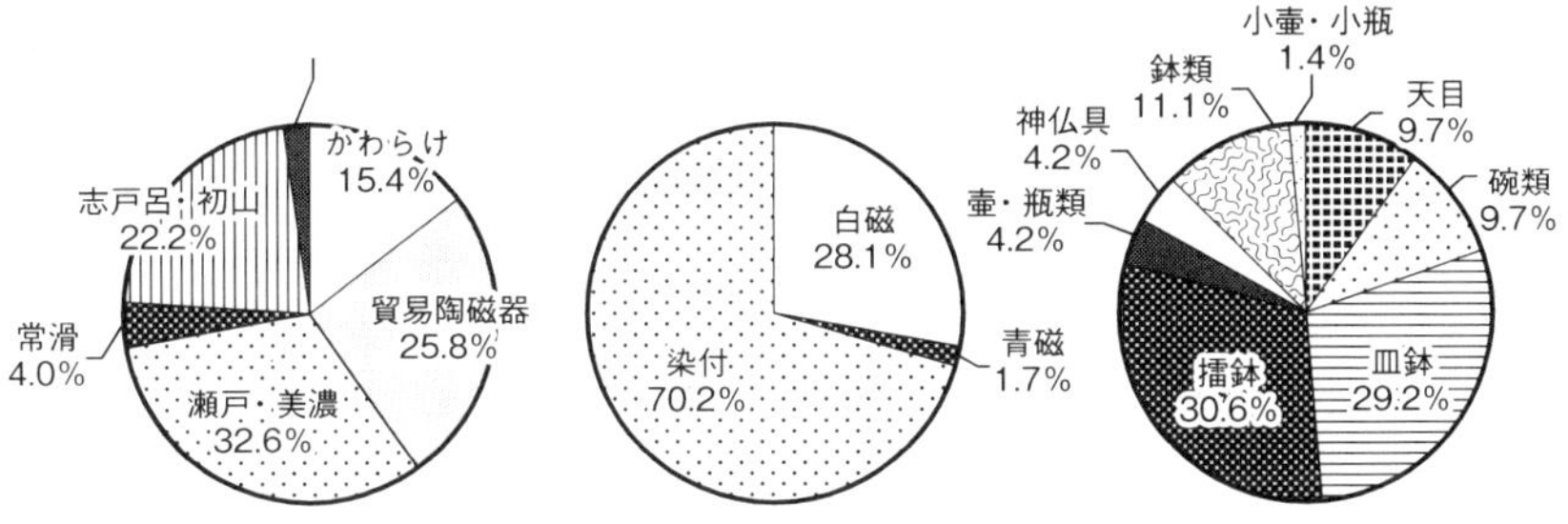

①土器・陶磁器の組成　②貿易陶磁の組成　③瀬戸美濃の器種別

第５図　山中城跡の陶磁器組成

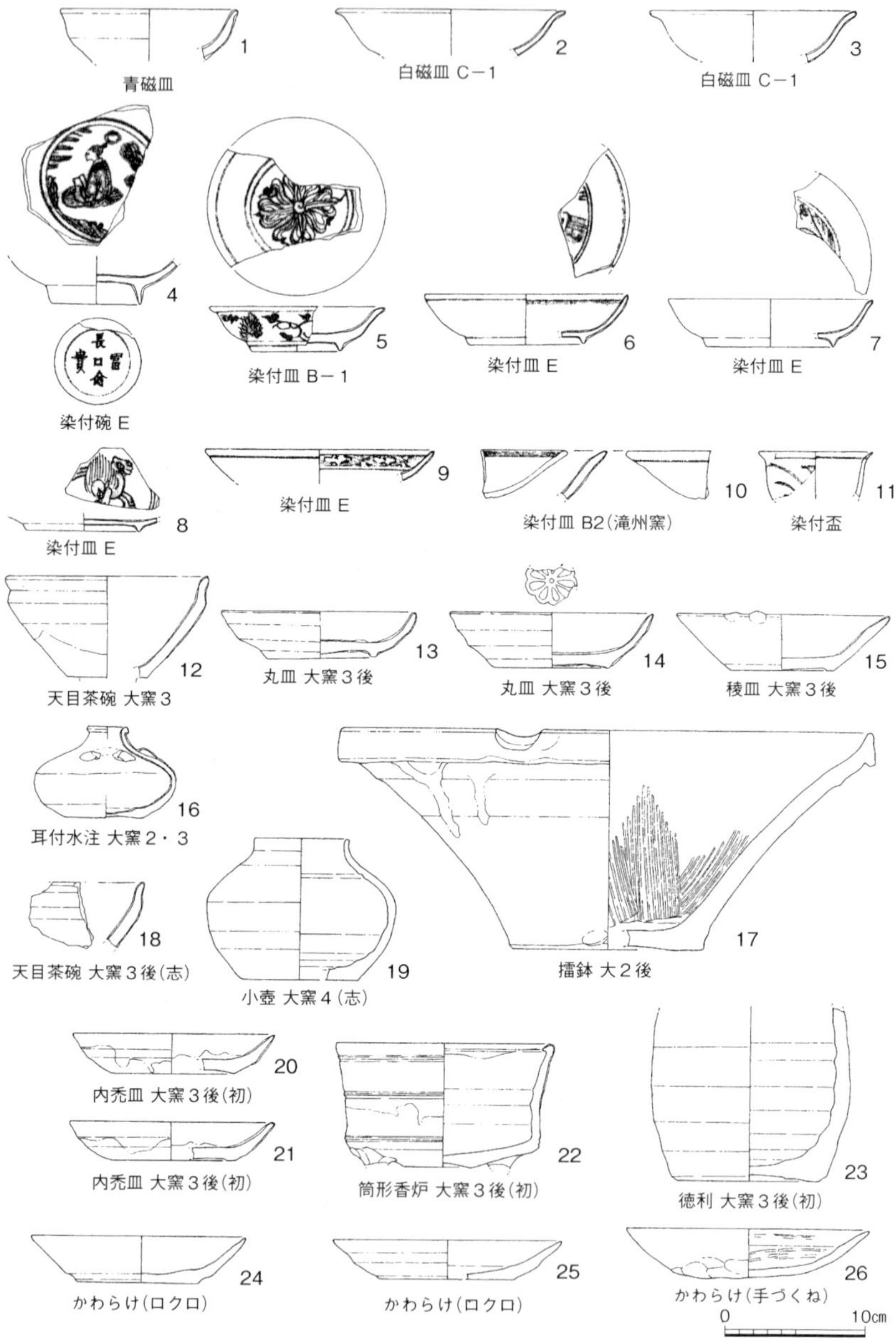

1
青磁皿
2
白磁皿 C－1
3
白磁皿 C－1
4
長口富貴
染付碗 E
5
染付皿 B－1
6
染付皿 E
7
染付皿 E
8
染付皿 E
9
染付皿 E
10
染付皿 B2(滝州窯)
11
染付盃
12
天目茶碗 大窯3
13
丸皿 大窯3後
14
丸皿 大窯3後
15
稜皿 大窯3後
16
耳付水注 大窯2・3
17
擂鉢 大2後
18
天目茶碗 大窯3後(志)
19
小壺 大窯4(志)
20
内禿皿 大窯3後(初)
21
内禿皿 大窯3後(初)
22
筒形香炉 大窯3後(初)
23
徳利 大窯3後(初)
24
かわらけ(ロクロ)
25
かわらけ(ロクロ)
26
かわらけ(手づくね)
0
10cm

第6図　山中城跡出土の陶磁器・土器

が二点と少ない一方で、皿類が五一点と圧倒的に多い。このうち、白磁の皿はすべてC1類の端反皿で、染付皿のはE群が二二点で最も多い。その他の皿B1・B2群やC群は数点のみの出土にとどまっている。染付碗もE群のみである。青磁が少なく、染付碗E群、皿B2群・E群、白磁皿の構成は十六世紀代の城跡にみられる典型的なセットといえよう（註3）。

瀬戸美濃は七二点出土している。③の器種組成をみると、皿類が二二点　二九・二％、擂鉢が二二点　三〇・六％でこの二者が全体の三分の一ずつを占めている。その他、天目茶碗・碗類・盤類などは数点である。珍しい例では、鉄釉水指が一個体あることがあげられる。型式別の出土傾向をみると、大窯3が非常に多く、全体の三分の二近くを占めている。大窯3で皿類とくに丸皿が大量に出土していること、擂鉢の増加が要因としてあげられる。次の大窯4では出土量は激減するが、これを補完するように志戸呂・初山の皿類・擂鉢等が出土している。また、備前の花生が一個体出土していることは注目されよう。山中城跡では、瀬戸美濃が最も多く出土しているが、貿易陶磁や志戸呂・初山も一定量存在する。貿易陶磁は染付中心の組成となり、瀬戸美濃は大窯の皿類が主体を占める。当遺跡は山城ではあるものの、瀬戸美濃・志戸呂・初山は皿類のほかに香炉や水指などの嗜好品も認められる。一方、常滑甕や鍋類などの日常品が少ない。また、山中城跡においては、大窯3期を境に、瀬戸美濃から志戸呂・初山に大きく変換していることが明らかになった。大窯4段階における瀬戸美濃の減少と志戸呂・初山の急増については、藤澤良祐氏がすでに指摘しているが、今回の山中城跡の分析結果によって、東部地域における同様の傾向が明らかになった（註4）。

五　おわりに

山中城は永禄十年頃創築され、天正十八年に落城するまで一貫して後北条氏により経営、維持されたと見られ、他の戦国大名の手は入っていないものと考えられる。したがって発掘調査により明らかになった城郭遺構は純粋に後北条氏の築城技術によるものとして良いであろう。また、天正十五年頃から改修工事と増築工事が行われたことが知られており、現在見られる城郭遺構には後北条氏における最新の築城技術が反映されているものと考えられ、高度に発達した障子堀や畝堀、屈曲スロープの桝形虎口、巨大な角馬出などにそれを見いだすことが出来る。

註

1 友野　博　一九八五「山中城と山中城攻防戦」『史跡山中城跡』三島市教育委員会

2 小和田哲男　二〇〇五「後北条氏築城技法の特色―いわゆる障子堀を中心に―」『中世城郭史の研究』精文堂

3 小野正敏　一九九五「出土陶磁器よりみた一五・一六世紀における画期の素描」『MUSEUM』№四一六

4 山中城跡の出土遺物については、池谷初恵氏の同意を得、次の文献より転載させていただいた。池谷初恵二〇〇五「中世三島の土器陶磁器（一）―三嶋大社境内遺跡・長伏六反田遺跡・山中城跡の組成と年代―」『三島市埋蔵文化財発掘調査報告』Ⅹ　三島市教育委員会

参考文献

齋藤　宏他　一九八五『史跡山中城跡』三島市教育委員会
齋藤　宏他　一九九八『史跡山中城跡Ⅱ』三島市教育委員会
小田原市教育委員会　一九九〇『小田原城とその城下』
菊川シンポジュウム実行委員会　二〇〇五『陶磁器からみる静岡県の中世社会―東でも西でもない―』資料集
鈴木敏中　二〇〇九「山中城」『静岡の山城ベスト50を歩く』サンライズ出版

論考

戦国期前半までの山城遺構

溝口　彰啓

はじめに

山城の築城あるいは整備は、軍事的な緊張状態によって領土防衛、拠点の確保といった必要に迫られて行われたことは言うまでもない。静岡県内における戦国期までの主な軍事的緊張状態を挙げると、南北朝期の動乱（十四世紀中葉頃）、遠江を巡る今川氏と斯波氏による争乱（十五世紀後葉～十六世紀初頭）、今川氏と後北条氏が対立した「河東一乱」（天文六～十四年〈一五三七～一五四五〉）、今川氏衰退に伴う武田・徳川氏の今川領への侵攻（永禄十一～十二年〈一五六八～六九〉）、武田・徳川氏による遠江・駿河を巡る争乱（元亀二～天正十年〈一五七一～八二〉）などがある。当然、この他にも局地的な武力衝突は各所で起こっているが、特定地域における面的な山城の築城・改修はこうした大規模な軍事的緊張状態を契機として行われたのであろう。

しかし、現状ではこうした歴史的経過のみから今に残る山城の変遷を追うのは困難と言わざるを得ない。以前筆者は静岡県内の発掘調査成果から、武田氏・徳川氏の改修による堀切や土塁の大規模化、横堀の採用、虎口の複雑化に代表される防御施設の発達を挙げ、ここに戦国期における山城遺構の大きな画期があるとした（溝口二〇〇八）。現在静岡県内で確認される大半の山城は、その画期となる元亀・天正年間初頭以降に築城あるいは改修されたと考えられ、それ以前の様相はほとんどわかっていない状況である。静岡県内では山城の発掘調査事例も増加しつつあり、近年考古学的な手法による山城の研究も可能となってきているが、（第1表）ここでは仮に先に述べた元亀・天正年間初頭の画期以前、おおむね永禄年間（一五五八～六九）以前を「戦国期前半まで」と捉えてみることにしたい。その上で、発掘調査成果から何が

第1表　静岡県内発掘調査実施中世山城一覧

	城名	国	所在地	主な遺構	主な遺物年代	調査年	備考
1	宇津山城	遠江	湖西市	石組遺構	−	S56	確認調査
2	高根城	遠江	浜松市	二重堀切、土塁、虎口、礎石建物、井楼櫓、石積遺構	15C 中〜 16C 後	H5 〜 11	本調査（面）
3	千頭峯城	遠江	浜松市	堀切、土塁、虎口、石積み遺構、掘立柱建物、礎石建物	16C 中	S56・57	本調査（部分）
4	鳥羽山城	遠江	浜松市	土塁、門跡、礎石建物	−	S50	確認調査
5	笹岡城	遠江	浜松市	土塁、曲輪、掘立柱建物、井戸	15C 後、16C 後	S43	本調査（面）
6	久野城	遠江	袋井市	堀、土塁、虎口、柵列、門跡、曲輪、掘立柱建物、井楼櫓	15C 後〜 17C	H1 〜 4・H16 〜 18	本調査（面）
7	本庄山砦	遠江	袋井市	堀切、横堀、竪堀、土塁、虎口	16C 前	H9 〜 10	本調査（面）
8	馬伏塚城	遠江	袋井市	堀、土塁、	15C 末〜 16C 末	H11 〜 18	確認調査
9	掛川城	遠江	掛川市	堀、虎口、曲輪、柵列	15C 後〜近世	H1 〜 H2・H4 〜 5	本調査（面）
10	掛川古城	遠江	掛川市	井戸	16 末〜 17C 初頭	H12	本調査（部分）
11	殿谷城	遠江	掛川市	堀切、土塁、虎口、掘立柱建物、配石遺構	15C 後〜 16C 後	S57 〜 58	本調査（面）
12	杉谷城	遠江	掛川市	堀切、竪堀	16C	H7	本調査（面）
13	松葉城	遠江	掛川市	礎石	−	H10	本調査（面）
14	高天神城	遠江	掛川市	横堀、竪堀、堀切、堀障子、土塁、土橋、竪穴状遺構	15C 後〜 16C 後	H10・13・14	本調査（面）
15	比木城山	遠江	御前崎市	堀切、掘立柱建物、溝状遺構	15C 後〜 16C 初	H11・16	本調査（部分・面）
16	勝間田城	遠江	牧之原市	土塁、掘立柱建物、礎石建物、溝、水場遺構	15C 中〜後	S60 〜 H8	本調査（面）
17	横地城	遠江	菊川市	堀切	15C 中〜後	H8 〜 10	確認調査
18	小太郎砦	遠江	菊川市	堀切	−	H3 〜 4	本調査（面）
19	諏訪原城	遠江	島田市	堀、土橋、門跡	−	S58・63・H2・H16 〜	本調査（部分）、調査継続中
20	小長谷城	駿河	川根本町	堀切、土塁	−	H17・19	本調査（部分）
21	潮城	駿河	藤枝市	土塁、虎口、礎石建物、区画溝	15C 〜近世	S51 〜 53	本調査（面）
22	小瀬戸城	駿河	静岡市	堀切	−	H12 〜 13	本調査（面）
23	横山城	駿河	静岡市	土塁	−	H4	確認調査、山麓部
24	庵原城	駿河	静岡市	堀切、土塁、曲輪、掘立柱建物、柵列、虎口	15C 後	H17 〜 19・21	本調査（面）
25	蒲原城	駿河	静岡市	堀切、土塁、石組遺構	15C 後〜 16C 後	S62 〜 H2、H3、H8 〜 10	本調査（面）、確認調査
26	葛谷城	駿河	芝川町・南部町	堀切、横堀、竪堀、堀切、土橋	16C	H2	本調査（面）
27	台山城	駿河	富士川町	石積遺構	−	S48	本調査（面）
28	長久保城	駿河	長泉町	堀（畝堀・三日月堀）、土塁、虎口、土橋、掘立柱建物	16C 前〜末	S49・51・52・55	本調査（面）
29	泉頭城	駿河	清水町	堀、石積遺構、柱穴、門跡	−	S58	確認調査
30	興国寺城	駿河	沼津市	礎石建物	15C 後、16C 初〜後	S56・H12 〜	本調査（面）、調査継続中
31	長浜城	伊豆	沼津市	堀（畝堀）、土塁、虎口、柵列、掘立柱建物、土橋、溝状遺構	15C 後〜 16C 末	S60・H11 〜 13	本調査
32	深沢城	駿河	御殿場市	堀、土塁、石組遺構	15C 後〜 16C 前	H14 〜 16	確認調査
33	山中城	伊豆	三島市	堀（障子堀・畝堀）、土塁、虎口、柵列、掘立柱建物、土橋、木橋	16C 前〜末	S48 〜 H4	本調査（面）
34	韮山城	伊豆	伊豆の国市	堀（障子堀）、石敷遺構	15C 後〜 16C 末	S60 〜 62・H4 〜 6・H16・17	本調査（部分）、山麓部
35	丸山城	伊豆	伊豆市	石積み遺構、柵列、曲輪	15C 〜近世	S59	本調査（面）
36	高谷城	伊豆	伊豆市	石積み遺構、土塁	15C 〜近世	H12	本調査（面）
37	大見城	伊豆	伊豆市	掘立柱建物跡	16C	H8	本調査（部分）、山麓部
38	河津城	伊豆	河津町	竪穴状遺構	15C 後	H3 〜 4	確認調査
39	鎌田城	伊豆	伊東市	堀、土塁、溝状遺構、柱穴	15C 後	H13	確認調査

第2表　山城出土瀬戸美濃系製品

年代　1300　1400　1500　1600

城名・時期	古瀬戸										大窯				計
	前Ⅰ〜Ⅳ	中Ⅰ	中Ⅱ	中Ⅲ	中Ⅳ	後Ⅰ	後Ⅱ	後Ⅲ	後Ⅳ古	後Ⅳ新	大窯1	大窯2	大窯3	大窯4	
笹岡城	2					2	2	1	4	23			5	1	40
高根城		8	8	1	1	2	2	26	36	44	16				144
久野城	1					1	1	7	20	93	134	198	170	65	690
掛川城		1	1	4	2			1	6	6	28	11	28	7	95
殿谷城								11	11	9	149	48	6		234
高天神城									20	20	32	108	116		296
横地城									14	16					30
勝間田城							8	10	189	515					722
庵原城								1	7	17					25
蒲原城								6	7	15	23	10	16		77
長久保城	9									10	83	36	101	49	288
興国寺城							1		3	6	2	3	5		20
深沢城										1	5	3			9
山中城										2	3	8	67	32	112
長浜城						1	1	1	3	10	2	3	6	2	29
小川城	17	8	5	1	1	13	14	33	150	1,286	1,045	204	65	15	2,860

※1　菊川シンポ実行委員会 2005 から作成した。時期の明確な遺物を対象とし、また複数時期にわたる場合は案分し、端数は切り上げた。
※2　志戸呂・初山窯製品は並行する時期に含めた。
※3　小川城は道場田遺跡を含む。

導き出せるのか、今後の課題となる部分も含めて考えたい。

一　戦国期前半までの事例

第2表は出土した広域流通品である瀬戸美濃系施釉陶器を山城の年代把握のモノサシとして着目し、作成したものである。ここでみる主な城館の調査事例では、十五世紀中葉～後葉の古瀬戸後Ⅳ期段階から陶磁器類の出土量が増加し、その後は城館の使用存続年代に即した形で遺物が出土することがわかる。以下では、こうした出土遺物や発掘調査内容から、戦国期前半までに使用されたと考えられる城、あるいは推定できる城を抽出し、具体的な調査成果を概観しながらそれぞれの様相について検討を進めたい。

勝間田城（牧之原市・第1図）

勝間田城は有力国人勝田氏（勝間田氏）が築いた要害である。十五世紀中葉に創築されたと推定され、文明八年（一四七六）に今川義忠の攻撃によって落城したとされる。城の詳細については事例編（54頁）を参照いただくとして、ここでは要点のみ紹介したい。城は南東端最高所の本曲輪から南に二の曲輪、三の曲輪といった曲輪群が連なるように配置される、いわゆる連郭式の山城である。発掘調査では二の曲輪を中心に多くの城内施設が確認された。二の曲輪は土塁によって囲繞された広大な曲輪で、建物が十二棟発見されている。多くは掘立柱建物であるが、その中で礎石建物が一棟検出されたことが特筆される。三の曲輪は西三の曲輪と呼ばれる地区で掘立柱建物が一棟確認されたのみで未調査区が多いが、水場遺構や井戸の存在から、二の曲輪同様に建物群が存在する居住空間であった可能性は高いだろう。二の曲輪を囲む土塁は断面調査により、基底部幅五・六メートル、残存高は一・三メートルの規模であることが判明した。地山を整地した上に二の曲輪方向からの版築が確認され、改修の痕跡は見当たらず、三の曲輪を囲む土塁もほぼ同規模である。二の曲輪と三の曲輪の間は土塁で仕切られているが、東端に開口部分があり、幅〇・五メートル程度の通路が設けられていた。二の曲輪側が高いため、川原石を使用した階段状の施設を作り出していたが、特に防御的な意識はないようで、平入りの通路となっていた。これ以外に通路や虎口施設は確認されておらず、現況地形で

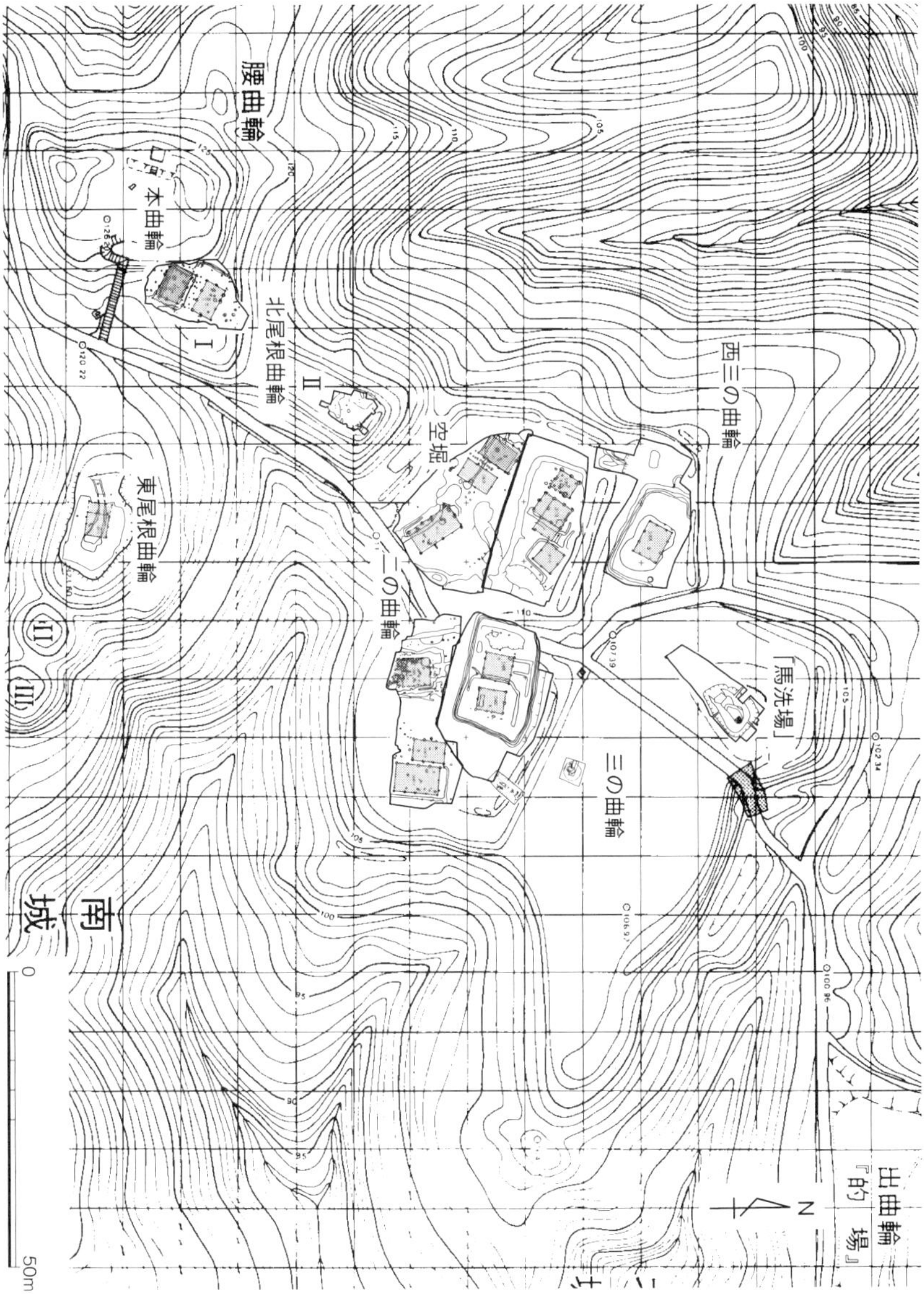

第1図　勝間田城跡検出遺構配置図

も明確ではない。大空堀と呼ばれる二の曲輪と北尾根曲輪Ⅱの間の堀切以南は本曲輪を中心として比較的小規模な曲輪群となる。北尾根曲輪Ⅰでは三棟、東尾根曲輪で一棟の掘立柱建物が検出されているが、二の曲輪建物とほぼ同様の規模・構造といえる。東尾根曲輪では尾根の端部に柵列とみられる柱穴列があり、土塁がない部分はこうした構造物で曲輪を囲繞していたことも明らかとなった。土塁で囲まれた本曲輪、その南に隣接する南曲輪などは未調査であるが、建物跡などが存在する可能性が高い。

こうした発掘調査状況から、建物や井戸、溝状遺構を中心とした城内施設が城域全体に展開していたことが判明した。出土遺物は瀬戸美濃系施釉陶器でいえば、壺類に十四世紀末葉〜十五世紀前葉に位置づけられる古瀬戸後Ⅱ〜Ⅲ期のものがあるが、ほぼ古瀬戸後Ⅳ期段階、すなわち十五世紀中葉〜後葉の時期におさまり、十五世紀末葉以降の大窯製品は一切含んでいない。貿易陶磁や土師質土器も同時期の遺物しかなく、極めて限定された時期の出土遺物のみであることがわかる。出土遺物は碗皿、擂鉢、茶器、貯蔵具などを中心に豊富であり、また出土遺物量の八〇％を超えるかわらけの存在は、儀礼を伴う階層、すなわち領主層の居館があったことを意味するものと思われる。それは領内において軍事的な緊張が生じたために居館機能の一部が山上に移動したと考えられるもので、十五世紀後葉にその機能は確実に停止しているといえる。

中央の大堀切を境に二の曲輪、三の曲輪を中心とした広大な曲輪群と本曲輪を中心としたやや狭小な曲輪群の相違が指摘され、前者を戦国期後半の改修、後者を勝田氏段階の城と捉える見方がある。発掘調査の成果では前述のように、極めて限られた一時期の遺物しかなく、また建物のあり方をみても短期的な時期差はあると思われるものの、現在みられる縄張りに即した配置がなされており、全体的な改修の可能性は低いように思われる。幅一〇メートルを超える大堀切や東尾根曲輪先端の多重堀切など、未だ発掘調査の手が及んでいない防御施設については課題が残るものの、現時点で勝間田城は室町後期〜戦国期前半の山城の一形態を残す山城と評価されよう。

横地城（菊川市・第2図）

勝田氏と並ぶ東遠江の有力国人である横地氏が本拠と

なる横地の谷の最奥に築いた城である。創築年代は不明だが、勝間田城と同様な経過を辿った可能性が高く、十五世紀中葉頃に築かれ、文明八年に今川義忠の攻撃によって落城したと考えられる。

城の構造は基本的に小規模な曲輪と堀切・竪堀を組み合わせて構築されており、広大な城域には「東の城」、「中の城」、「西の城」と呼ばれる地区に、それぞれの尾根を利用した曲輪群が設けられている。発掘調査は部分的であるため、構造に踏み込める内容ではないが、城の様相の一端がわかる資料が得られている（塚本他一九九九）。各曲輪内では建物等の施設はなかったものの、出土遺物などから「東の城」を中心とした一定の居住空間が確認された。勝間田城二の曲輪、三の曲輪と類似した居館的居住空間とみられていた「千畳敷」では発掘調査の結果、そのような形跡は見つかっておらず、後世に改変された可能性が指摘された。「東の城」、「中の城」、「西の城」各所では堀切の部分調査も実施されている。その規模は堀底一～一・五メートルの比較的小規模なものであったが、「西の城」の堀切②は基底部幅五メートル以上の土塁を伴う、堀底幅三メートルの大規模なものであった。また「中の城」では堀切というより小規模な横堀とみられる堀切③が注目される。これら遺構に伴う遺物は全て十五世紀後葉までの年代観で捉えられるものである。勝間田城と同様に限定される出土遺物が示すとおり、基本的な城の構造は室町～戦国期前半に遡るものと考えられる。

殿谷城（掛川市・第３図）

殿谷城は原田庄細谷郷一帯を本拠とした国人原氏が築いたとされる。築城年代は明らかでないが、明応三年（一四九四）に今川氏親の命を受けた北条早雲の攻撃によって一度落城したとされる。今川氏が滅亡した後、原氏は武田氏の傘下に入っているが、天正元（一五七三）年に徳川家康の配下である久能宗能に攻められ再び殿谷城は落城し、以後は使用されていないと考えられる。

城は一の曲輪を中心に四方に延びる尾根に曲輪を配置する構造で、南以外の三方の尾根筋を堀切で遮断する。発掘調査では一の曲輪を中心に大規模な造成を行い、前代の曲輪を拡張する形で居住空間を造り出していることが明らかとなった（松本他一九八五）。大窯第一～二段階（十五世紀末葉～十六世紀中葉）を中心として、大窯第三

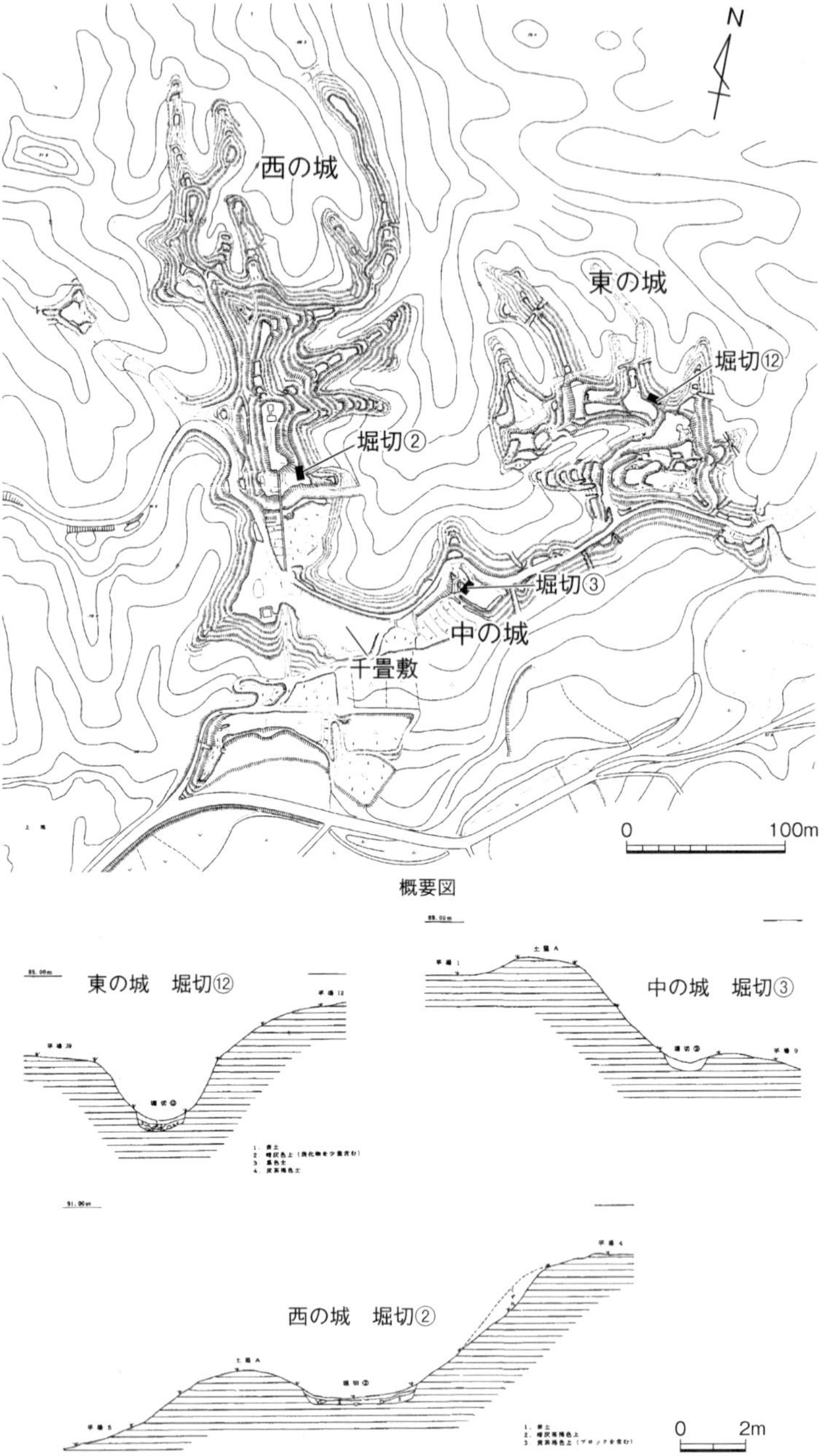

第２図　横地城概要図・堀切断面図

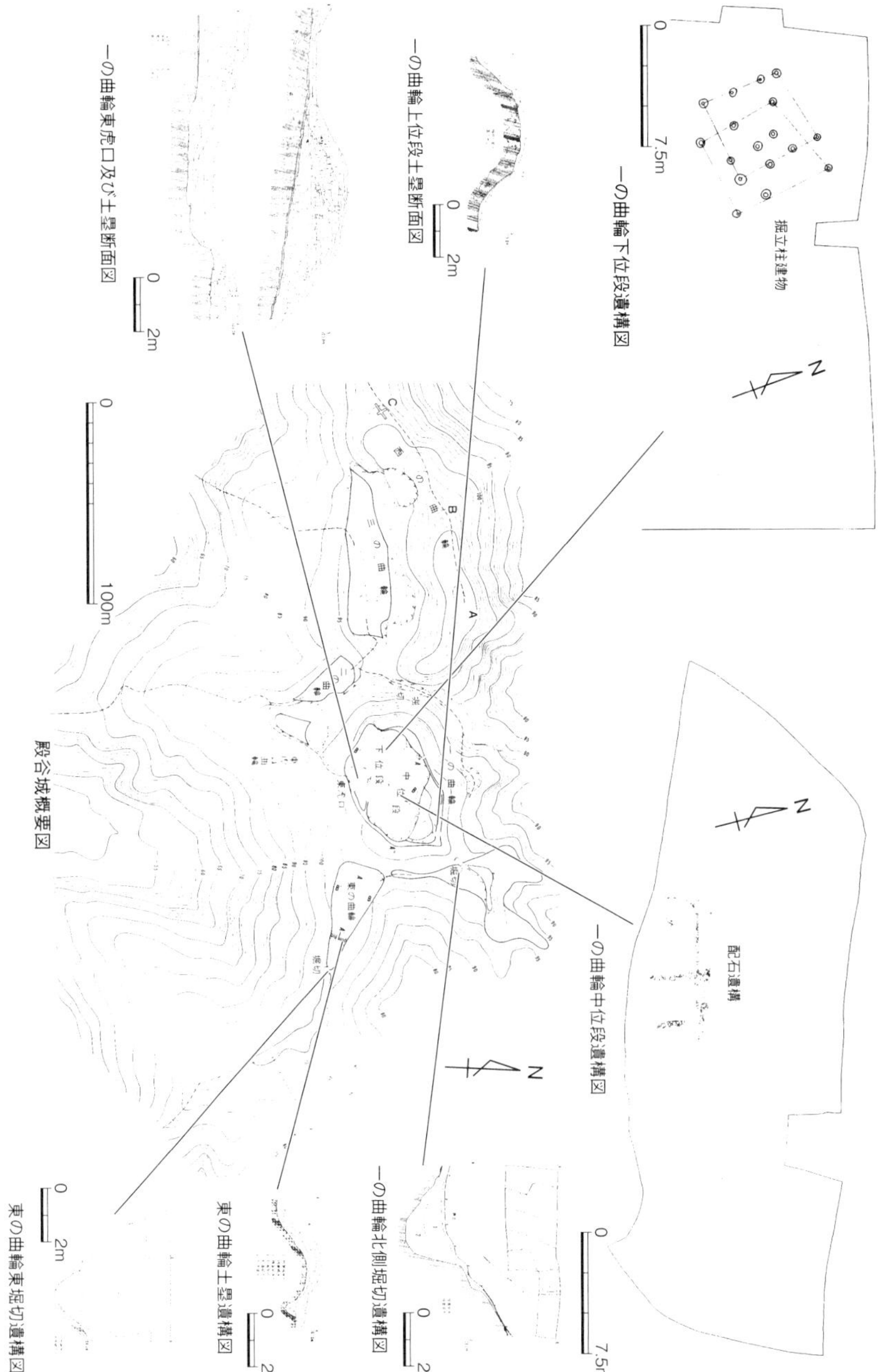

第３図　殿谷城概要図及び遺構図

段階（十六世紀後葉）までの遺物が出土しているが、大半は一の曲輪からの出土である。一の曲輪は上・中・下段の三段築成がなされ、小規模な掘立柱建物や石列遺構とともに、周囲には基底幅五メートル前後の土塁が設けられていた。こうした遺構や多量の貿易陶磁を含む豊富な出土遺物の内容からも一の曲輪に居館的な空間があったことはほぼ間違いない。しかし、東の曲輪土塁が地山削出しで基底幅三・五メートル程度に留まっていることや、一の曲輪北堀切や東の曲輪東堀切の規模が幅二～三メートル、深さ一～二メートル程度と小規模であることは、一の曲輪を遮断線によって守ろうという意識が薄いことによるものと思われる。東の曲輪などに若干の拡張がみられるものの、一の曲輪以外は遺物の出土も極めて少ないことからも、一の曲輪以外は大規模な普請（土木工事）が行われず、前代の遺構をほぼそのまま利用している可能性が高い。ただし、一の曲輪東虎口部分は内枡形に類する虎口空間を作り出し、また虎口の一角を構成する土塁が版築によって基底幅八・二メートルという規模の大きなものであることを考えると、この虎口部分は、より新しい段階に改修された可能性が高い。

このような状況をみると、おおむね三段階の改修が考えられる。築城年代は不明ながら、遺物の出土量が増加する古瀬戸後Ⅳ期以降にあたる十五世紀後葉～十六世紀前葉頃に築かれた城の姿は主曲輪の周囲に小曲輪を付属させ、小規模な堀切でそれらを区画するものであったのだろう。そして、遺物量がピークを迎える十五世紀末葉～十六世紀中葉頃に行われた改修は広い居住空間を作り出すために、一の曲輪周辺のみを拡張・造成する改修が行われたと考えられる。そして、落城する天正元年直前には一の曲輪東虎口のみが改修された可能性が高い。

杉谷城（掛川市・第4図）

杉谷城は徳川家康が今川氏真の拠る掛川城攻めのため、永禄十一～十二年（一五六八～六九）頃に築いた陣城であるとされる。全面的な発掘調査の結果、主郭・二ノ郭を中心とした遺構の存在が明らかとなった（井村・加藤二〇〇二）。主郭は基底部幅三メートル、高さ〇・六メートルの小規模な土塁が西側のみに設けられる。土塁はこの部分のみで、他の曲輪は柵などの施設が巡っていた可能性がある。主郭と二ノ郭の間には堀切一、二ノ郭北側には堀切二が設けられる。堀切一は上端幅五・五メートル、主郭からの深さ四メートルの薬研堀状となるもので、堀切二は後世の開削により広がっているものの、堀切一と同規模であったと考えられる。堀切一の東端は幅二メートル、深さ〇・三メートルの小規模な竪堀一に繋がり、主郭と二ノ郭を分断している。主郭南側には堀切がないため、北に向かってのみ遮断線を設ける構造であったことがわかる。これは杉谷城の南西に築かれた青田山砦との連携を図るための構造であったと理解されている。虎口を含め、これ以外には目立った防御的な遺構はなく、主要曲輪周辺の小尾根を利用していた可能性はあるが、大規模な土木工事を伴わず、ほとんど自然地形のままで使用された可能性がある。

陣城という特殊な事例ながら、堅固な土塁や明確な虎口を持たない主要曲輪を堀切と竪堀のみで守り、周辺を自然地形に近い形で利用するという構造は、永禄段階における山城のひとつの形を示す貴重な事例といえよう。

庵原城（静岡市）

庵原城は今川家重臣である庵原氏が築いた山城とされるが、築城年代は不明である。今川氏滅亡後、武田氏の傘下に降った朝比奈氏の所有となり、天正十年（一五八二）の武田氏滅亡とともに廃城となったと考えられている。城の詳細は事例編（76頁）に詳しいため参照いただきたいが、城域の南斜面を中心とした発掘調査がなされ、城の構造の一部が明らかとなっている。上端幅一五メートル、深さ五・五メートルの大規模な二重堀切が作り出された堀切一及び溝一、多条化された竪堀三、城域先端に近い曲輪三に至る虎口構造などは武田氏の築城技術を習得した朝比奈氏が永禄十一年（一五六八）以降に改修したとみられる（北野・勝又・井鍋二〇一〇）。城の構造は丘陵上に主要曲輪を直列させ、斜面部に腰曲輪を配し、尾根筋を堀切で仕切るものであるが、この改修はこうした構造を大きく変えることなく、既存の施設を拡張・複雑化させることによって、防御性を高めているものと思われる。古瀬戸後Ⅳ期（十五世紀中葉～後葉）以降の確実な出土遺物はみられず、遺物と遺構の年代に齟齬はあるが、こうした改修の痕跡を丹念に洗い出すことによって、改修前の城の構造が判明する事例であるといえる。

大平城（浜松市・第5図）

大平城は南北朝期に築かれたといい、南朝方の拠点

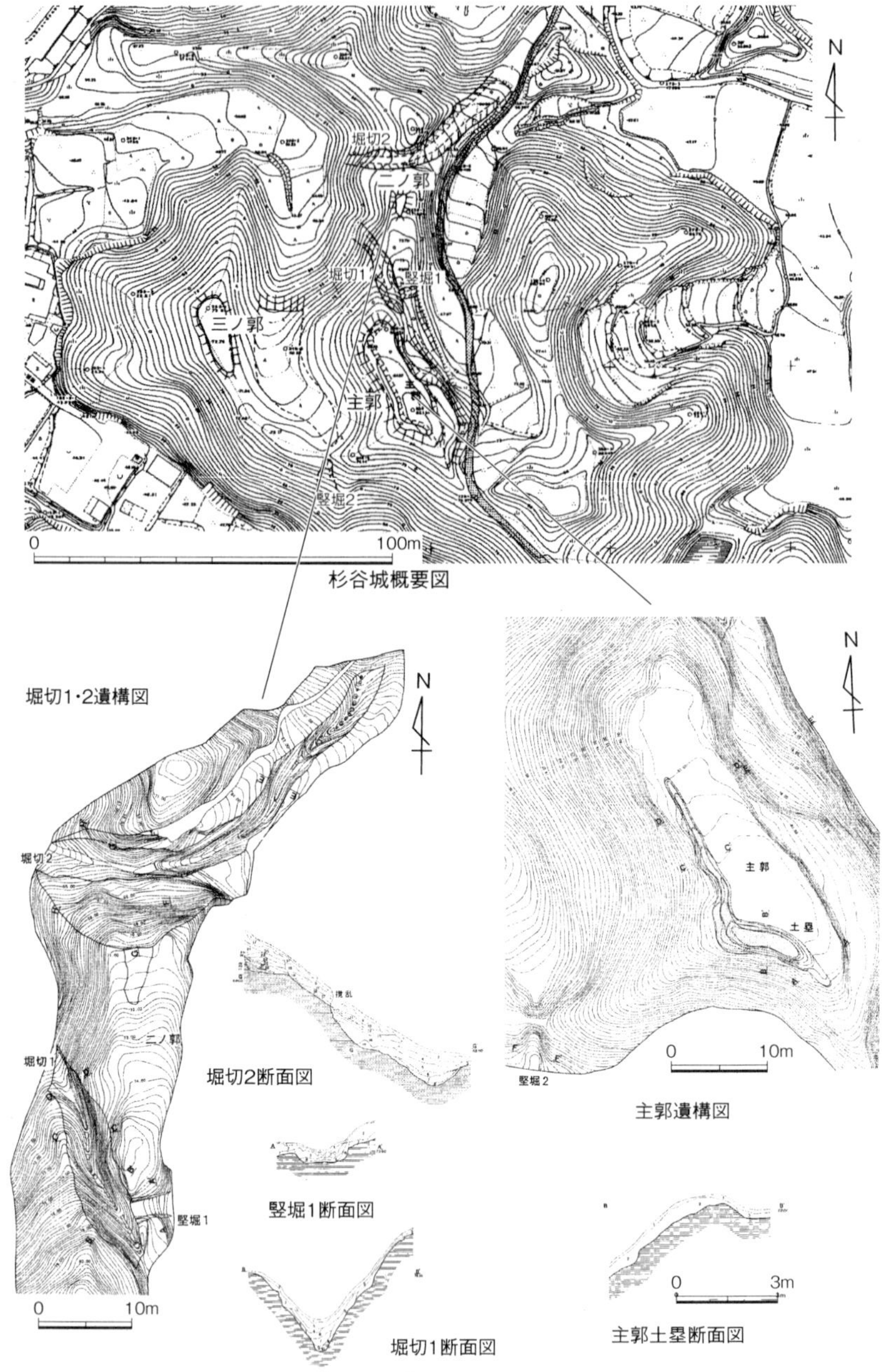

第4図　杉谷城概要図・遺構図

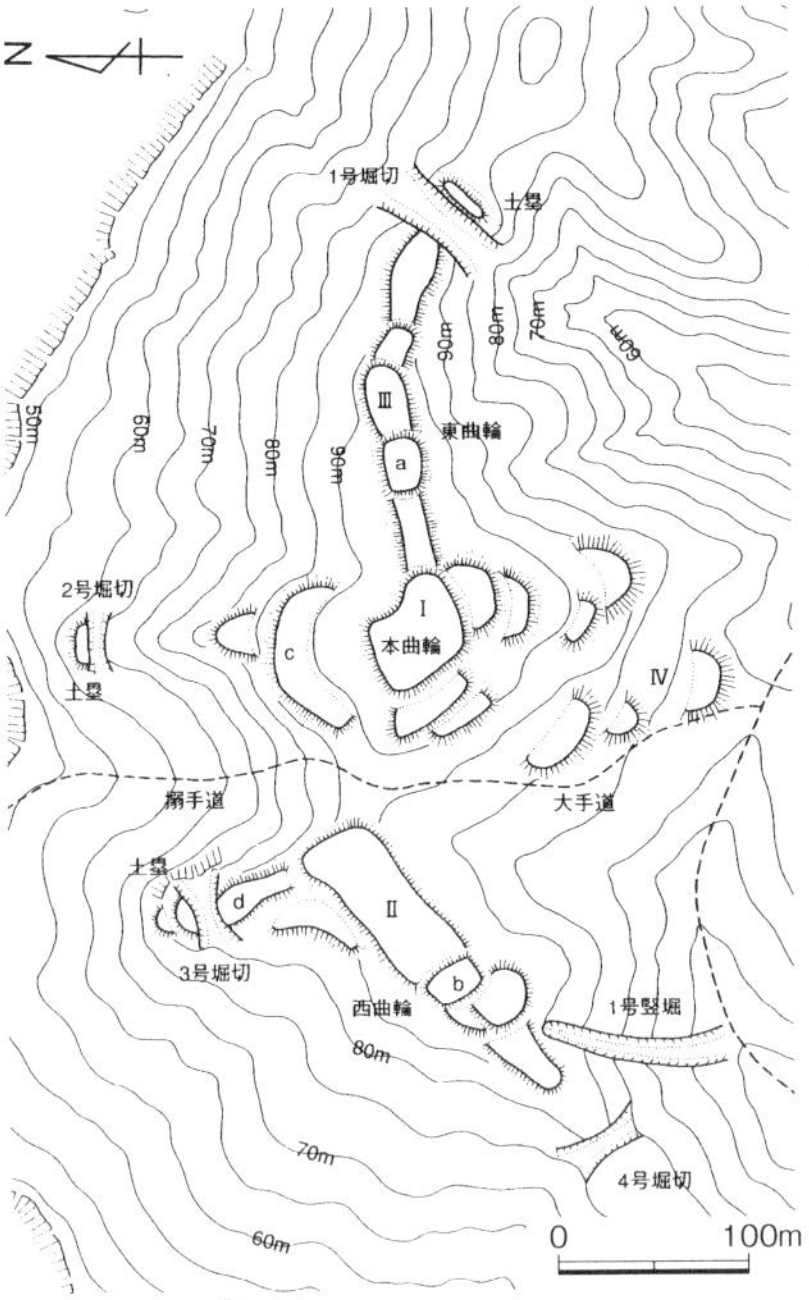

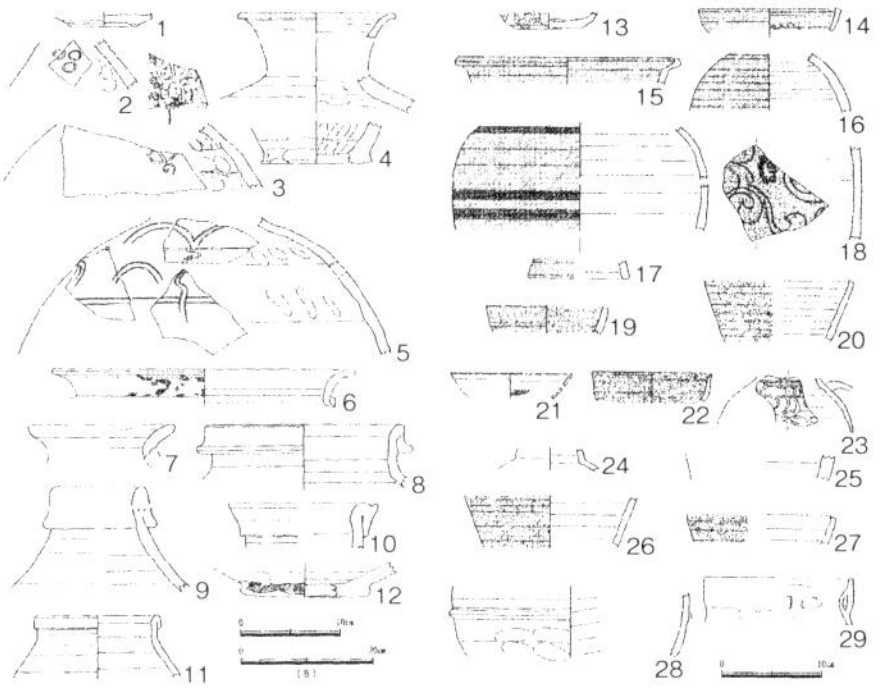
本曲輪周辺出土遺物

第５図　大平城概要図・出土遺物

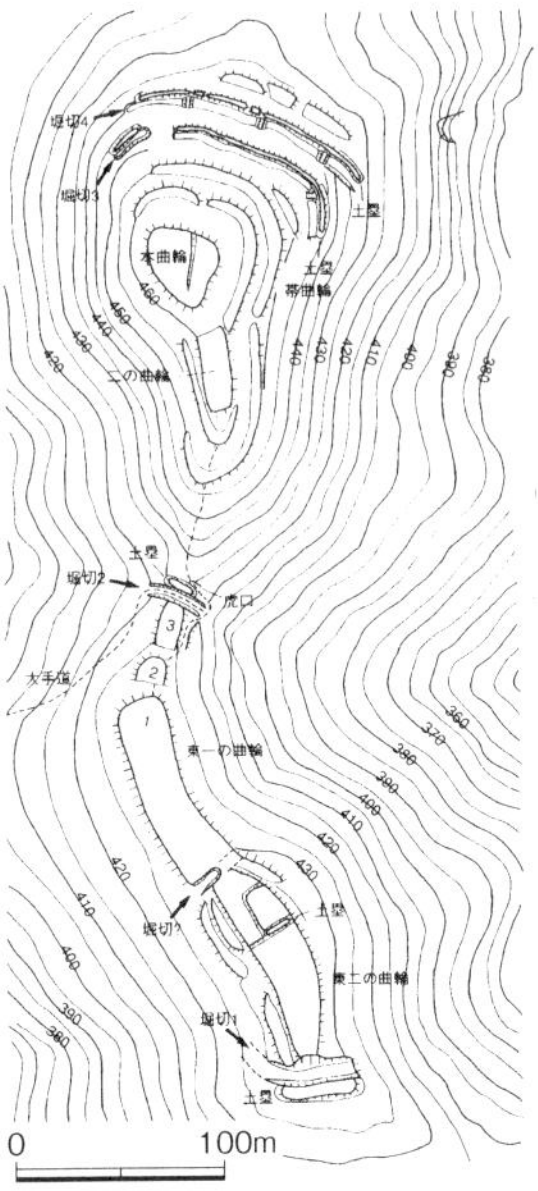

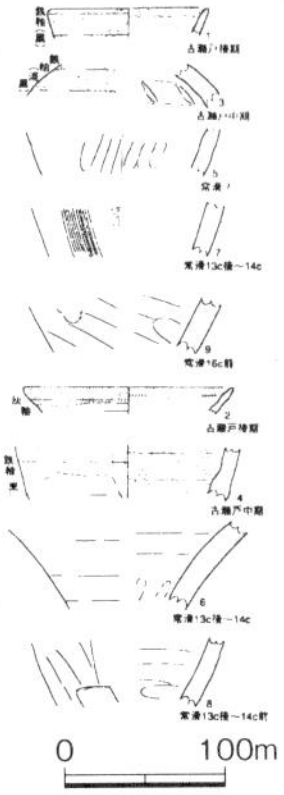

本曲輪出土遺物

第７図　三岳城概要図・出土遺物

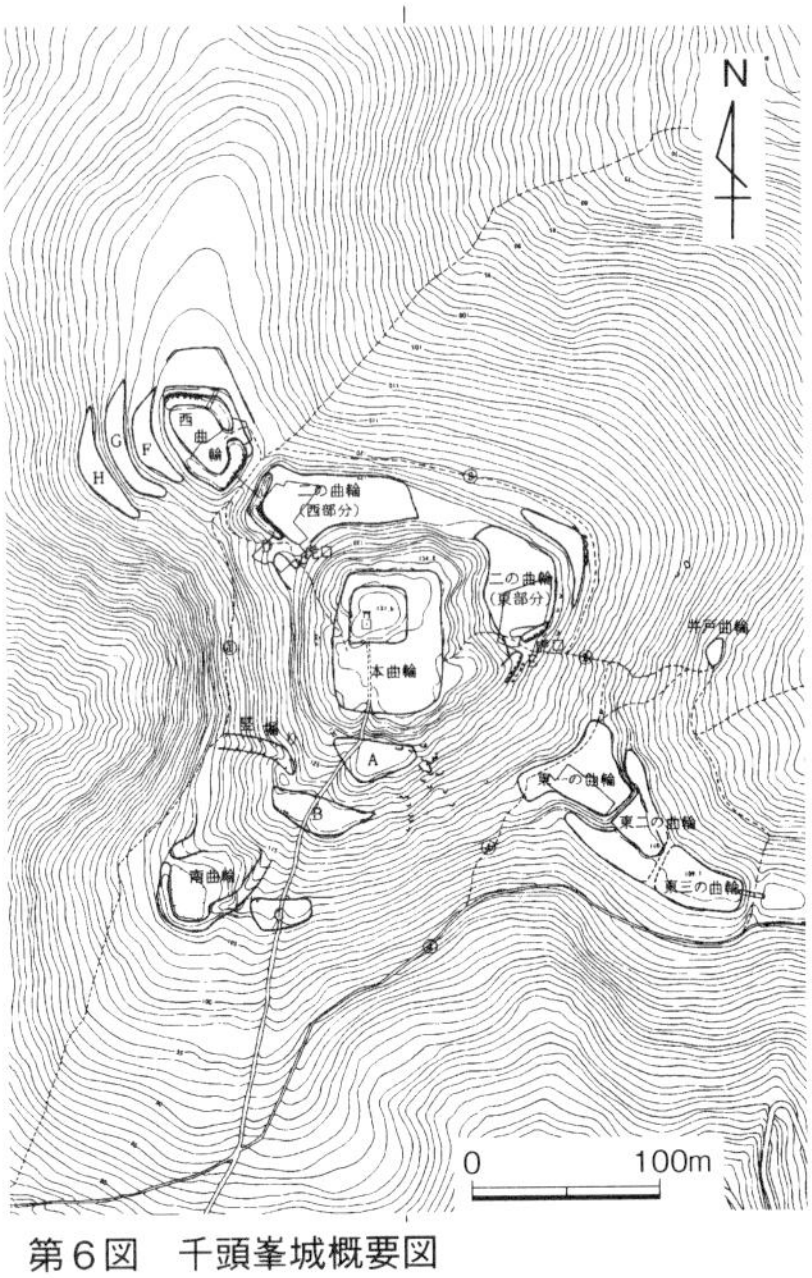

第６図　千頭峯城概要図

井伊城（三岳城）に拠る井伊氏の支城として機能し、暦応三年（一三四〇）に落城したことが記録に残る。近年部分的な発掘調査が行われ、徐々にではあるが、城の様相が判明しつつある（浜松市二〇一一）。主尾根上の本曲輪を中心に東西に広い形で城域は広がり、その南側を除く尾根筋には城の外側に土塁を備えた堀切が設けられている。特に大規模な東端堀切は発掘調査により、上端幅約十メートル、曲輪からの深さ約四・二メートルの規模であることが判明している。それとは対照的に本曲輪周辺は平坦部を作り出さず、ほとんど自然地形のままで、発掘調査でも本曲輪周辺の曲輪で建物などの施設が確認されていない。自然地形の残る本曲輪周辺では中世前期の渥美蓮弁文壺、古瀬戸中期の皿・茶壺・瓶子、貿易陶磁の青白磁など、十二～十六世紀後葉までの時期的に連続する遺物が出土しており、それらは中世前期にさかのぼる中世山岳寺院に伴うことが考えられる。南北朝期を含む戦国前期までの大平城は山岳寺院を利用していた可能性が高く、堀切などの施設については戦国期後半、具体的には徳川家康が永禄末～元亀年間（一五六九～七三）頃に改修した結果と推定される（加藤・松井二〇〇四）。主要部をほとんど改変せずに使用しているのは、恒常的に多くの将兵が常駐する城ではなかったからなのかもしれない。同様の事例は千頭峯城（第6図）、三岳城（第7図）でも確認され、いずれも主曲輪部分はそれほど大きな改変を行わずに、周囲の曲輪に新たな堀切、横堀、虎口などを整備している状況が明らかとなっている（加藤二〇〇二、松井二〇〇四）。採集遺物や周辺の状況から、大規模な整備改修は元亀・天正年間初頭に行われたと考えられ、その前段階となる戦国期前半までの城は大平城同様、山岳寺院を主要曲輪として機能させ、それ以外の部分は、ほとんど普請（土木工事）を行わないで利用した城であったことが窺われる。

小川城（焼津市・第8図）

平地居館の事例として小川城の遺構にも触れておきたい。小川城は今川氏の家臣で「法永長者」あるいは「有《う》徳人《とくにん》」とも呼ばれた長谷川氏の居館とされる。築廃城年代を具体的に示す記録はないが、発掘調査成果や周辺の歴史的事象から、遺物量が急増する古瀬戸後Ⅳ期新段階～大窯第一段階にあたる十五世紀後葉～十六世紀初頭に館が整備され、武田信玄の駿河侵攻が行われた永禄

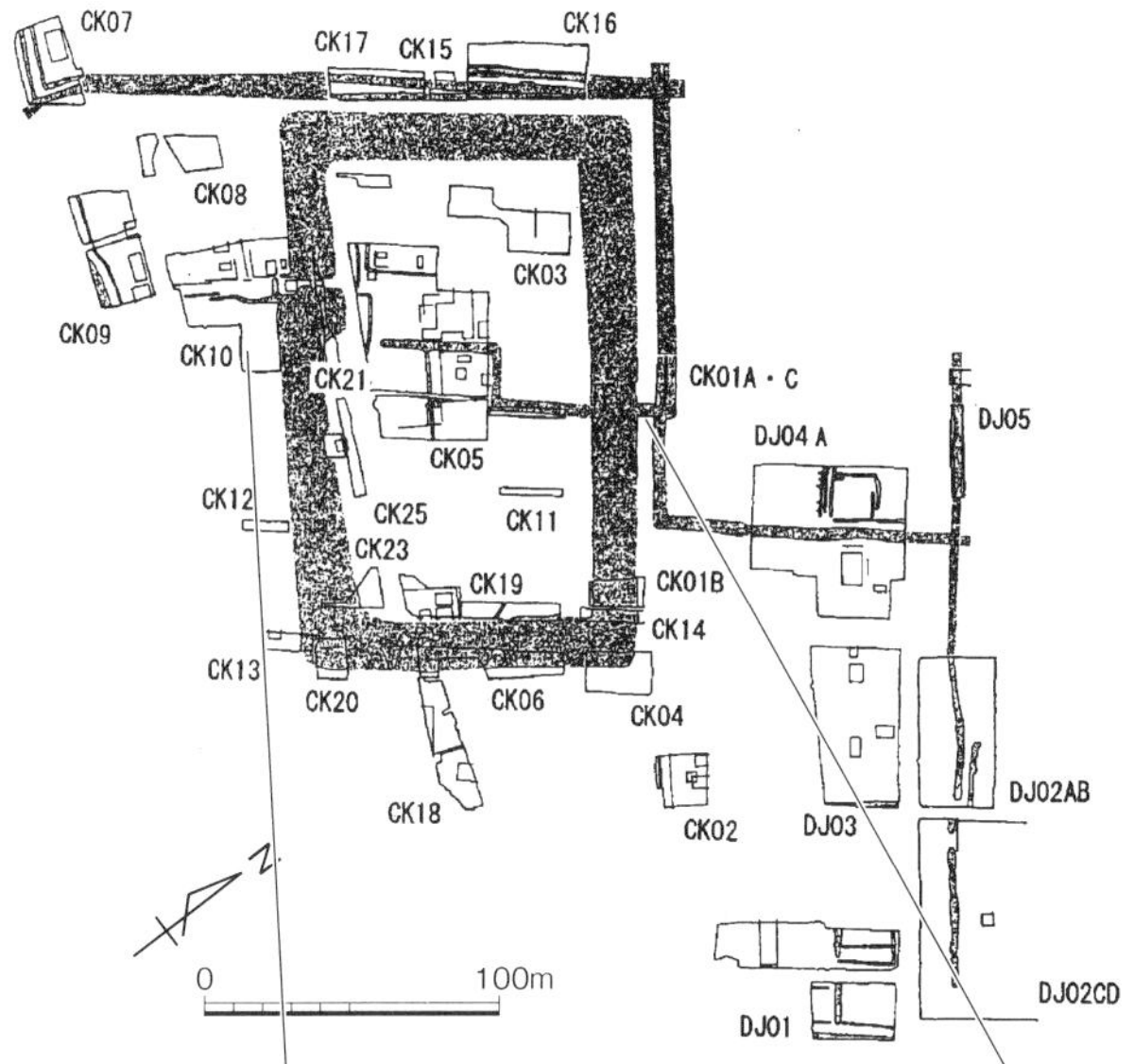

小川城全体図と調査区配置図

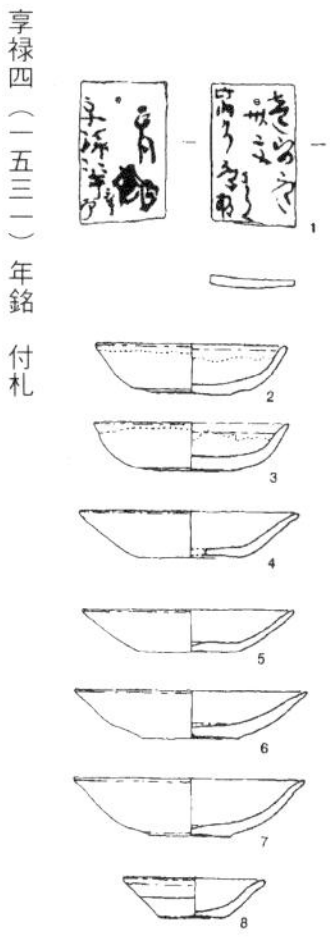

DJ03 SE14 出土遺物

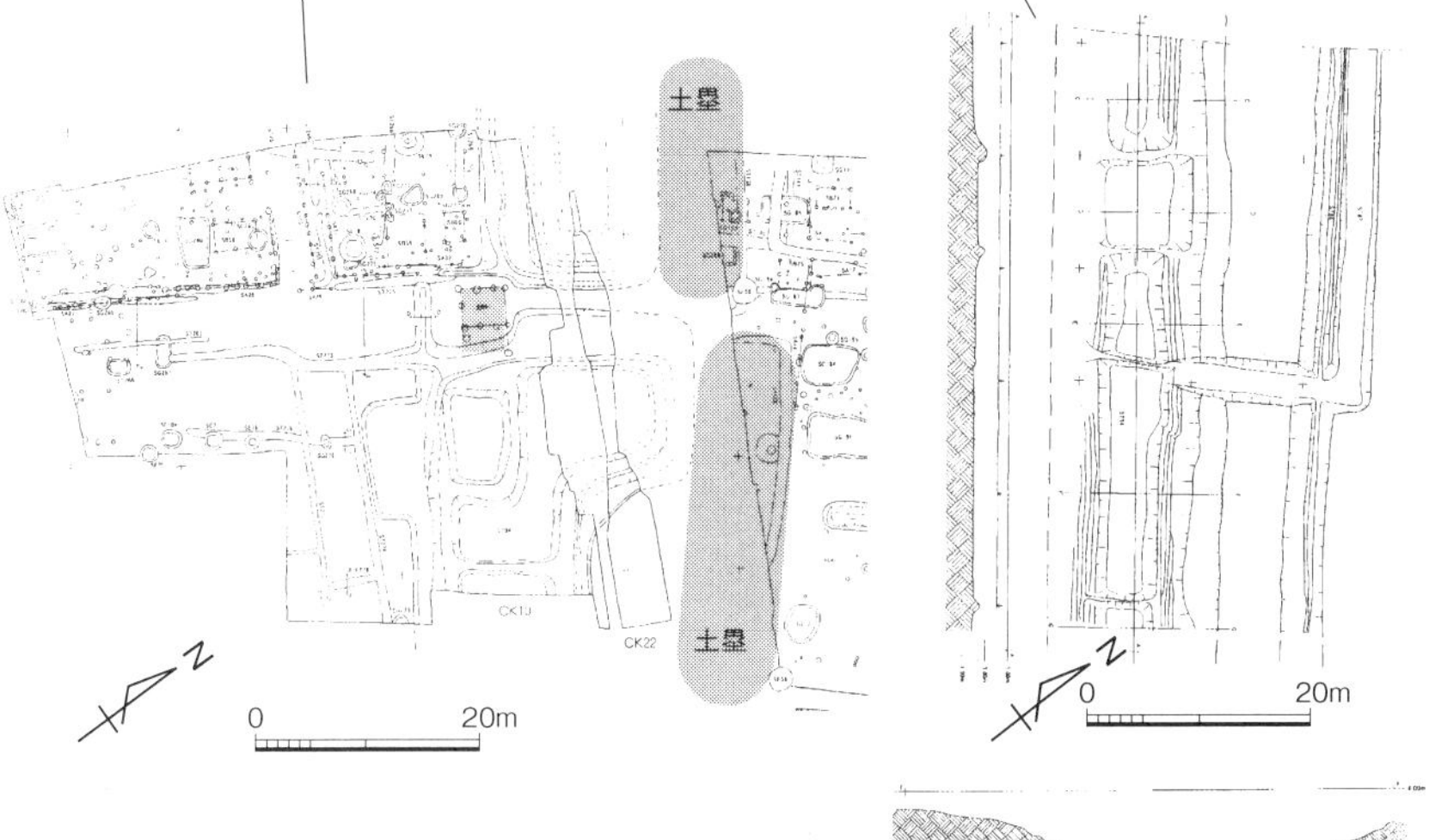

ＣＫ10 地点虎口・堀障子遺構図

第８図　小川城全体図及び虎口・堀障子遺構図

十一～十三年（一五六八～七〇）頃までには館の機能は失われていたと考えられる（河合二〇〇三）。小川城は長辺約一五〇メートル、短辺約八〇メートルの長方形の方形居館で、幅七～八メートル、深さ一～二メートルの堀が巡っていた。その内側には高まりは失われていたものの、堀に沿って基底部幅七～八メートルの土塁が設けられていることが発掘調査の結果、明らかとなった。館の南西側のＣＫ10地点では館内部への虎口施設が見つかっている。虎口は南西に延びる通路から、堀に設けられた幅三メートルの土橋に入る部分にある。通路を横切るかのような幅一・六メートル、深さ〇・六メートルの東側の溝と通路西側を仕切る塀または小溝が、土橋の前面であたかも出枡形のような空間を作り出す。通路上の小溝には簡易的な橋があったとみられ、虎口内には上屋構造は不明ながら、楼門状の建物があった可能性がある。虎口から館に入り、開口する土塁で作り出された通路が直線ではなく、弱い食い違いになっていることも防御を意識してのことであろう。また、ＣＫ10地点の虎口部分の堀は一四～一五メートルの大規模なものであるが、堀底にいわゆる堀障子に類する土手状の高まりを設けている。これは館の反対側となる北東側堀にあたるＣＫ01地点でも検出されており、高いものでも高さ〇・五～〇・八メートル程度で地山が掘り残されたものである。遺構規模から考えると、帯水した箱堀の堀底での自由な移動を阻む効果があったのだろう。平地居館の例ではあるが、少なくとも駿河が今川領であった永禄年間以前に虎口空間や堀障子に類する施設があったことは特筆される。

なお、館の南東部に隣接するＤＪ03地点の井戸では享禄四年（一五三一）の付札と共伴して、十五世紀後葉に位置づけられる古瀬戸後Ⅳ期新段階の縁釉小皿及びかわらけが出土している（第8図）。古瀬戸製品と付札は実年代にして五〇年程度の開きがあるが、使用期間を考えれば陶磁器の年代を機械的に反映させるのは検討の余地があるという事例であろう。

二　戦国期前半までの山城遺構

以上のように、遠江・駿河における山城を中心に戦国前期までの事例を概観した。しかし、城域全体に調査の手が及んでいる城はほとんどなく、遺構の一部が判明しているに過ぎない。山城は様々な施設が連携しながら配置されることによってその任を果たしているといえ、一部から城の本質に迫るのは困難と言わざるを得ないが、あえてここでは、山城を山城たらしめる施設、すなわち曲輪、堀切、堀、土塁、虎口といった遺構について、それに伴う出土遺物のあり方とともに考え、ここでいう戦国前期までという枠の中でどのように捉えることが可能なのか探ってみたい。

（一）山城遺構の検討

曲輪の配置状況については、あまり造成を伴わない形で曲輪配置がなされる横地城や大平城などの例から、地形に合わせて小規模な曲輪を配置する傾向がみえる。言い換えれば時代が遡るほど土木工事量は少なくなるということで、それは土塁や明確な虎口を持たない比較的単純な平坦地として把握されるものである。前身となる山岳寺院を利用したとみられる大平城や三岳城の例からも、山城はあくまで軍事的緊張の中で使用された臨時的な施設であったことがわかる。十五世紀中～後葉には勝間田城や殿谷城主要部のように居住空間として土塁を伴う広い曲輪を作り出す山城も出現するが、事例は多くない。これらは遺物の様相から領主層の居住が想定されるものであり、山上に居館機能の一部が移っていたことを意味するものといえる。西国では十五世紀後葉以降、居住空間を伴う防御施設としての山城の出現が指摘されているが（中井一九九九）、遠江・駿河を中心とした地域でもこの動きと連動して、居館機能を持った山城が築かれた可能性がある。出土遺物がほとんどない小規模な曲輪が配置された山城と、豊富な出土遺物があり、広大な曲輪で構成される居館的機能を持った山城の存在は、軍事的な必要性からつくられた点では共通するが、その役割によって多様な山城の形態があったことを窺わせる。曲輪の規模や配置状況、また出土遺物の様相は山城の機能や役割を推測する重要な要素であることがわかる。

堀切は細尾根などの地形を利用する形で構築され、概して上端幅が五メートル以下程度の小規模なものが設けられる場合が多い。土塁を伴うものは横地城に事例があり、また発掘では確認されていないが、小規模な堀切が多重となる例が勝間田城にある。小規模かつ単純な防御施設ではあるが、地形を最大限に生かす形で、なおかつ効果的に敵の侵入を遮断できる堀切は戦国前期においても重視されたと考えられる。庵原城では前段階の堀切を改修して大規模な二重堀切を造り出したと考えられるが、元亀・天正年間初頭以降に改修された大規模な堀切を持つ山城でも同様な改修が普遍的に行われていた可能性が高い。

堀については、小規模竪掘が杉谷城で確認され、堀切と組み合わせて使用されている事例がある。発掘調査では不明ながら、横地城でも各所に竪堀があり、小規模な竪堀は戦国期前半から使用されていた可能性が高い。また、小規模ながらも横堀が横地城「中の城」で確認される。本格的な発掘調査が行われず、戦国期後半に改修された可能性も否定できないが、周囲の曲輪との関連から戦国期前半段階に遡る可能性は高いだろう。また小川城の堀底でみられた堀障子は、平地居館でもあることから戦国期後半にみられる山城の堀障子とは若干性格が相違するかもしれないが、堀内に障壁を設ける事例が少なくとも永禄年間まで遡り得るものと注目される。

土塁は勝間田城、横地城、殿谷城、杉谷城で事例が確認され、基本的には基底幅三～五メートル程度の規模となる土塁が構築される。大規模かつ複雑な虎口を形成する殿谷城一の曲輪東虎口の土塁は戦国期後半の改修によるものとみられ、前期の土塁は比較的小規模であったと考えられる。ただし、その形状は一様ではない。一方向にのみ土塁が設けられる殿谷城東の曲輪土塁や杉谷城主郭の場合は、一定の方向のみからの防御を想定するものである。曲輪を囲う形で土塁が設けられる勝間田城二の曲輪及び三の曲輪、殿谷城一の曲輪の場合は、山上に居館機能があることから、曲輪全体の防御を目的とした施設といえよう。曲輪全体を土塁で囲む形態の山城は、十五世紀後葉～十六世紀中葉までに土塁を伴う大規模な堀で区画された小川城の例でみるような、平地居館と同様の思想で造られたと考えることも可能であろう。前述のように機能・役割によって山城は多様なあり方を示していると想定され、土塁にみられる形態の違いもそれを現している。

虎口及び城内道の様相は調査事例に乏しいが、勝間田城二の曲輪及び三の曲輪通路などのように折れを持たない単純なものが主流であったと考えられる。殿谷城一の曲輪東虎口にみる内枡形に類する虎口空間や、庵原城曲輪三虎口にみる厳重な虎口構造は元亀・天正年間初頭頃に出現する可能性が高く、同様の虎口の改修は千頭峯城などでも確認することができる。ただし、平地居館の例ではあるが、小川城でみられたような虎口の事例から、枡形空間や折れを意識した虎口が永禄年間以前に存在した可能性があることも指摘しておきたい。

（二）戦国期前半までの山城遺構の傾向

前項で挙げた事例から戦国期前半までの山城遺構、つまり個別のパーツを中心とした遺構の検出状況を検討してきた。そこからみえてくるのは、全体構造が明らかになる事例が少ないため抽象的な言い方になってしまうが、どれだけ旧地形を改変しているかがひとつの指標となり得ることである。基本的には大規模な普請を行わず、構造も比較的単純な山城が戦国期前半までの普遍的なありかたといえる。これは、元亀・天正年間以降と比べ戦闘に関わる人数が少なく、防御施設が小規模かつ単純であっても事足りたためであろうし、それが築城・改修にかける動員力にも比例しているためと考えられる。大平城本曲輪や三岳城でみられたように、既存の山岳寺院をそのまま利用している状況はそれを端的に現しているものであり、勝間田城東尾根曲輪でみられるように、普請に依存しない、柵や塀といった上部構築物が防御の中心的施設として機能していた可能性が高いだろう。

ただし、平地居館の小川城では虎口空間や堀障子に類する施設があり、遠江・駿河地域でも永禄年間以前に高度な防御施設が構築される素地はあったと思われる。戦国期前半までの山城でそうした施設の存在は今のところ確認されてはいないが、中井均氏が指摘するように、高度な防御施設が有機的に配置されるようになるのは戦国期後半になってからと思われる（中井二〇〇九）。

また、戦国期後半の改修が想定される殿谷城・大平城の事例によれば、城域の中での曲輪や防御的施設の比較により、明らかに改修の及んでいない部分が見受けられることもある。これは改修を受けているとはいえ、それが構造そのものに及ばず、要所のみにとどまる山城が数多く存在することの証左と思われる。これまで山城遺構について個別パーツを中心にみてきた訳であるが、山城の一部のみならず、全体をひとつの構造物とする縄張りの視点から捉えることの重要性を改めて確認しておきたい。

おわりに

少ない事例の中であえて発掘調査成果からみえる戦国期前半までの山城の特徴を探ってみた。前述のように戦国期における遠江・駿河の情勢は、今川氏、斯波氏、武田氏、徳川氏、後北条氏らが争う場であったといえるが、今川期以前に遡る山城の様相は未だ不明確である。これまで挙げた事例から一定の共通項を見出すことは困難であり、おおまかな傾向を示すことができても、普遍的な変遷を辿るのは現状では困難と言わざるを得ない。今後は新たな調査成果を待ちつつ、「山城は改修される」という前提で改修前と改修後のあり方を検証するとともに、今一度既存の資史料の読み込みを積み重ねていくことが肝要であろう。そして、縄張、検出遺構、出土遺物、立地、さらには山城が築かれた背景となる歴史的事象といった視点を総合的に検討して山城の構造を捉え、その上で築城主体との関係性を考察していくことが必要となろう。

小稿を作成するにあたり、加藤理文、河合修、佐野一夫、中井均、戸塚和美、松井一明の各氏より多大な御教示、御協力をいただいた。記して感謝申し上げたい。

参考文献

平野吾郎他　一九八三『千頭峯城跡』三ヶ日町教育委員会（第六図出典）
松本一男他　一九八五『殿谷城址他遺跡発掘調査報告書』　掛川市教育委員会（第三図出典）
及川司他　一九八五～一九九五『勝間田城跡Ⅰ～Ⅷ』　榛原町教育委員会（第一図加筆出典）
中井　均　一九九九「居館と詰城―発掘調査から見た山城の成立過程」『帝京大学山梨文化財研究所研究報告』第九集　帝京大学山梨文化財研究所
塚本和弘他　一九九九『横地城跡総合調査報告書』　菊川町教育委員会（第二図出典）
塚本和弘他　二〇〇〇『横地城跡総合調査報告書』資料編　菊川町教育委員会
加藤理文　二〇〇二「千頭峯城の再検討」『考古学論集　東海の路』東海の路刊行会
井村広巳・加藤理文　二〇〇二『東名掛川Ｉ・Ｃ周辺土地区画整理事業に伴う埋蔵文化財発掘調査報告書』掛川市教育委員会（第四図出典）
河合修　二〇〇三『小川城』　焼津市（第八図加筆出典）
松井一明　二〇〇四「大平城から見た西遠江の南北朝期山城の実像―南北朝期山城と山岳寺院―」『浜北市史』資料編原始・古代・中世（第七図出典）
加藤理文・松井一明　二〇〇四「大平城址」『浜北市史』資料編原始・

古代・中世（第五図出典）
菊川シンポジウム実行委員会　二〇〇五『陶磁器から見る静岡県の中世社会』
溝口彰啓　二〇〇八「静岡県下における山城遺構の画期について」『静岡県考古学研究』No.四〇　静岡県考古学会
中井　均　二〇〇九「検出遺構からみた城郭構造の年代観」『戦国時代の城―遺跡の年代を考える―』高志書院
北野寿一・勝又直人・井鍋誉之　二〇一〇『庵原城』（財）静岡県埋蔵文化財調査研究所
浜松市文化財課　二〇一一『大平城跡発掘調査現地説明会』

静岡県における戦国期後半の山城遺構

戸塚　和美

はじめに

遠江・駿河・伊豆の三国を擁す静岡県は、戦国期後半、今川・武田・徳川・後北条氏の群雄が割拠し、領地を巡り激しい争奪が繰り返された地域である。その痕跡は、史料だけでなく県内各地に遺る城郭遺構にもみることができる。その研究方法は縄張研究に加え、一九七〇年代以降の大規模な開発に伴う発掘調査事例の蓄積によりそれらの事例を演繹的に研究する、いわゆる考古学的研究も可能となった。

県内での城郭の考古学的研究をみてみると、出土遺物に焦点を当てた研究、特に陶磁器類においては、消費地における使用時期の大枠が捉えられることから、陶磁器類による時期比定を援用することにより、県内城郭においても従来の年代観の再考を迫る事例が少なからず見られるようになった（足立一九八六）。堀、土塁などのいわゆる城郭パーツ論においては、発掘調査事例からその出現時期とその変化を捉えようとする研究や、さらに個別城郭、個別のパーツ論にとどまらない総括的な論考も現れるなど、いずれも県内の山城研究において考古学的研究の一定の進展を示すものとして評価される（加藤二〇〇二・二〇〇四・松井二〇〇五・溝口二〇〇八）。

現在目にする城郭遺構は、言うまでもなく廃城時以降の様相を示すものであり、城郭としての存続期間においては一城主による改修だけでなく、争奪による城主交代に伴った改修もあり、一城郭においてその改修を含めた変遷や改修主体の追究はおろか、改修の痕跡を確認することでさえ容易でない。このような状況下でも近年の発掘調査事例では、その改修痕跡を窺い知る上で重要な事例も少なからず見受けられ、従来の年代観ばかりか、築

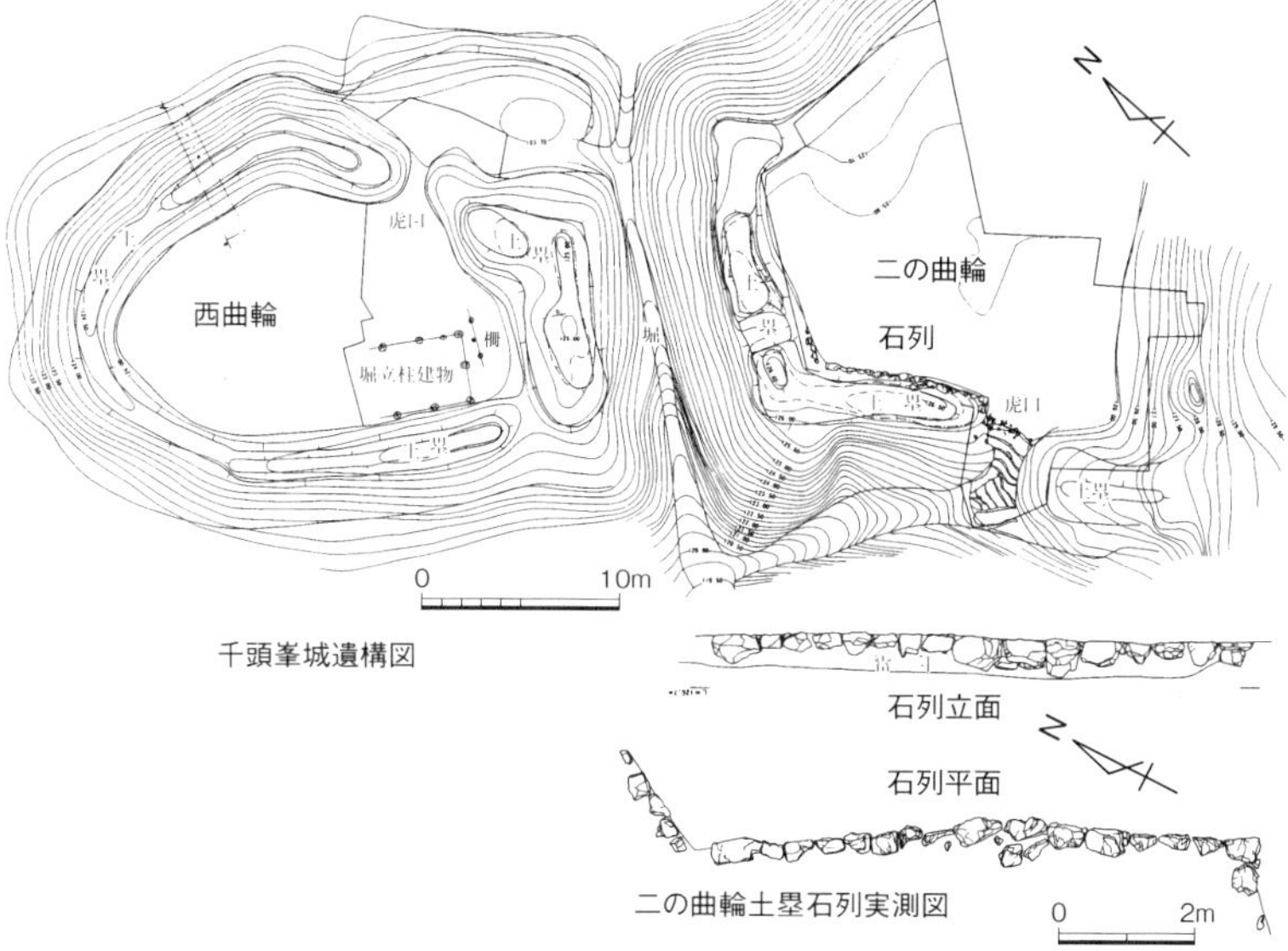

第１図　千頭峯城

城主体についても再考を迫る事例もみられるようになってきた。

本稿では、発掘調査による新事例を基に、静岡県下の十六世紀中葉から後半にかけて、特に今川氏衰退に伴い武田・徳川氏が今川領内へ侵攻した永禄十一～十二年（一五六八～六九）、武田・徳川氏による遠江・駿河を巡る争乱期である元亀二～天正十年（一五七一～八二）、徳川・後北条氏による抗争を経て後北条氏の滅亡までの天正十～十八年（一五八二～九〇）のそれぞれの具体事象を背景とした中での城郭遺構の様相を概観し、当該期の特徴とその画期について言及してみたい。

一　遠江の事例

千頭峯城

浜松市北西部の標高一三七メートルの山稜に立地する。三遠国境に接し、東西の本坂道と信州街道が交差する要衝に位置する。大窯1～2段階に比定される出土遺物から十六世紀初頭段階での使用が認められ、幾度かの改修を経て最終的には、武田氏の侵攻に備え元亀から天正年間初頭（一五七〇～七六頃）に徳川氏によって改修さ

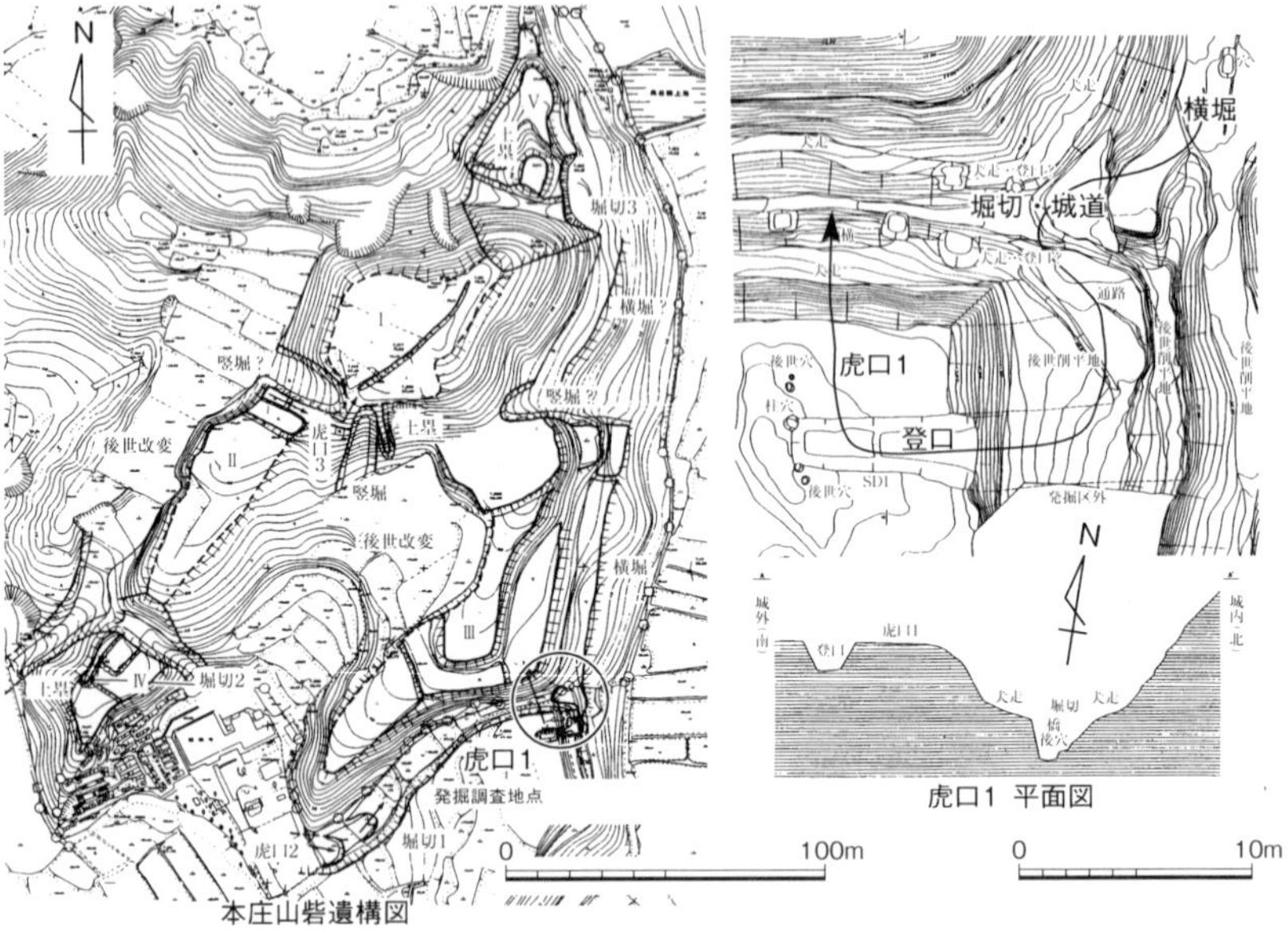

第２図　本庄山砦

れたと考えられている（三ヶ日町教育委員会一九九三・加藤二〇〇二）。

最高所となる山頂部から派生する各尾根上に階段状に曲輪を配している。二の曲輪と西曲輪を分ける堀切は、尾根を直線的に分断しており上端幅約六メートル、二の曲輪からの比高差約四メートルを測る。主曲輪は土塁囲みとなっており、二の曲輪ではL字状に巡り、西曲輪では北東の虎口部分を除き曲輪をほぼ全周する。土塁規模は、高さについては経年による崩壊、流出を考慮しなければならないが、基底部幅は二～四メートルを測り、石列による土留めがされており入念な普請が注目される。

西曲輪の虎口は、堀切底の城内道から一旦折れて曲輪に入る食い違い構造である。二の曲輪西部分虎口は、L字状に屈曲した階段と土塁によって明瞭な食い違い虎口が形成されている。東部分虎口でも食い違い虎口となっている。

本庄山砦

太田川中流域東岸の標高約七五メートルの丘陵上に立地する。砦とは言え四つの曲輪から構成され、大規模な横堀や、兵駐屯をも可能にする平坦部を備えたその構造

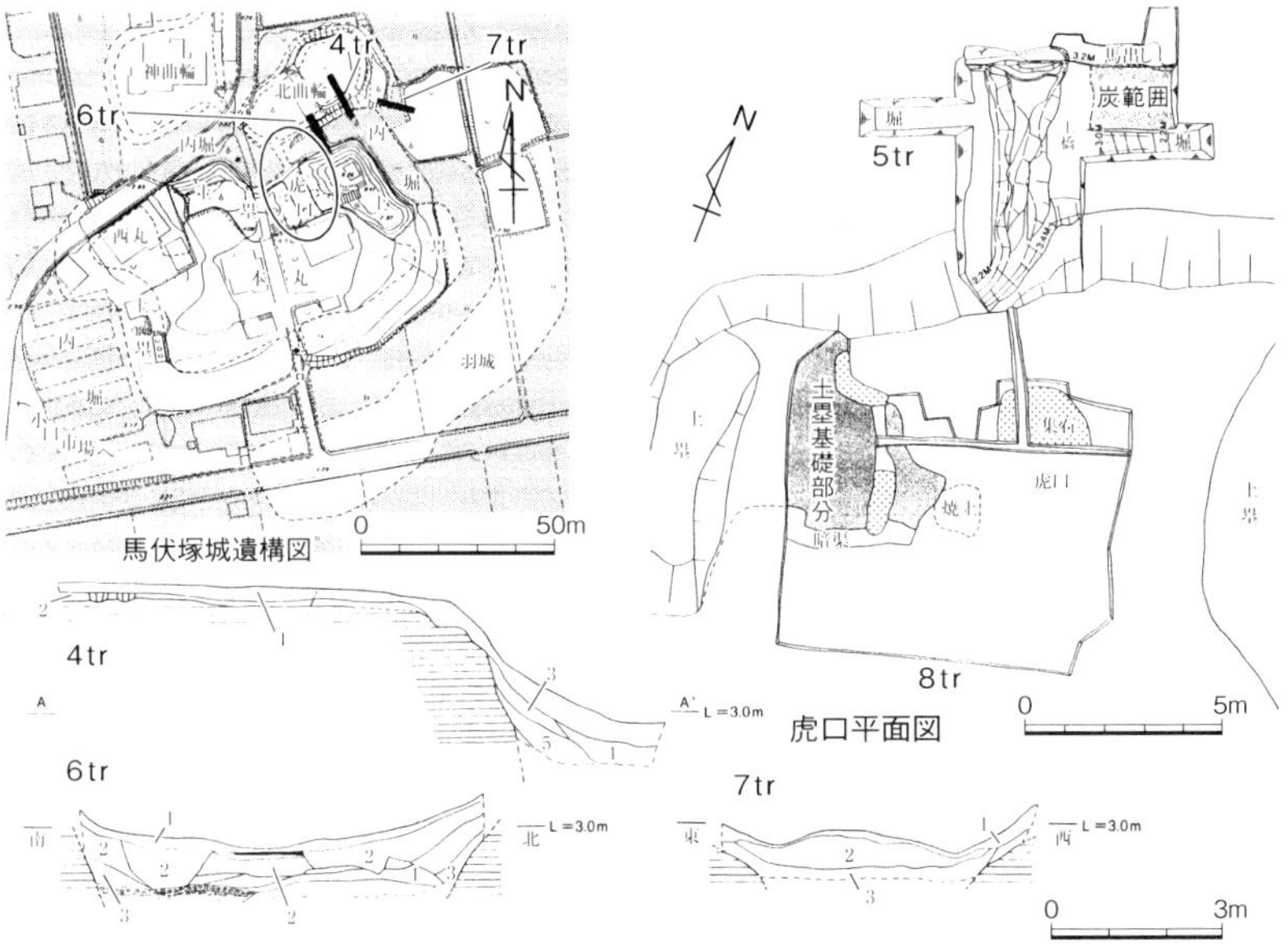

第３図　馬伏塚城

は中規模山城と呼ぶにふさわしい。元亀から天正年間初頭（一五七〇〜七六頃）の武田氏による改修と考えられている（白澤・松井一九九九・松井二〇〇五）。

南から派生した尾根筋を分断する堀切はいずれも規模が大きく、中でもⅢ曲輪の堀切は横堀状を呈すもので、堀底の城内道からループして虎口１に取り付かせ、さらに木橋でⅢ曲輪に入る非常に複雑な導線構造を採っている。また、この堀切に接続する幅約一〇メートルの横堀の一部が確認されており、城域東斜面を囲むように横堀が展開していた可能性が高い。

馬伏塚城

小笠山南西山塊から南に伸びた丘陵先端に立地する平山城である。かつては城域周囲に湖沼が展開し、そこに浮かぶ島のような様相を呈していた。創築は十六世紀初頭に遡るとされるが、今に遺る遺構は天正二年（一五七四）、武田方の高天神城攻めの前線基地として徳川家康によって大改修されたものである。

城域は、外堀に囲繞され曲輪が南北に連なる。北の伝屋敷跡とされる広域な曲輪から堀切を隔て北曲輪群に至り、北曲輪群からは舟入（低地部）経て袖曲輪・北曲輪・

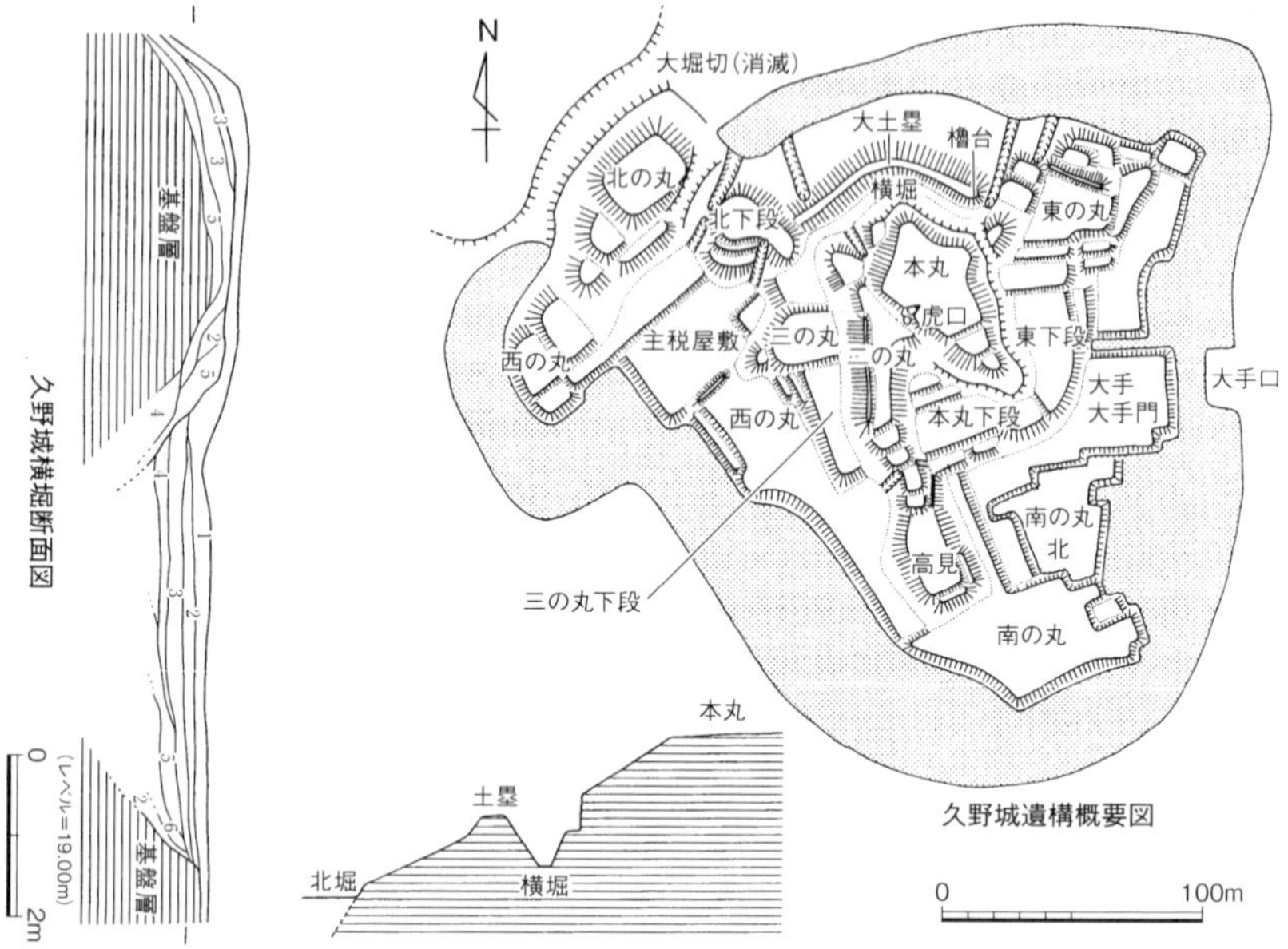

第４図　久野城

本曲輪の主要曲輪が展開する。宅地化が進行しているものの地下遺構の遺存状態は比較的良好で、現在も確認調査が進められている。本丸を囲繞する内堀の幅は七メートル以上の規模をもち、遺存する土塁とともに堅牢な防禦施設であったことが判明している（加藤二〇〇四・袋井市教育委員会二〇〇八）。

久野城

袋井市街の近世東海道より北側に展開する丘陵先端部に立地する平山城である。創築は明応年間に遡るとされ、元亀年間から天正十八年（一五七〇～九〇）には徳川方の久野氏によって改修された。遺物の出土傾向から往時の城域は、本丸と北の丸程度であったと考えられている。当該期の遺構として注目されるのは本丸北側に展開する横堀で、その規模は幅一〇メートル以上を測る。さらにその外側には大土塁が配置されており、横堀と大土塁とによって堅牢な守備を誇っていた。徳川領有期の中でも高天神城を巡る武田方との攻防が激化した天正四年（一五七六）以降の改修だと考えられている（袋井市教育委員会一九九三・松井二〇〇五）。

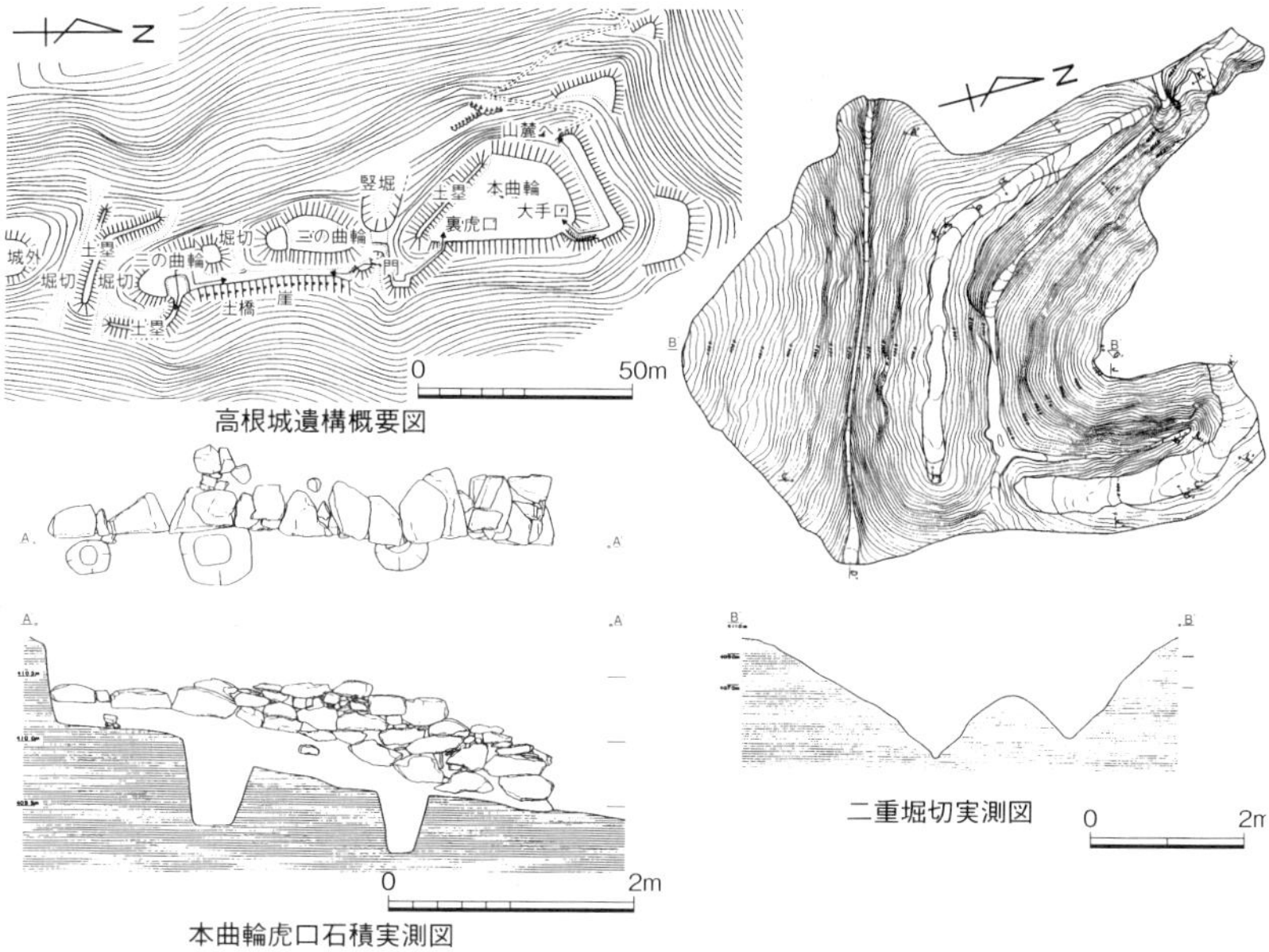

第５図　高根城

高根城

水窪川に突出する急峻な山稜に立地する山城である。復元整備に伴い城域ほぼ全面にわたり発掘調査が実施された。創築は、古瀬戸後Ⅲ期～大窯1段階に比定される陶磁器類の出土から、十五世紀前半から中葉にかけての国人奥山氏によるものであることが裏付けられている。天正四年（一五七六）の廃城まで存続するが、遺物の出土傾向に関しては、城の最終段階である天正年間に比定される遺物が前代に比して少ないことが指摘されており、当該期における城郭内での陶磁器類の出土様相を示すものとしても注目される。

　南北に連なる尾根上に北から本曲輪・二の曲輪・三の曲輪が直線的に配置されている。各曲輪は竪堀と堀切によって分断されるが、いずれも西側から切り込ませることによって東側を城内道として通路スペースを確保している。三の曲輪の南は大規模な二重堀切によって城域を限っており、曲輪側の堀形状は三日月状を呈している。その規模は曲輪上端幅約二九メートル、深さ八～九メートルを測り、さらにその中央部を高さ三～四メートルの土塁によって仕切っている。

本曲輪の虎口は、二の曲輪から本曲輪に至る本曲輪下段の虎口は竪堀を木橋で渡り、石積みと門による折れを駆使した構造が明らかとなった。この石積みは武田氏による城郭としては、現在唯一の事例である。

本曲輪北でも食い違い虎口が採用されているほか、本曲輪内からは井楼櫓と推定される二×三間の掘立柱建物、倉庫機能を持つと想定される一×四間の礎石建物、柵列などの施設が確認されている。天正年間頃の武田氏の築城術をよく表すものと評価される（水窪町教育委員会一九九四～二〇〇〇）。

杉谷城

小笠山山系から派生した標高八一メートルの丘陵上に占地する山城である。永禄十一年（一五六八）の掛川城攻めに際し徳川家康が築いた城砦の一つである。城域としては南北約一五〇メートル、東西約一〇〇メートルの規模をもつが、明瞭に城郭として普請ならびに利用されていたのは、南北に伸びた丘陵上の主郭・二ノ郭とそれに伴う堀切である。

主郭と二ノ郭は、堀切1と尾根に直行する竪堀とによって分断されており、その規模は上端幅五・五メートル、深さ約四メートルを測る。二ノ郭北側にある堀切2は地形に沿うように弧状に展開するもので、上端幅一二メートル、深さ約七メートル、全長四四メートルを測る。主郭に対して北側、すなわち掛川城側に対する強固な防禦を形成していることがわかる。主郭西側には基底幅約三メートル、現存高〇・六メートル程の土塁が巡り、主郭南下段には虎口に関係する腰曲輪があるが明瞭ではない（掛川市教育委員会二〇〇二）。

掛川城

沖積地上にある標高五六メートル程の独立丘陵上に立地する平山城である。戦国期以前には集石墓からなる中世墓群が造営されていたが、城郭としての端緒は十六世紀前半の今川氏の重臣朝比奈氏による築城である。永禄十一年（一五六八）の徳川家康による掛川城攻め後は、徳川方の城郭として対武田方との橋頭堡として改修された。

内堀・三日月堀・十露盤堀によって囲繞された本丸虎口は、石垣による矩形の枡形空間ではないものの、絵図等からも明らかなように枡形を指向した技巧的な虎口が形成される。三日月堀の規模は、全長三〇メートル、最大幅約一二メートル、最深部四・八メートル（削平

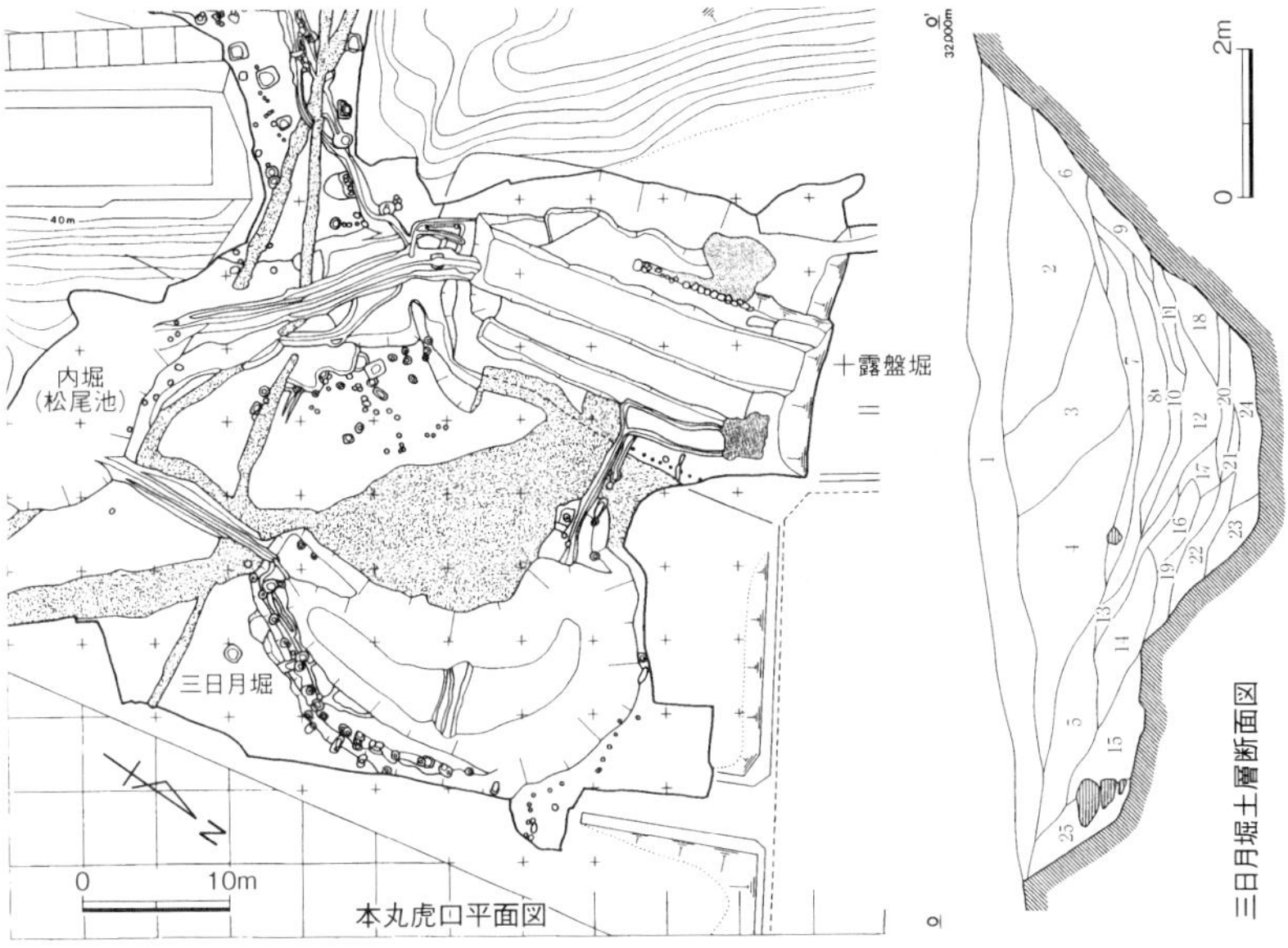

第６図　掛川城

部を換算すると九メートル）を測る。十露盤堀は、最大幅一六・五メートル、最深さ四メートルを測る。東西に二本の箱堀が並列しており、拡張があったと考えられる。

この三日月堀による馬出とも見える枡形空間の虎口が、織豊期である山内期に石垣を備えて改修されていたことは間違いない。その初現については、各堀を連結する暗渠蓋石下より出土した染付皿B2・E類や、石垣裏込めから出土した大窯2・3段階の製品などから十六世紀後半代の普請によるもので、具体的には武田氏との攻防が激化した、元亀年間から天正年間初頭（一五七〇～七六頃）の普請と考えられる（掛川市教育委員会一九九八・戸塚二〇〇五）。

高天神城

小笠山山稜から東に張り出した尾根に占地、標高一三二メートルの丘陵に展開する山城である。東海道の掛川と遠州灘の湊を結ぶ東遠江の要衝に位置する。十六世紀初頭、今川氏の城郭として築城され、永禄年間以降は武田・徳川氏による攻防が繰り広げられ、永禄三年（一五六〇）桶狭間の戦いによる今川氏の衰退を機に徳川氏の城となった。その後、天正二年（一五七四）には武

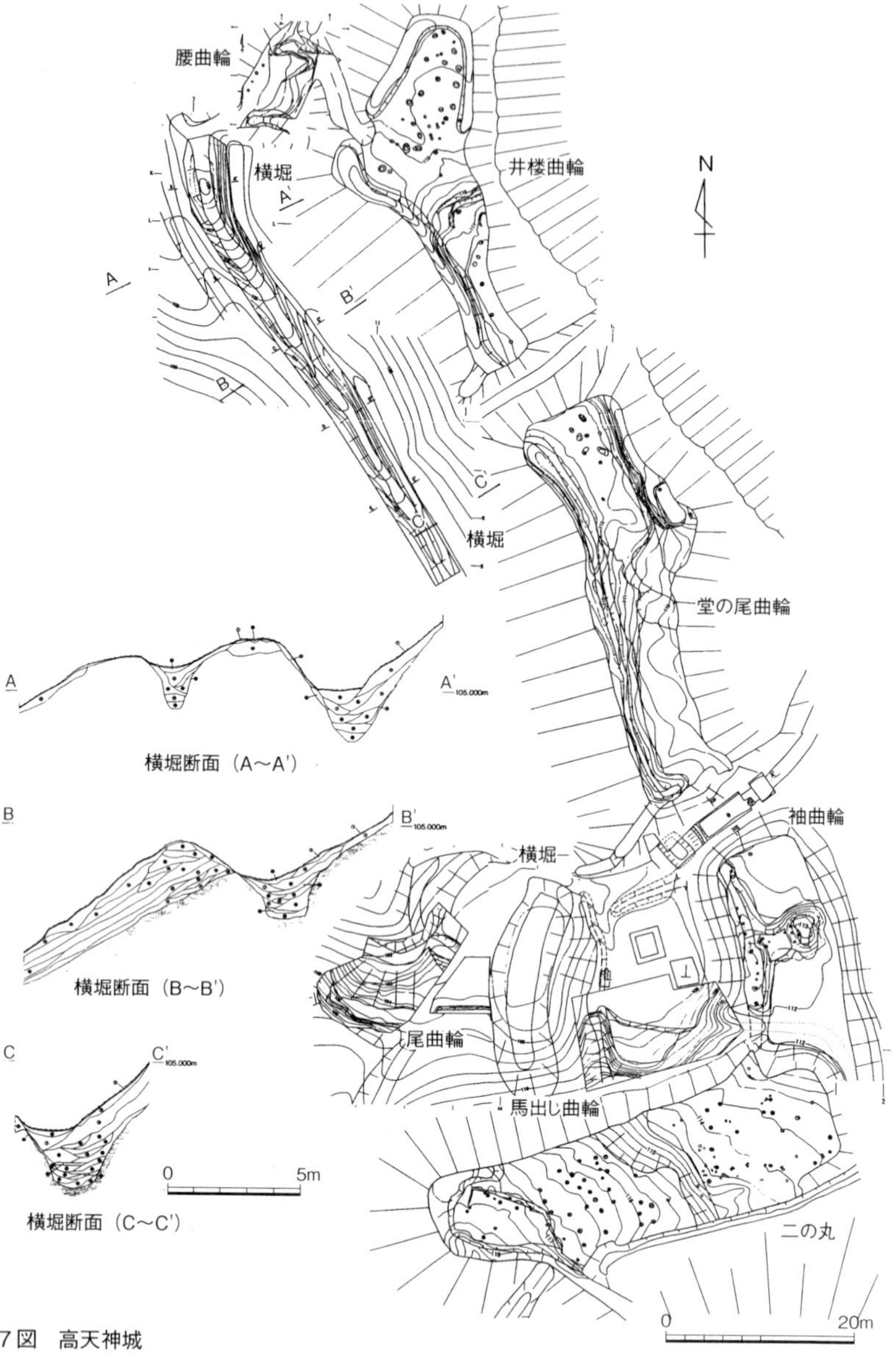
腰曲輪
横堀
A'
井楼曲輪
N
A
B'
B
C'
横堀
堂の尾曲輪
A
A'
横堀断面（A～A'）
B
B'
横堀断面（B～B'）
袖曲輪
横堀
尾曲輪
馬出し曲輪
C
C'
0
5m
横堀断面（C～C'）
二の丸
0
20m

第７図　高天神城

田氏が奪取、天正九年（一五八一）には徳川氏が奪還し廃城となった。井戸曲輪を境に東峰と西峰に大きく分かれ、それぞれ独立した曲輪群を擁している。

西峰の二の丸を中心とした曲輪群は、北から井楼曲輪・堂の尾曲輪・馬出し曲輪・袖曲輪が尾根上に直線的に配置され、それぞれが堀切によって分断されている。堂の尾曲輪と袖曲輪の堀切は、上端幅約七メートル、深さ約五メートルを測り、木橋が架けられていた。

堂の尾曲輪、井楼曲輪の西方下段には、総延長一〇〇メートルにも及ぶ長大な横堀が配置されている。横堀には、基底部幅約三メートル、堀底部からの高さ約三メートルを測る土塁を伴っており、西側からの攻撃に対し厳重な防禦を備えていた。土塁上部は通路として使用されていたと考えられるが、有事には侵入者を堀底に誘導し、馬出し曲輪等の袋小路に追い込むキルゾーンが形成されており、さらに二の丸へは障壁を有した袖曲輪を経なければ二の丸や西の丸の本体部に容易にたどり着けない複雑な経路を採っている。

井楼曲輪や二の丸では、掘立柱建物跡や竪穴状の小屋掛け施設と想定される遺構が検出されているが、建物規模は明確でない。おそらく籠城に即した櫓や簡易的な建物が存在したと考えられる。

出土遺物は、大窯1～3段階前葉の瀬戸美濃製品、染付碗・皿や白磁皿などの貿易陶磁が二の丸を中心に多量に出土しているが、大窯3段階後葉からは減少傾向となり4段階以降はみられなくなる。この減少傾向は、十六世紀後半以降、戦闘的かつ技巧的な山城として改修、換言すれば攻守に専一したエリアへと変貌することにより当該期の生活用具は持ち込まれなかったことに起因すると考えられる。

東峰の本丸・的場曲輪などの調査では、土塁とともに掘立柱建物跡・礎石建物跡・石敷き遺構が検出されているが、西峰の曲輪群との比較においては、曲輪規模が相対的に広いものの、土塁以外に堀切や横堀などの目立った防禦施設は配置されていない。また、出土遺物も二の丸を中心とした西峰に比してその出土量は少ない（大東町教育委員会二〇〇四・掛川市教育委員会二〇〇九）。

諏訪原城

牧之原台地の北端部に近い東側台地上に立地する山城である。城の南には東海道があり、菊川宿から北へ抜け

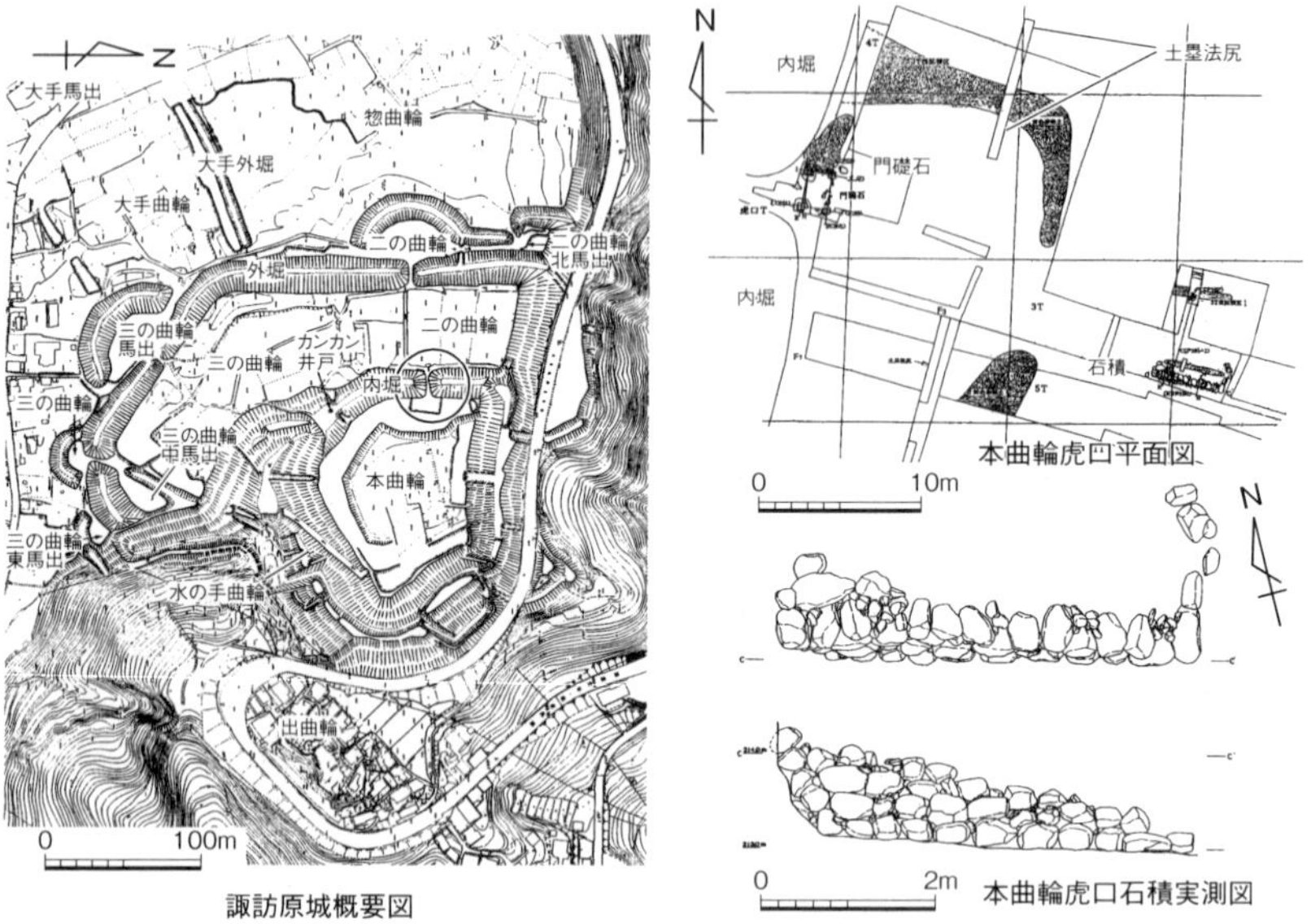

第８図　諏訪原城

る街道と、大井川の渡河点に通じる街道との要衝に位置する。天正元年（一五七三）、武田勝頼によって久野城・掛川城を牽制するために築かれ、さらに高天神城攻略のための陣城として、攻略後はその兵站基地としての役を担っていた。天正三年（一五七五）、徳川家康の猛攻によって開城した。台地の先端に巨大な空堀を巡らせ本曲輪とし、その外側に二の曲輪・三の曲輪を構えている。両曲輪の前面には、それぞれ三日月堀を巡らせた丸馬出を配している。

本曲輪の発掘調査では、焼土を挟んで二層の遺構面が確認されており、下層を勝頼段階、上層を家康段階に想定されている。本曲輪虎口は土橋を経た部分から門跡と想定される礎石建物が検出された。また、虎口内部ではL字状に囲まれた土塁基底部が確認されており、内枡形を呈することが判明した。いずれも上層遺構、徳川氏によるものである。このような二時期の遺構面の存在から、現在目にする巨大な丸馬出と空堀については、徳川氏の改修による可能性が指摘されている（加藤・中井二〇〇九）。

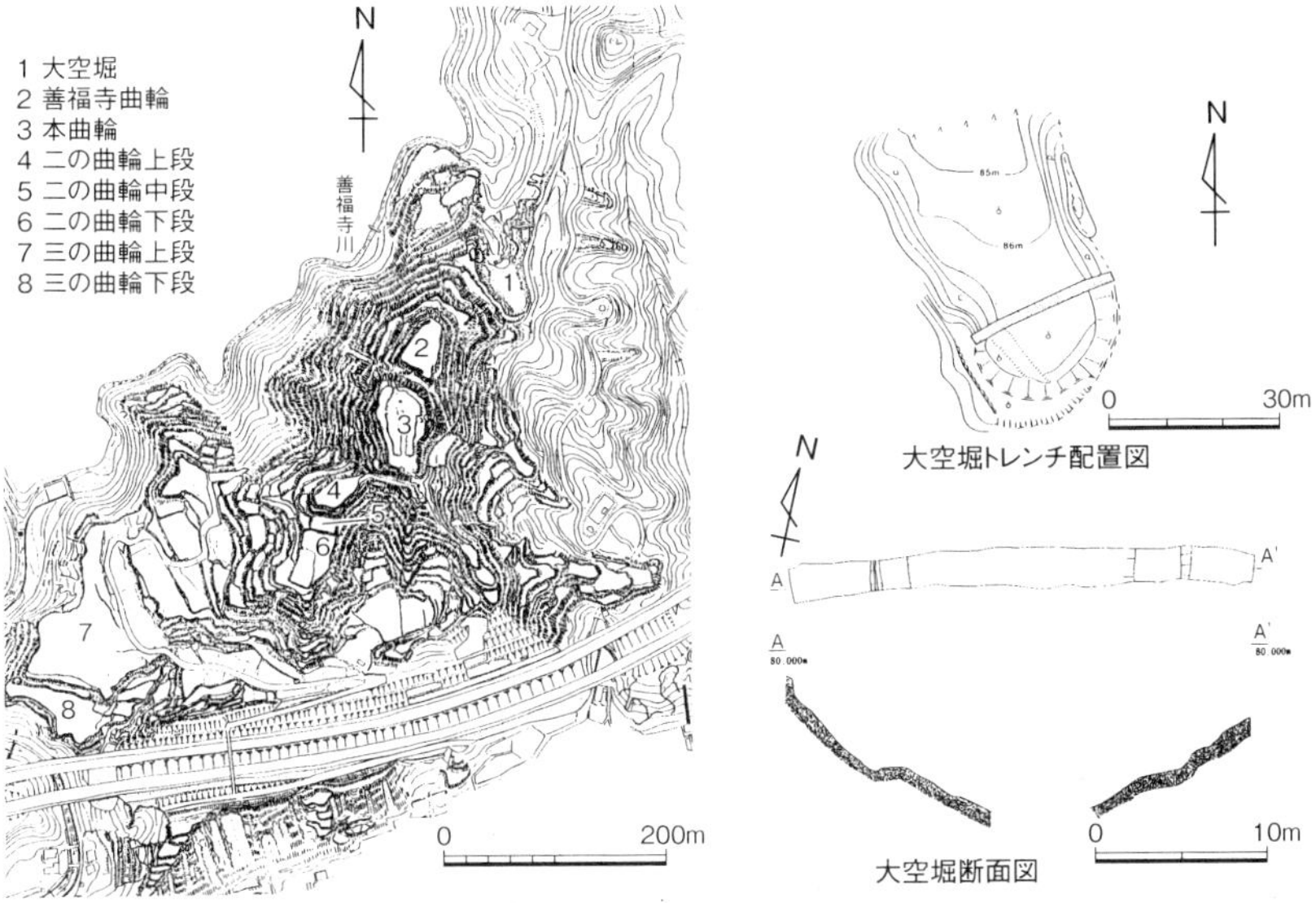

蒲原城縄張図（作図：関口宏行）

大空堀トレンチ配置図

大空堀断面図

第９図　蒲原城

二　駿河の事例

蒲原城

蒲原丘陵から派生した標高一三八メートルの丘陵上に位置する。駿河湾を監視し、東海道を押さえる要衝にあった。最高地に本曲輪を配し、北側に善福寺曲輪、南側には階段状に二の曲輪・三の曲輪が展開する。天文年間（一五三二～五四）以降の駿東を巡る今川氏と後北条氏との抗争時に築城されたと考えられている。永禄十一年（一五六八）、武田信玄の駿河侵攻時には援軍として北条氏信が入城し、曲輪の拡張、改修が行われたと考えられている。翌十二年には再び駿府に侵攻した信玄によって落城した。

善福寺曲輪と本曲輪を分断する大堀切は、幅約二〇メートル、深さは本曲輪側で二〇メートル以上、善福寺曲輪側で約一二メートルを測る。架橋にかかわる橋台と考えられる施設も検出されている。堀内からは、染付碗D・E群、染付皿B１・C群、白磁皿C群の貿易陶磁と、大窯１～３段階の瀬戸美濃陶器が出土している（静岡市教育委員会二〇〇七）。

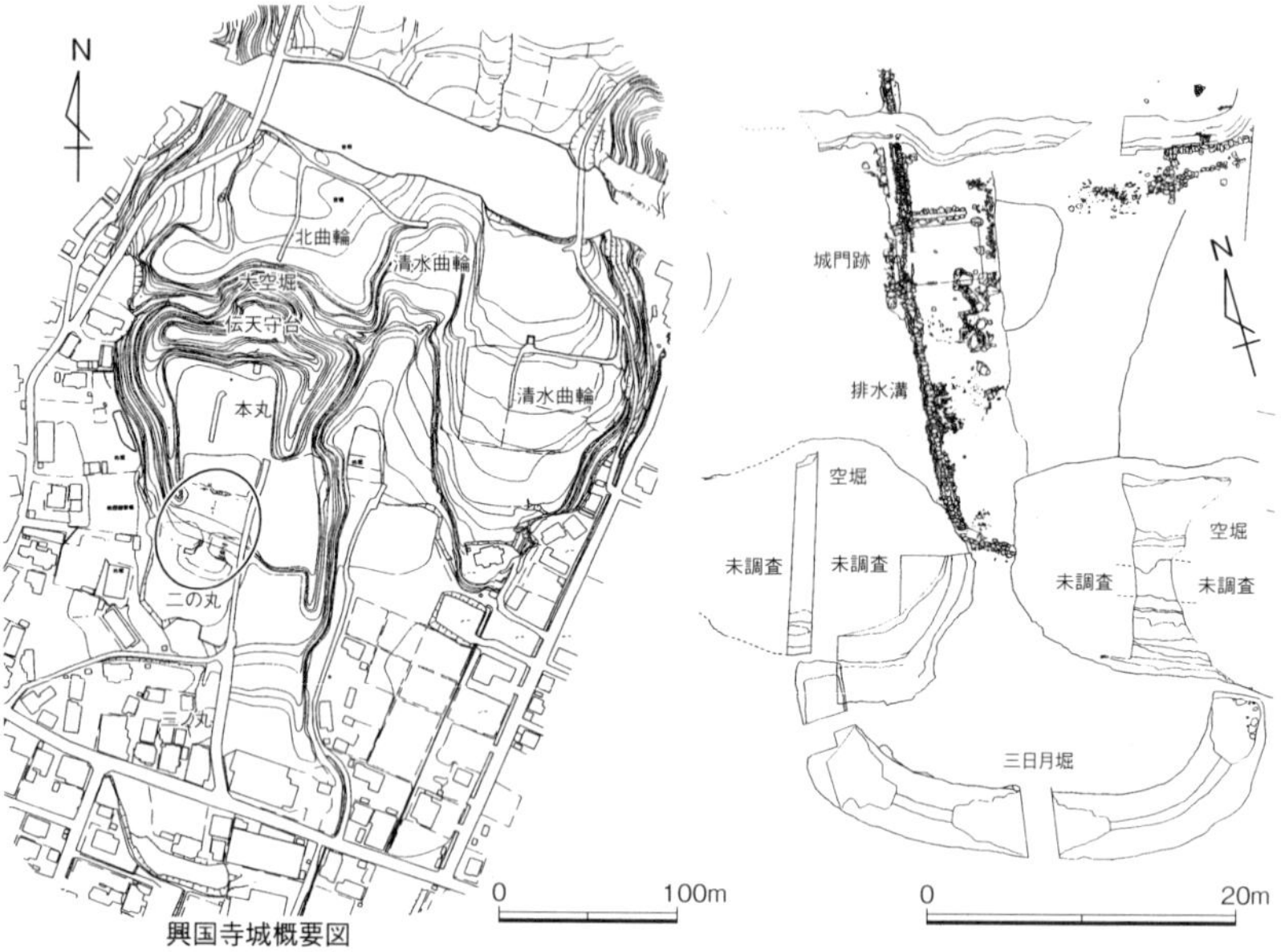

興国寺城概要図

第10図　興国寺城

興国寺城

愛鷹山南西麓の尾根先端に立地する山城で、三方を浮島沼に囲まれた天然の要害である。主郭である本丸を最高地にとり、その前面に二の丸・三の丸が配置され、本丸北に北曲輪、東に清水曲輪が配置され防備を堅めている。創築は十五世紀後半に遡り、天文十八年（一五四九）頃、今川氏の手によって本格的な城郭として改修された。今川氏衰退後は、後北条氏と武田氏による争奪戦が激化、元亀二年（一五七一）に武田氏が奪取した。天正十年（一五八二）、武田氏滅亡に伴い徳川氏の城となった。

発掘調査では、二の丸において三日月堀を伴った丸馬出が検出されている。本丸と二の丸は堀によって分断されるが、両曲輪は土橋で連結されている。堀の規模は幅約一三メートル、深さは本丸側で七メートル、二の丸側で三メートルを測り、堀底は平坦な箱堀を呈している。三日月堀は、全長約三九メートル、最大幅約四・三メートル、深さ約三・八メートルを測る。堀底からの出土遺物には大窯3段階の製品があり、天正十年（一五八二）以降の徳川段階に埋められたもので、丸馬出の普請は武田氏によるものと考えられている。なお、大空堀と土塁南

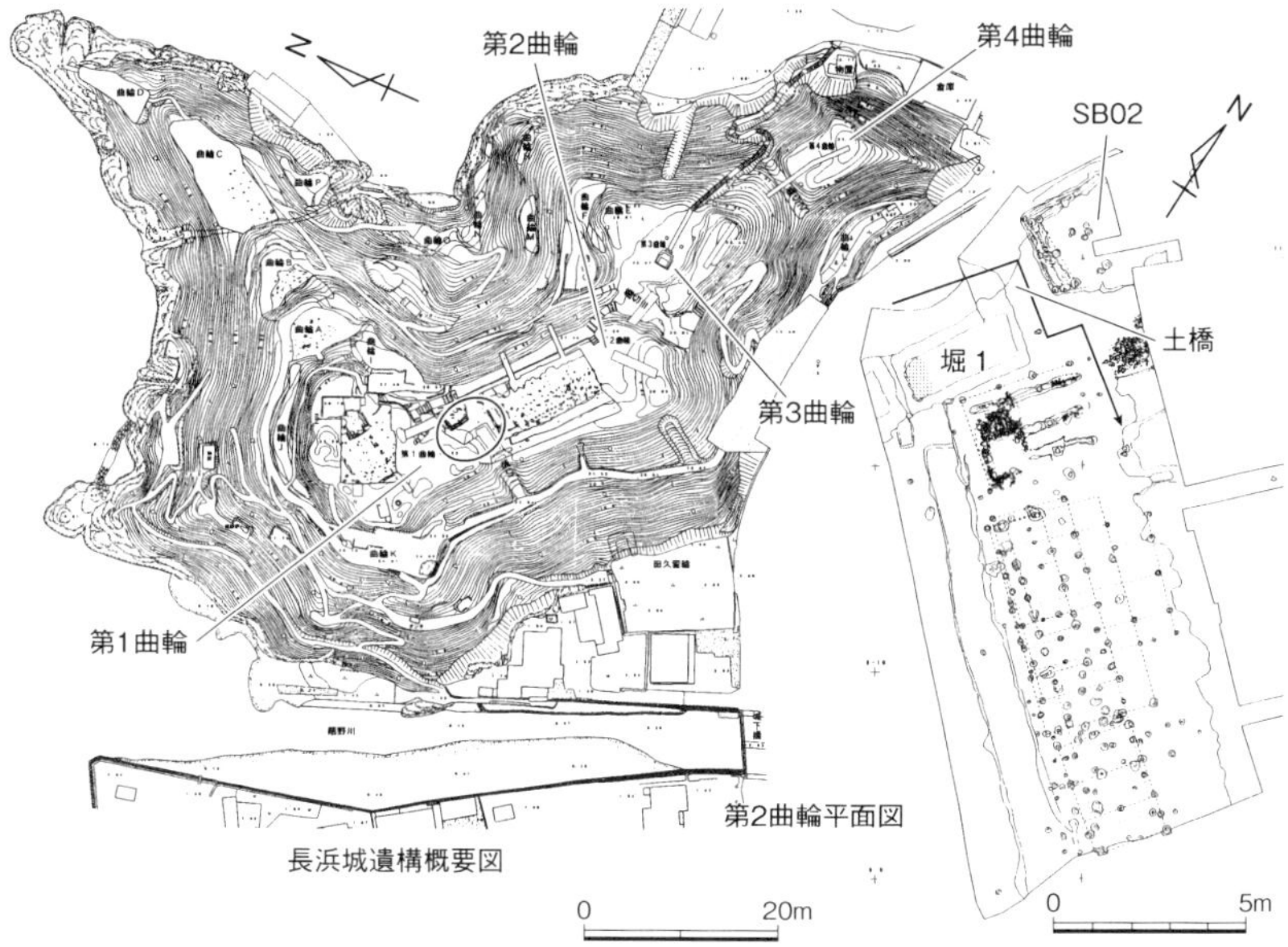

第11図　長浜城

空堀は共存するものではなく、土塁南空堀は徳川氏の改修によるもの、大空堀は徳川氏以降（中村・天野氏）の改修によるものと考えられている（中井・加藤二〇〇九、沼津市教育委員会一九八四）。

長浜城

伊豆半島西岸、内浦湾へ半島状に突出した丘陵に立地する山城である。その立地から、水城として機能していた。天正七年（一五七九）頃に後北条氏による西伊豆の水軍拠点として築かれたとされ、天正十八年（一五九〇）の後北条氏の滅亡に伴い廃城になった。主郭となる第1曲輪を最高地にとり、北西方向に階段状に第2～4曲輪の主曲輪群を配し、さらに海に突き出た尾根方向に小曲輪を階段状に配置することにより海への防御を強化している。

第1曲輪と第2曲輪を分断する堀1は、上端幅三メートル、深さ一・六メートル（第2曲輪との比高差）・四メートル（第1曲輪との比高差）を測る。堀底には、掘り残しによる畝が認められ堀障子と理解される。第1曲輪においては、堀1の東端部が土橋となっており、さらにその東にあるＳＢ02によって食い違い虎口が形成されている。

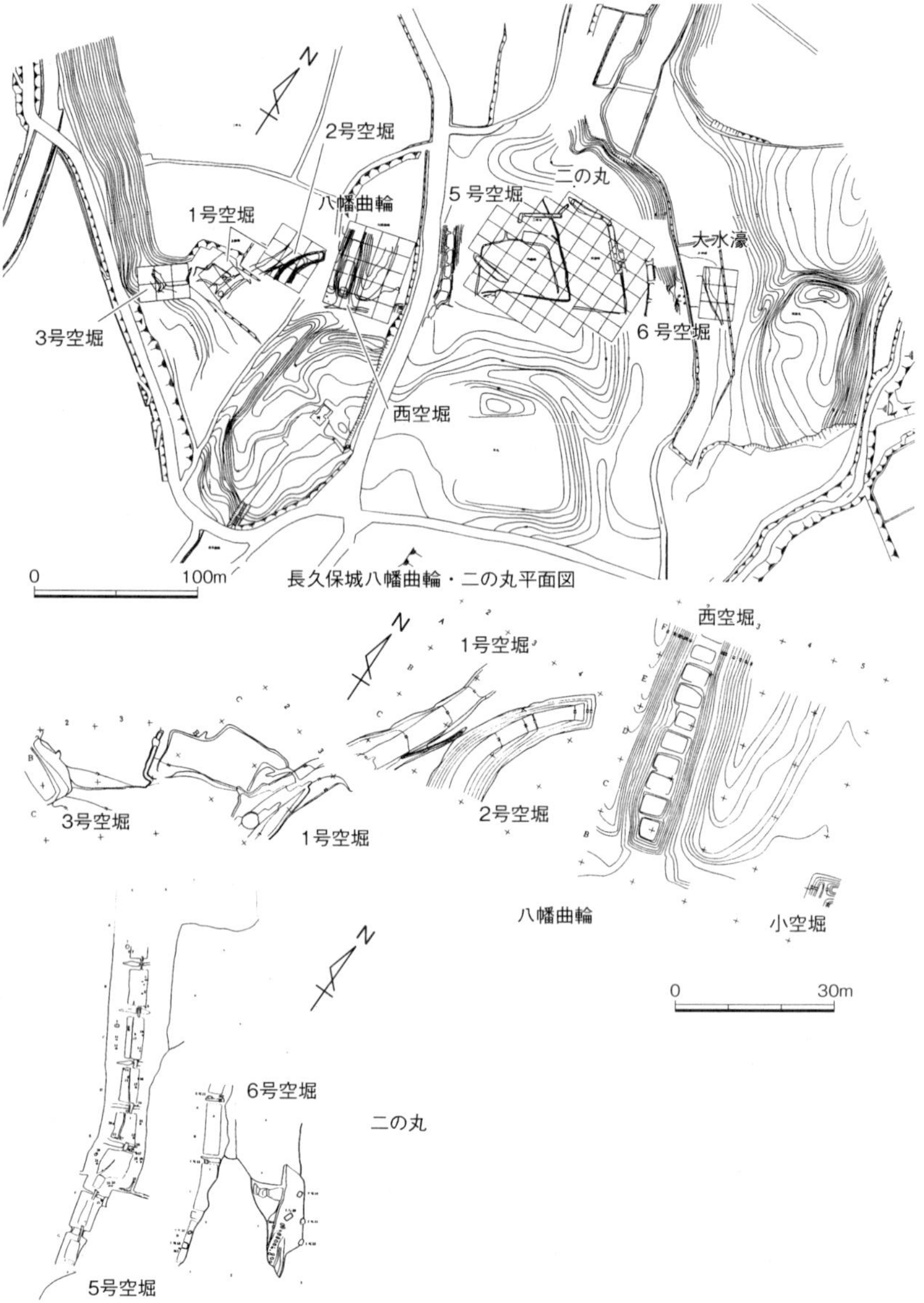
2号空堀
二の丸
5 号空堀
八幡曲輪
1号空堀
大水濠
3号空堀
6 号空堀
西空堀
0
100m
長久保城八幡曲輪・二の丸平面図
西空堀
1号空堀
2号空堀
3号空堀
1号空堀
八幡曲輪
小空堀
0
30m
6号空堀
二の丸
5号空堀

第12図　長久保城

第2曲輪ではL字状に伸びた土塁が検出されており、基底部幅最大幅二・六メートルを測る。数多くのピットが検出されており、建物や柵列等が存在していたと想定される（沼津市教育委員会二〇〇五）。

長久保城

愛鷹山南東麓に伸びる標高九〇メートル程の丘陵端部に立地する。黄瀬川と桃沢川とに挟まれた要害の地でもある。天文年間（一五三二〜五四）以降の駿東を巡る今川氏と後北条氏との抗争時、後北条氏によって整備されたと考えられる。元亀二年（一五七一）武田氏の領有する城となったが、天正十年（一五八二）の武田氏の滅亡によって徳川氏に帰属、後北条氏の備えとして修築の記録が残っている。黄瀬川に面した丘陵に本丸を配し、北側に二の丸、三の丸が続き、本丸と二の丸の西側には八幡曲輪・南郭が配される。

二の丸と八幡曲輪にかけ広範囲に発掘調査が行われた。八幡曲輪西空堀はL字状に屈曲する堀で、上端幅約十四メートル、深さ八メートルを測る。堀底には三メートル間隔に畝が設けられている。2号空堀は半円形の弧状を呈す三日月堀で、最大幅約一〇メートル、深さ約四・五メートルを測る。西空堀土橋前面に馬出空間を形成している。二の丸をL字状に囲む5号空堀（1号空堀を拡張）は、最大幅約一一メートル、深さ約七・五メートルを測り、堀底には六メートル間隔の畝が設けられている。二の丸の東斜面の6号空堀は、幅約八メートル、深さ一〇メートルを測り、堀底には九メートル間隔の畝が設けられている。小規模な堀（1〜4号）から大規模な堀（5・6号）への改修があったと考えられている。さらに6号空堀を隔てた東側には幅一〇メートルを超える大水濠がある。

八幡曲輪の土塁は西堀に沿って設けられ、基底部幅一四メートル、高さ三・五メートルを測る。二の丸は土塁で区画された内曲輪と外曲輪から成り、内曲輪を馬蹄形に巡る土塁は、基底部最大幅一二メートルを測る。北側には開口する門があり、平入りの虎口であったと考えられる。また、内部には庇付六×三間の建物の他、六棟の掘立柱建物が確認されている。その他、柵列や木戸もあることから、居住空間が営まれていたことがわかる（静岡県教育委員会・長泉町教育委員会一九七八・一九八二）。

三　伊豆の事例

山中城

箱根外輪山から南西に伸びた標高五八〇メートルの丘陵上に立地する山城である。永禄十～十二年(一五六七～六九)頃、後北条氏によって築かれたとされ、対豊臣としての東海道を封鎖する境目の城として大改修されたが、天正十八年(一五九〇)の豊臣秀吉の小田原城攻めの猛攻によって落城した。主尾根に占地する本丸を中心に三方に伸びた尾根それぞれに曲輪群を配置している。北尾根に北の丸、西尾根に二の丸・西の丸・西櫓等、南西尾根に三の丸・岱先出丸等が配置され広大な城域が形成されていた。

西の丸の堀は最大幅約二八メートル、最深部一〇メートル以上を測り、堀底には畝が設けられ、西側堀では格子状の障壁によって障子堀が形成されている。西の丸前面の馬出状の西櫓にも障子堀が設けられ、最大幅約一六メートル、深さ約一〇メートルを測る強固な遮断線を構築している。西の丸西側の物見台は、基底幅四～五メートル、高さ約一・八メートルの規模であったと推定される。西の丸では二カ所の虎口が検出されており、南側虎口は食い違い虎口で、東側搦め手虎口は平入り虎口である。後世の削平により曲輪内での建物規模が判明しているものはわずかであるが、広大な曲輪内には整然と建物群が存在したと考えられる。

発掘調査成果から、築城当時は本丸・二の丸・北の丸等の中心とした北東の曲輪群の規模であったものが、小田原攻めに備え南西の西の丸・西櫓、さらには東海道を側面から制圧するために岱崎出丸が構築されたと考えられる(三島市教育委員会一九八四・一九八五・一九九四)。

韮山城

田方平野の東縁、多賀火山から派生した標高一二八メートルの天ヶ岳とそこから続く尾根上に立地する山城である。明応二年(一四九三)、北条早雲は堀越公方を滅ぼすと、伊豆平定の本拠として韮山城を築城した。築城年代に諸説あるが、明応九年(一五〇〇)頃までには築城されていたと考えられる。今川氏・武田氏に対する守りの城として堅牢を誇ったが、天正十八年(一五九〇)、小田原城とともに開城した。最高所の本丸から北に二の丸・権現曲輪・三の丸が連なり、本丸南には煙硝曲輪と想定される塩蔵址と呼ばれる曲輪が配されている。

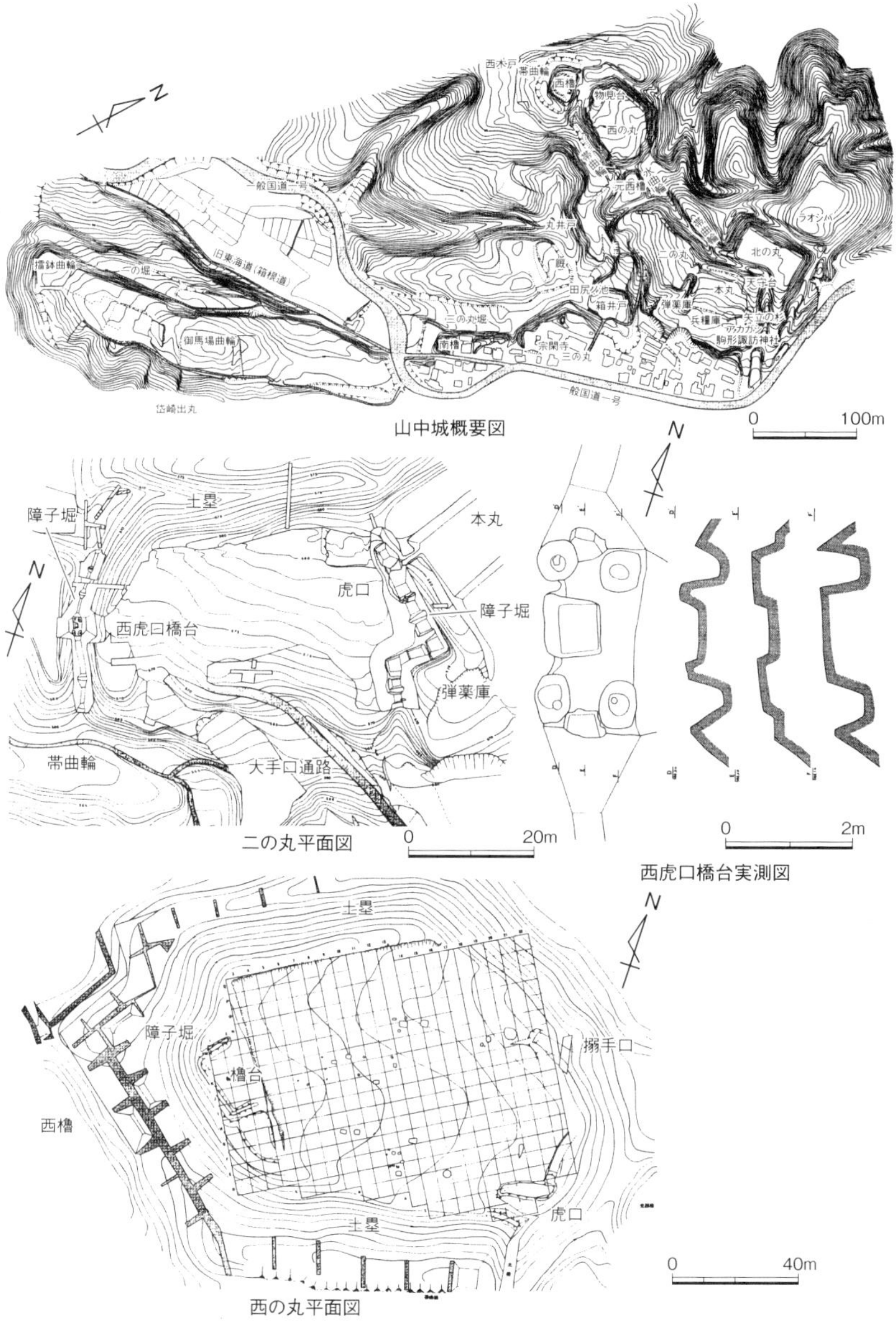
N
西木戸
帯曲輪
西櫓
物見台
西の丸
元西櫓
一般国道一号
丸井戸
ラオシバ
北の丸
二の丸
本丸
天守台
田尻ノ池
箱井戸
弾薬庫
兵糧庫
天立の杉
駒形諏訪神社
三の丸堀
南櫓
宗閑寺
三の丸
一般国道一号
旧東海道（箱根道）
一の堀
擂鉢曲輪
御馬場曲輪
岱崎出丸
山中城概要図
0 100m
N
障子堀
土塁
本丸
虎口
障子堀
西虎口橋台
弾薬庫
帯曲輪
大手口通路
二の丸平面図
0 20m
N
0 2m
西虎口橋台実測図
N
土塁
障子堀
搦手口
櫓台
西櫓
虎口
土塁
0 40m
西の丸平面図

第13図　山中城

本城の周辺部の調査によって外周部の様相が明らかになりつつある。堀はいずれも部分的な調査ではあるが、絵図との対比によってその連続性が推定されている。三の丸西側の御座敷第1地点では、二本の堀が検出されている。堀1（中堀）は幅一五メートル、深さ二・五メートルを測り、東法面上段から底部まで杭列が並んでいた。別地点（外池第1地点）では堀1の延長が確認されており、障子堀も確認された。また、東法面には「しがら」が確認されたことから、御座敷第1地点の杭列も含め堀1には法面保護施設が存在したと考えられている。構築時期は、他の遺構との重複関係から十六世紀中頃以降と推定されている。

御座敷第1地点のもう一つの堀、堀2（中堀）は外池第1地点の調査によって、三条の堀が確認され、その内二条は障子堀であったことが判明した。いずれも時期が異なり（堀2a：障子堀→堀2b：障子堀→堀2c）、複数次にわたる改修が確認された。

また、絵図には描かれていない堀も検出されており、本城の北西の山木遺跡第十七次調査地点においては、東西方向の障子堀が検出され、上端幅約六メートル、深さ現地表面から約二メートルを測る。このように、本城西側では大規模な障子堀が幾重にも巡っており、数次にわたって構築されことが判明した。

本城の北西平坦地では、井戸や園池遺構と共に大量のかわらけ、陶磁器、漆椀などが出土しており、字名「御座敷」が示すように居館、もしくは日常の生活空間の存在が示唆される（静岡県埋蔵文化財調査研究所一九九二・一九九七・二〇〇六、東国中世考古学研究会二〇一〇、韮山町教育委員会二〇〇一）。

四　戦国期後半の特徴と画期

中世山城遺構の主パーツである掘切、堀、土塁、虎口について、当該期の様相を整理してみよう。

掘切は、戦国期全般を通じて普遍的に用いられるパーツである。天正年間初頭（一五七三〜七六頃）まで使用されるものの、十六世紀前半から中葉の様相を遺す殿谷城では、掘切幅二〜三メートル、深さ一〜二メートル程度の規模であることを勘案すると、明らかに当該期には大規模になる。永禄末から天正年間初頭に改修された千頭峯城・本庄山砦・杉谷城・高天神城・蒲原城・長浜城では、

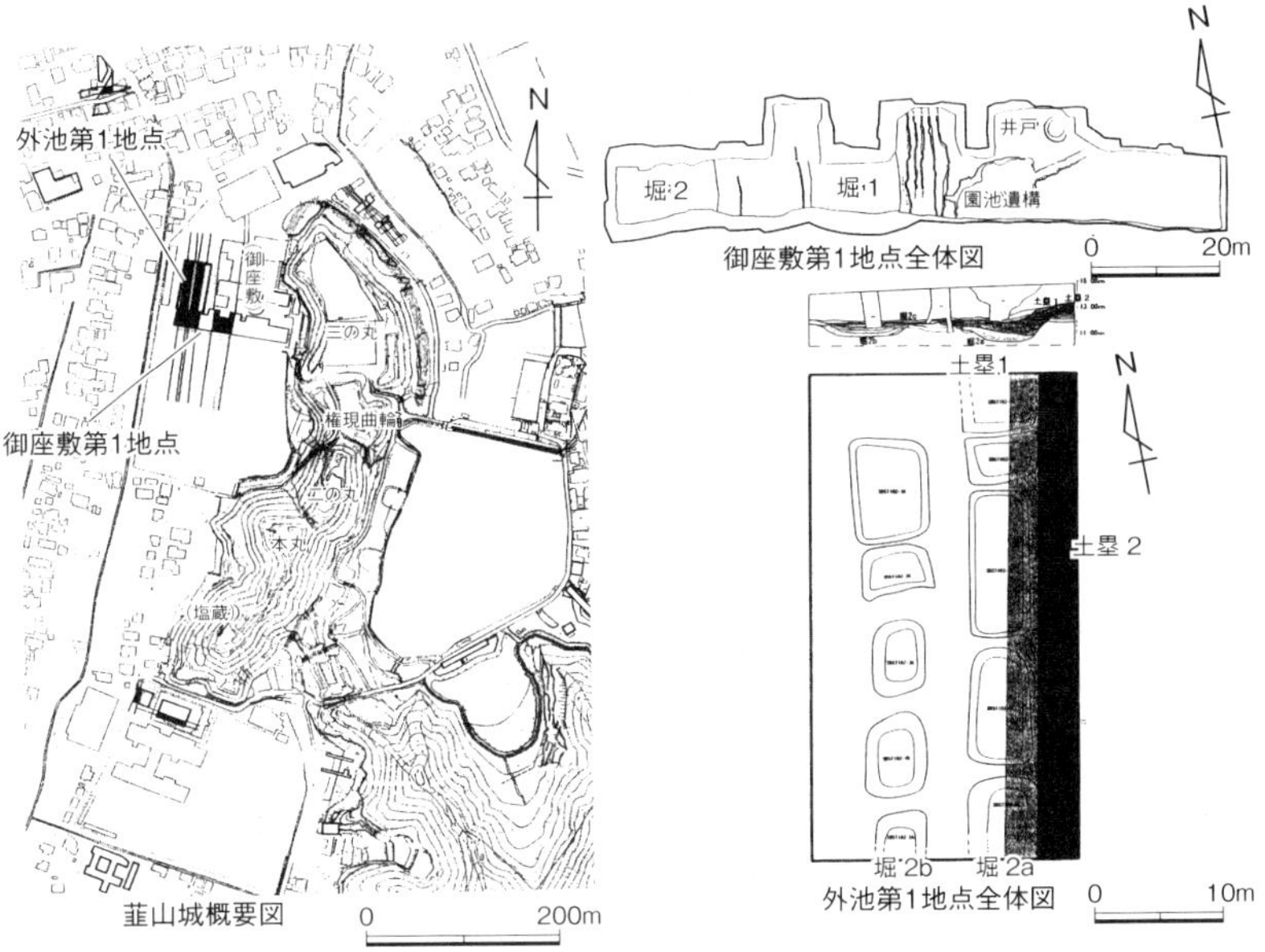

第14図　韮山城

幅五～十二メートル、深さ四～六メートルの規模を有すものであることから、この時期を境とする掘切の巨大化が指摘できよう。中でも天正四年（一五七六）頃の武田氏の大規模な改修が想定される高根城では、幅三〇メートルにも及ぶ二重堀切が採用されており、防御構造的にも重厚である。さらに高根城の例では、尾根に対し直線的に分断するだけではなく曲輪側面を回り込むように掘削することによって曲輪に突出部を設けている。単に曲輪間を断絶するだけなく、横矢による頭上攻撃を可能とする戦闘に重きを置いた指向性がうかがえる。

堀について、特に横堀は発掘調査によって全容のわかるものは少ないが、元亀から天正年間初頭に改修された、遠江の久野城・掛川城・高天神城では規模の判明する横堀の調査事例をみることができる。掛川城の十露盤堀は、後世の拡張が認められるものの、本丸の胸壁に沿って箱堀状の横堀が掘削されている。高天神城では、幅四メートル、深さ三メートルと断面規模は大きくないが、全長一〇〇メートルにわたって強固な防御線が構築されている。このように、横堀は元亀元年以降に武田・徳川氏の城郭で使用が目立ち、遠江地域での使用事例が多いことが指摘できる。

駿河・伊豆の事例としては、天正十〜十八年（一五八二〜九〇）頃に改修された長久保城と山中城において堀幅一〇メートルを超える横堀が巡らされるようになる。また、山中城・韮山城では障子堀・畝堀、長久保城では畝堀が採用され、遠江には見られない駿河・伊豆の後北条領内の特徴と言える。ただし、障子堀や三日月堀などの特徴的なパーツが混在する長久保城においては、武田氏滅亡後の徳川氏による改修の記録が文献からも確認されることから、徳川氏が前代の遺構を踏襲し、整備拡張していったと考えられる。さらに、仁田館跡で検出された畝堀は後北条氏によるものではなく、その出土遺物から十六世紀末の徳川氏配下での普請と考えられることから、後北条・武田氏の築城技術を徳川氏の城郭に導入していく過程が見て取れる。

障子堀と並んで戦国大名の特色を表すパーツとしては、三日月堀があげられる。発掘事例では、掛川城・興国寺城・長久保城で確認されている。掛川城と興国寺城の年代については、出土遺物の時期比定からも裏付けられており、掛川城は元亀元年から天正年間初頭（一五七〇〜七六）の徳川氏によるもの、興国寺城は元亀二年（一五七一）以降の武田氏によるものと考えられる。長久保城の三日月堀については、元亀二年（一五七一）以降の武田氏によるものと推定されているが、徳川氏配下の改修時に後北条氏の障子堀と同様に踏襲、換言すれば取り込まれていったと考えられる。

土塁については、堀を掘削した際の残土処理という点から、堀規模の大規模化に比例して土塁規模も拡大するものと考えられる。長久保城・山中城では、堀の大規模化によって土塁規模も大規模になるばかりか、塁上に櫓台が構築されるほどに巨大化される。大兵力の駐屯を可能とする大規模な曲輪を擁す拠点城郭として整備が進められたことに端を発し、その背景には大兵力による合戦形態の変化を反映したことによる大城郭の出現があったと考えられている（松井二〇〇五・溝口二〇〇九）。

虎口については、千頭峯城・高根城・本庄山城などにおいて、土塁や木橋を組み合わせた折れや食い違い虎口が元亀から天正年間初頭に現れる。さらに、高天神城においては、井楼曲輪から二の丸にかけての曲輪群において、横堀への導線と小曲輪を駆使した迎撃エリアが形成されており、天正二年（一五七四）以降、極めて戦闘的な縄張に発達したことが読み取れる。

徳川氏による掛川城の本丸虎口では、虎口前面に三日月堀を配した馬出とも出枡形とも見える完成された虎口が形成されており、同じ遠江の諏訪原城では天正三年（一五七五）以降に徳川氏によって本丸内枡形虎口が造られたとの想定を勘案すると、掛川城の本丸虎口構築時期は天正年間後半以降に降らせてもよいかもしれない。このように、元亀から天正年間初頭に出現した食い違い虎口は、天正年間後半にはより戦闘的な形態、技巧的な形態へと発達していく。

石積みは、高根城と諏訪原城にみられる。高根城の石積みは、土留めを兼ね、狭小なスペースの中で虎口空間を確保しようとしたものであり、諏訪原城の石積みも土塁の土留めを目的とした数段程度の規模で、どちらも織豊期の石垣や後北条氏の石積みにみられるような示威的な用いられ方ではない。遠江においては天正年間初頭頃、初めて採用されたものの、それ以降の普及には至らなかったようである。同時期の関東に展開する後北条氏の城郭には、少なからず石積みの城郭が存在することから対照的である。わずか二例で当該地の山城の石積みについて言及できるものではないが、普及に至らなかった要因としては、石材確保の問題、石工集団の問題等に加えて、当該期の武田氏と徳川氏にとっては、後北条氏のように石積みを用いることによる政庁としての示威的な指向性が希薄であったと考えられる。

城内道については、高根城・本庄山砦・高天神城・山中城において確認されており、腰曲輪的な小スペース、土塁上、堀底を有効に利用したものが、食い違い虎口とともに元亀から天正年間初頭に出現する。

五　まとめ

静岡県内の戦国期後半の城郭遺構の様相をまとめると、堀に代表される城郭遺構の大規模化は、元亀から天正年間初頭に求められる。十六世紀後半、今川氏の急速な衰退に伴い、武田・徳川氏によって争奪が繰り返された遠江において顕著であることがわかる。同時期、虎口形態においては、折れ、食い違いの採用がみられ、さらに天正年間後半以降に虎口を中心に城内道においても複雑な導線を採り、高天神城のように迎撃に専一した戦闘エリアとしての発達が著しい城郭も出現する。

天正十年(一五八二)の武田氏の滅亡を機に徳川氏の支配体制が確立すると、諏訪原城・長久保城・韮山城・山中城などの大規模な拠点城郭に集約されていく。後北条氏との戦闘が激化し、天正十八年(一五九〇)の後北条氏の滅亡まで続くもので、大兵力の駐屯とともに兵站に力点を置いた戦略変化によるものと考えられる。

このように、元亀から天正年間初頭頃に画期が求められることを追認した(松井二〇〇五・溝口二〇〇八)。加えて、天正十年以降には拠点城郭に集約されていく、もう一つの画期が見出せることが理解できよう。

築城主体による築城術の差異について、一般的にその差異が最もよく表れている遺構として、三日月堀(丸馬出)をもつ山城が武田氏の城郭、障子堀をもつ山城が後北条氏の城郭といわれるように、それぞれのパーツが用いられた城郭の分布には、武田氏、後北条氏それぞれの領内もしくは勢力下に治めた地域を中心に偏重が認められる。しかし、それらの特徴的な築城術は、武田氏、後北条氏に限られたものではなく、時期を経るにしたがい徳川氏が接収した城郭においては踏襲され、やがて築城術として導入されていく過程が発掘調査事例からも明らかになった。

最後にこれらの様相と画期となった、その背景について遠江を中心にふれてみたい。事例として挙げた城郭は、各パーツの採用状況や城郭の立地と目的が異なることから、一律的に採用、発達していったものではない。高根城のように小規模ではあるが、交通の要衝に位置する山城においては、横堀は採用されてはいないものの、重厚な二重堀切によって防御性を高めている。

高天神城のような規模が大きい拠点的山城では、急峻な斜面地形で囲まれた要害において防御性の比較的弱い箇所に堀切や横堀、さらに横堀と小曲輪を駆使したキルゾーンを組み込むことによって防御性を高めている。

山城というより比較的平坦な丘陵上に造られた、兵站、後方支援を目的とする諏訪原城、掛川城等の拠点城郭においては、平坦な曲輪での防御性を高めるために三日月堀(丸馬出)を伴う虎口が採用される。このように、城郭の立地、目的によって各パーツの採用状況が異なることが発掘調査事例からもわかる。

永禄三年(一五六〇)桶狭間の戦いを機に弱体化した今

川氏に対し、永禄十一年（一五六八）、徳川家康が遠江に、武田信玄が駿河にそれぞれ侵攻を開始する。それぞれの領有が申し合わされたが、信玄が遠江に侵攻を開始すると遠江・駿河は草刈り場と化した。信玄の死後、勝頼は遠江の侵攻を強化、諏訪原城、小山城、高天神城、二俣城、犬居城、社山城等を拠点城郭として整備している。これらの武田方の拠点城郭の特徴は横堀の採用であり、それまでの徳川家康の城郭（発掘調査事例においては杉谷城）にはみられないパーツである。

武田方にとって、これらの拠点城郭を維持するためには甲斐、信州からの兵力と物資輸送、いわゆる兵站の確保が最重要となる。それを担う城郭が高根城や仲明城のような要衝に位置する比較的小規模な山城で、調査事例の高根城には横堀こそ採用されていないが二重堀切によって堅牢性が保たれていた。

天正三年（一五七五）の長篠の戦い以降、武田氏が劣勢となると、諏訪原城、二俣城等の拠点城郭を徳川氏が奪還、遠江への触手はさらに伸びてゆく。この奪還の過程において、武田氏の先進的な築城術を目の当たりにした徳川氏は、自らの城郭においても横堀や二重堀切による武田氏の防御性の高い築城術を取り入れたと考えられ、調査事例でいう馬伏塚城、久野城での横堀の採用であり、それまでの武田氏の横堀に比べ規模は大きくなり改良が加えられることになる（加藤二〇〇四・松井二〇〇五）。横堀だけでなく、掛川城においては三日月堀を用いた出枡形とも言える虎口が形成され、新技術取得としての先進性が見て取れる。

戦国時代後半から末期にかけては、国を越えた広域に亘る大規模な兵力の移動と物資の輸送を可能とする兵站の確保こそが戦略上の重要なポイントとなった。武田氏の諏訪原城や徳川氏の横須賀城は、大規模な兵力と物資集積を目的とした拠点城郭であり、兵站においてはハブとして機能した城郭である。さらに拠点城郭を中継支援し、かつ要衝に位置した武田氏の高根城や徳川氏の岡崎の城山のような城郭が改修され、拠点城郭をハブとするネットワーク化した城郭システムが構築されていた。加えて、拠点城郭には三日月堀（馬出）を伴う虎口が、要衝の城郭においては横堀や二重堀切が、それぞれの城郭の目的にあったパーツとして選択されていた。これらの城郭ネットワークは、武田、徳川の築城主体の区別なく城郭を接収する中で防御性の高いもの、有効性の高いものなどを新技術として取り込まれ、改良が重ねながら進化していったものと考えられよう。

参考文献

足立順司　一九八六「静岡県下における廃城年代と陶磁器の年代観」『貿易陶磁研究』第六号　日本貿易陶磁研究会

伊豆の国市教育委員会　二〇〇六『韮山城跡　外池第一地点発掘調査報告書』

掛川市教育委員会　一九九八『掛川城復元調査報告書』

掛川市教育委員会　二〇〇二『東名掛川ＩＣ周辺土地区画整理事業に伴う埋蔵文化財発掘調査報告書』

掛川市教育委員会　二〇〇九『史跡　高天神城跡―本丸ゾーン発掘調査概報―』

加藤理文　二〇〇四「遠江・馬伏塚城の再検討」『財団法人静岡県埋蔵文化財調査研究所設立二〇周年記念論文集』静岡県埋蔵文化財調査研究所

加藤理文　二〇〇二「千頭峯城の再検討」『考古学論集　東海の路』東海の路刊行会

加藤理文・中井均　編　二〇〇九『静岡県の山城ベスト50を歩く』サンライズ出版

久野正博・松井一明　二〇〇八「遠江笹岡城の再検討」『静岡県考古学研究』第四〇号　静岡県考古学研究会

静岡県教育委員会・長泉町教育委員会　一九七八『西願寺遺跡（Ａ地区）　長久保城址（二の丸）』

静岡県教育委員会・長泉町教育委員会　一九八二『長久保城址（八幡曲輪・上野南・大水濠）　大平遺跡』

静岡県埋蔵文化財調査研究所　一九九二『韮山城跡』

静岡県埋蔵文化財調査研究所　一九九七『韮山城跡・韮山城内遺跡』

静岡県埋蔵文化財調査研究所　二〇〇六『韮山城跡Ⅱ』

静岡市教育委員会　二〇〇七『蒲原城跡総合調査報告書』

白澤崇・松井一明　一九九九「袋井市本庄山砦跡の虎口」『織豊城郭』第六号　織豊期城郭研究会

大東町教育委員会　二〇〇四『史跡　高天神城跡―二の丸ゾーン発掘調査報告書―』

東国中世考古学研究会　二〇一〇『小田原北条氏の城郭　発掘調査からみるその築城技術』

戸塚和美　二〇〇五「掛川城虎口小考」『森宏之君追悼城郭論集』織豊期城郭研究会

韮山町教育委員会　二〇〇一『山木遺跡―県道函南停車場反射炉線改良工事に伴う埋蔵文化財発掘調査報告書―』

沼津市教育委員会　二〇〇五『史跡長浜城跡発掘調査概報』

沼津市教育委員会　一九八四『興国寺跡伝天守台跡・伝東船着場跡発掘調査報告書』

袋井市教育委員会　二〇〇八『袋井市内遺跡発掘調査報告書Ⅲ』
袋井市教育委員会　一九九三『久野城Ⅳ』
松井一明　二〇〇五「遠江の山城における横堀の出現と展開」『森宏之君追悼城郭論集』　織豊期城郭研究会
水窪町教育委員会　一九九四〜二〇〇〇『高根城Ⅰ〜Ⅵ』
三島市教育委員会　一九八四・一九八五『史跡 山中城跡』（第一分冊・第二分冊）
三島市教育委員会　一九九四『史跡 山中城跡Ⅱ』
溝口彰啓　二〇〇八「静岡県下における中世山城遺構の画期について」『静岡県考古学研究』第四〇号　静岡県考古学研究会
三ヶ日町教育委員会　一九八三『千頭峯城跡』

山城の補修と改修

加藤　理文

はじめに

遠江・駿河・伊豆の三カ国で構成される静岡県は、全国的に見ても特異な城の発達過程を持つ県の一つである。駿河国は、今川氏が守護から戦国大名へと成長し、安定した領国経営を続けた。だが、遠江、伊豆の両国は、様々な有力武将が入り乱れ、争奪戦を繰り返している。

遠江は、南北朝期に南朝方の拠点の一つとして、城をめぐり様々な戦いが繰り広げられた。その後、遠江支配をめぐる今川氏と斯波氏の長期にわたる抗争があった。戦国期になると、弱体化する今川氏に対し、西から徳川氏が侵攻、遂に今川氏を滅亡に追い込む。徳川支配下となった遠江ではあるが、北から武田氏が侵攻を繰り返し、一時期北遠江は武田氏の支配下となっている。東駿河から北伊豆は、今川氏、武田氏、後北条氏の領国境であったため、常に戦闘が繰り広げられたが、最終的には、後北条氏の領有に帰している。駿河は、今川氏が滅亡すると武田氏が領有するが、最終的に徳川家康の拠点として発展する。

このような情勢の中、常に城は再利用され続けた。記録に残る最初の再利用は、今川対斯波による遠江をめぐる争いであり、その後、今川、徳川、武田、後北条各氏が拠点及び要衝の地の城の争奪戦を繰り返し、その度城は補修や改修が実施された。記録に残る改修もあれば、発掘調査により改修が確認された例もある。また、記録には残されていないものの、地表面観察から、明らかに後世（主に戦国期）の改修が確実な城も存在する。これら、改修が明らかな城について、戦国大名ごとの特徴が見られるのか、また改修における共通点や差異は存在するのか等、現時点で判明することをまとめておく。

なお、本論では補修については、傷んだ部分の手入れする（作事のみ）こととし、改修は不十分なところを改め直す（普請が伴う）とした。さらに大幅な改変が伴う改修を大改修としている。

一　今川・斯波の争いに伴う再利用

南北朝期、県内に戦闘目的の城が乱立する。南朝勢力と強い結びつきを持った遠江と駿河両国内の在地土豪は、次々と山城を築いている。これに対し、足利一門衆で遠江守護であった今川範国は室町幕府と協力し、南朝勢力掃討のため戦闘に明け暮れた。三岳《みたけ》城（浜松市）に籠った井伊氏との戦いに勝利、陸奥霊山城（福島県伊達市）から上洛した北畠顕家《あきいえ》軍には破れるものの、すぐさま軍を再編し背後から追い詰めた。この戦の論功行賞によって、範国は遠江・駿河二カ国の守護に任命されている。

この後、駿河守護職は今川氏が世襲してゆくが、遠江守護職は、仁木氏、千葉氏、高氏などいくつかの家が目まぐるしく変わっている。その中でも、範国とその子範氏・貞世兄弟が断続的に守護となっていることから、斯波氏に固定されるまで、基本的には今川氏がその任をまかされたとして問題はない。

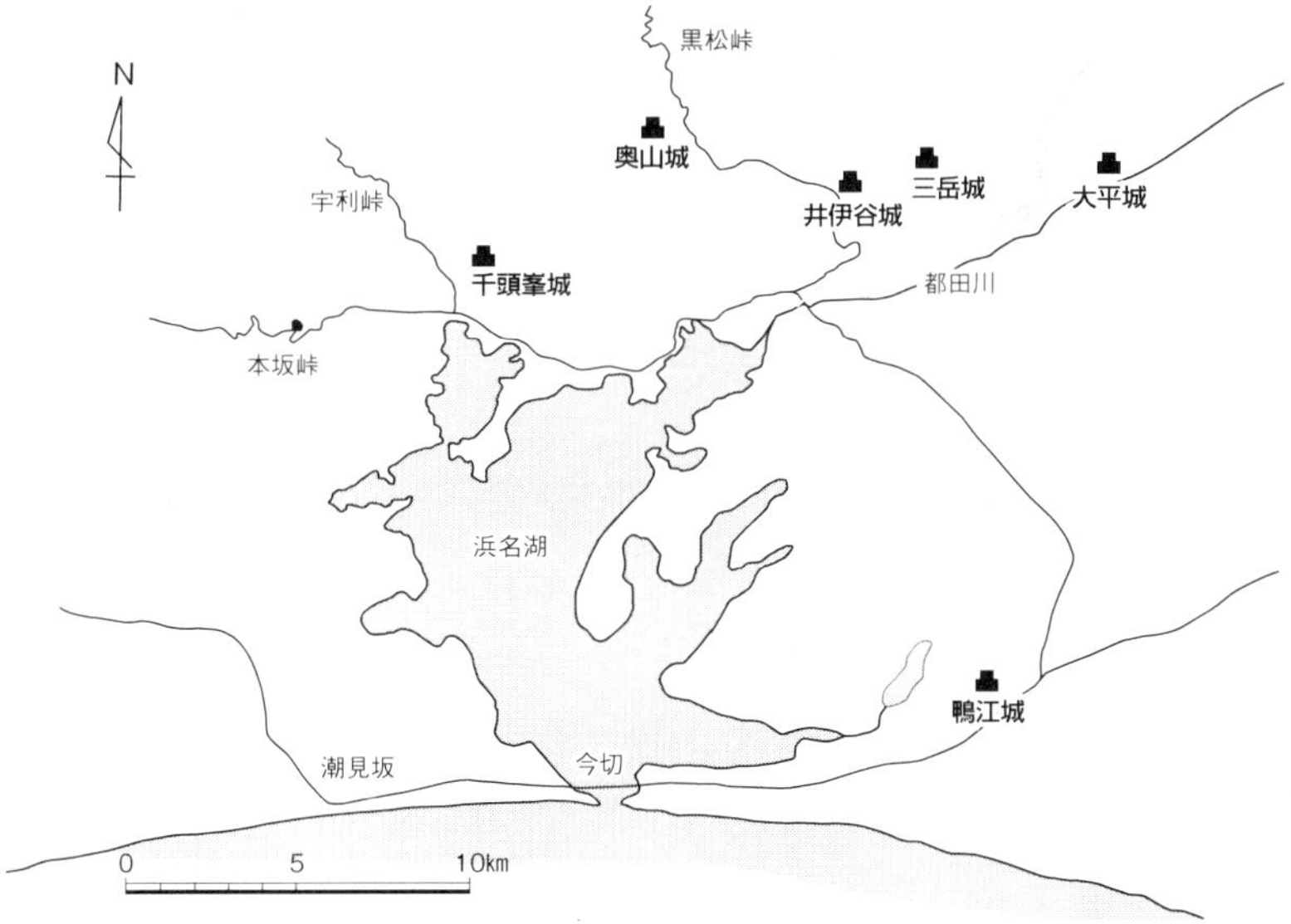

第１図　三岳城とその支城位置図

だが、斯波義重《よししげ》に遠江守護を奪われると遠江における今川家の足掛かりは消え、応永二十六年（一四一九）以降は、完全に斯波氏が遠江守護を独占。両国守護であった今川家は、駿河一国のみの守護職となったため、故地である遠江回復が課題となった。将軍家、管領家の後継争いに端を発した応仁の乱（一四六七～七七）が引き金となり、両者は激しく対立して行く。今川義忠は、細川勝元を総帥とする東軍に属し、斯波義廉《よしかど》は山名宗全の西軍に組した。文明六年（一四七四）、都から駿河に戻った義忠は、斯波氏に近い国人領主横地氏と勝間田氏を急襲する。義忠の軍事行動を容易にしたのは、斯波氏が越前・尾張両国の守護を兼ねていたため、遠江に不在であったことが、大きな要因であろう。斯波氏も反撃、同八年横地・勝間田両軍は、見付端城《みつけは》（磐田市）を復旧して、今川氏に対抗するが、義忠は横地城（菊川市）と勝間田城（牧之原市）を攻撃し両城を落城させた。だが、この大勝利の帰路、義忠は横地・勝間田軍残党の襲撃で落命、遠江情勢は混沌としてしまう。

突然の義忠の死亡により、家督をめぐる内紛が勃発。義忠の正室の兄である伊勢新九郎長氏（後の北条早雲、以下北条早雲とする）の活躍によって、氏親《うじちか》政権が確立し、幕府も正式にこれを認めることになる。氏親政権が安定すると、遠江侵攻戦が再開される。明応三年（一四九四）北条早雲に率いられた今川軍は、佐野《さや》・山名・周知三郡に侵攻。これは、斯波氏に連なる原氏とその一族をねらった軍事行動であった。同六年にも、原氏への軍事行動を起こし、孕石《はらみいし》氏が「原要害」攻めで戦功を挙げたことが知られている。同八年には、見付府八幡宮に対し祭礼執行を命じるなど、着実に支配権を進めていった。

氏親の侵攻に対し、対抗策を見出せなかった斯波氏も、文亀元年（一五〇一）になると、信濃小笠原氏に援軍を要請、さらに伊豆の土肥氏にも援軍要請し巻き返しが始まった。この時の戦闘は、社山《やしろやま》城（磐田市）、堀江城（浜松市）、久野《くの》城（袋井市）、天方《あまがた》城（森町）、馬伏塚《まむしづか》城（袋井市）等南遠江全域に及んだ。これら一連の戦闘に勝利し、遠江を勢力下に置いた氏親は、永正三年（一五〇六）から三河侵攻を開始し、今橋城（愛知県豊橋市）を攻略、西三河へと兵を進めている。同五年、氏親は今川家の長年の念願である遠江守護に任ぜられた。これに対し、斯波氏は遠江回復のための戦闘を起こすことになる。同七年、斯波氏は陣を引佐郡花平から三岳城へと移すと、今川軍は刑部城《おさかべ》（浜松市）と気賀《きが》を拠点に対抗。奥浜名湖周辺域での争いは、同十年の斯波氏の三岳城退去まで継続している。斯波氏退去により、湖北地方に勢力を持つ井伊氏、菅沼氏、奥平氏が今川氏配下となった。同十三年、最後の斯波対今川戦が始まる。甲斐に転戦した氏親の留守を狙い、大河内氏が引間城《ひくま》（浜松市）を占拠、斯波義達も合流する。氏親は、安倍の金掘り衆を動員し、水の手を絶ち陥落させた。ここに、今川氏による遠江支配が完成し、駿河・遠江二カ国を領有する戦国大名が誕生したのである。

この今川対斯波の争いの中で、戦闘が繰り広げられ、陣を置いた城が、各種記録や文書に登場してくる。その後、文献上には登場せず、機能が停止したと推定される城もあれば、その後も継続使用され、江戸期まで存続する城もある。それでは、これらの城の中で今川対斯波の戦い時の再利用が判明する城があるのであろうか。

まず、遠江国府に所在する見付端城（磐田市）跡地とされる大見寺に土塁が残存する。この土塁は絵図等から方形居館を廻る土塁の一部であろうが、構築主体者が今川氏なのか、横地・勝間田氏などの斯波氏に連なる勢力の手によったのかは判然としない。

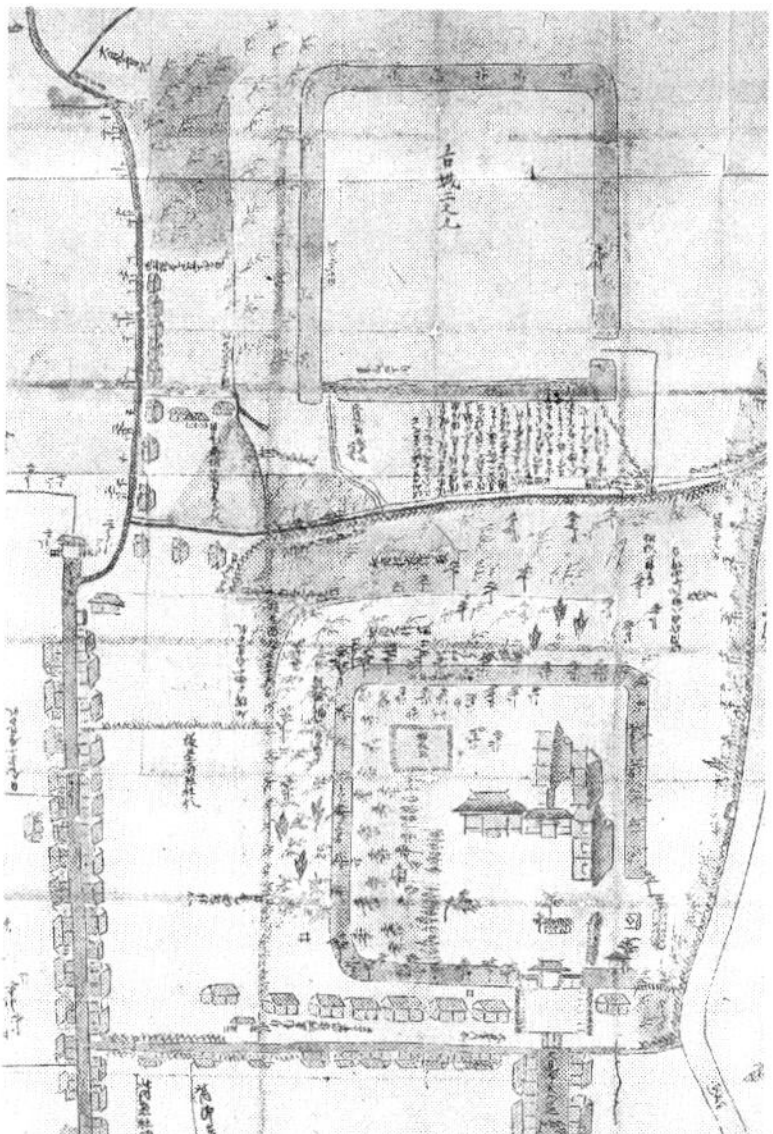
第２図　見付城大見寺絵図（大見寺所蔵）

横地氏の居城である横地城（菊川市）は、自然地形をフルに利用した構造で、大規模な普請を示す明確な遺構は少ない。一部西の城周辺域に、戦国期の再利用が想定される。同じく、勝間田氏の勝間田城（牧の原市）は、大規模な普請が実施されている。しかし、これらの遺構は戦国期の再利用の可能性が高く、この時期のものとは思えない。

斯波氏在城の記録が残る社山城（磐田市）も、現状の遺構は十六世紀後半の再利用によるものである。また、堀江城（浜松市）は、後世の改変が著しく、城跡の立地のみ判明する。久野城（袋井市）は、江戸前期まで存続したため、十五世紀後半に遡る遺構は見られない。天方城（森町）も、現状遺構は十六世紀後半の可能性が高い。

馬伏塚城（袋井市）は、諸記録から、徳川家康が改修し、高天神攻めの拠点として利用したことが解る。三岳城（浜松市）も、家康改修の可能性が高く、南北朝期は、山岳寺院であったことがほぼ確実な状況で、斯波氏最後の拠点として機能するも、その遺構は判然としない。刑部城（浜松市）にいたっては、井戸が残るが、構造等を含め、城に伴うものかすら定かではない。引間城（浜松市）は、家康の居城に取り込まれたため、十五世紀後半の遺構は判然としない。最後に、千頭峯《せんとうがみね》城（浜松市）であるが、発掘調査による出土遺物から、斯波対今川の攻防の折に利用されたことはほぼ確実だが、その後の改修もあり、この時期の改修等についてははっきりしない。

以上、この時期の再利用が確実な城についてまとめてみたが、再利用の状況はほとんど解らない。後世の改変により、大きく構造が変化していることもあろうが、十五世紀後半の再利用のほとんどが普請を伴うものではなく、傷んだ部分の手入れであるとか、新たな建物や塀・柵という構築物を築く程度で対応したためとするのが妥当であろう。

二　北条早雲の伊豆支配

今川義忠の急死による後継争いで活躍した北条早雲は、長享元年（一四八七）今川氏親より富士郡下方十二郷を与えられ、興国寺《こうこくじ》城（沼津市）へと入城する。明応二年、足利茶々丸を攻撃、同四年頃までには伊豆国内に強い影響力を持つに至った。早雲支配は、伊豆北部の限定的地域ではあったが、柏久保城（伊豆市）を築き、中伊豆を押さえる構えをみせている。早雲が伊豆支配の拠点としたのが韮山城（伊豆の国市）で、明応九年頃までには主要部が完成したと推定される。

伊豆支配を確実にした早雲は、大森氏の居城・小田原城（神奈川県小田原市）を奪取し、相模進出の足掛かりとした。西相模に拠点を確保した早雲は、永正六年（一五〇九）相模・武蔵に出兵し、三浦氏や扇谷上杉氏を攻撃している。同九年には、相模中部の拠点岡崎城（神奈川

写真1　空から見た韮山城

県平塚市・伊勢原市）を攻略、鎌倉までも占拠して玉縄城（神奈川県鎌倉市）を修築。相模支配は、嫡子氏綱に任せていたようで、自身は本拠である韮山を離れることはなかった。早雲の伊豆進出に伴い、興国寺城・韮山城・柏久保城などを築き、さらに伊豆支配のための拠点城郭の修築を実施した可能性は高い。だが、後の豊臣秀吉の侵攻に備えた改修が著しく、確実に早雲時代に遡ることが判明する再利用の痕跡を見つけることはできない。

三　武田・徳川・後北条の侵攻に備えた再利用

永禄三年（一五六〇）、桶狭間において今川義元が戦死すると、磐石であった今川支配が揺るぎ始める。氏真《うじざね》は、領国の動揺を押さえるために安堵状を発給し沈静化を図った。だが、岡崎に戻った松平元康（後の徳川家康、以下家康とする）は尾張の織田信長と同盟し、公然と今川政権に反旗を翻すことになる。さらに「三州錯乱」と呼ばれる東三河での反乱が勃発。続いて「遠州忩劇」と呼ばれる遠江国人衆による反今川の動きが活発化する。家康に連携を求めた井伊氏と飯尾氏、武田氏に勧誘された堀越氏と天野氏などがその中心であった。この反乱は、同九年頃には終息に向かうが、今川政権の衰えを示す出来事として、領国全体に大きな影響を与えることになる。

織田信長と同盟を結んだ家康は、三河の領国化に成功すると、遠江国人衆たちを味方に引き入れ遠江切り崩しを開始する。これに対し、今川氏と同盟関係にあった武田信玄も駿河侵攻をめざす動きを示している。国境近辺に緊張関係が生まれると、氏真は周辺域の城郭整備を命ずる。永禄十年以降、西から侵攻する家康軍に対し、宇《う》津山《づやま》城（湖西市）を中心として浜名湖周辺の諸城の整備拡張を実施し、国境の守備を固めた。宇津山城の前衛として妙立寺寺域を整備し吉備城（湖西市）とした。同じく堀川城（浜松市）が、付近の今川方土豪によって築城、また堀江城（浜松市）も整備された。同様に佐久城（浜松市）も整備されたと考えられる。また、北遠江では奥山氏に対し中尾生城《なかびう》（浜松市）の普請を命じてもいる。国境周辺の城郭を改修し、家康及び信玄の侵入に備えた氏真であったが、同十一年富士川から南下する武田勢を押さえることは出来なかった。信玄の事前工作により瀬名氏ら重臣が離反したため、一戦も交えることなく駿府館（静岡市）を退去し、掛川城（掛川市）の朝比奈泰朝のもとへと走ったのである。信玄の駿河侵攻と時を合わせ、家康が遠江に侵攻。武田氏も、秋山信友が伊奈から二俣・見付に侵攻したため、徳川軍と衝突することになる。家康は、秋山氏を伊奈に撤退させると即日引間城へと入城した。家康は、今川家臣の調略を開始し、小笠原氏、久野氏、松井氏らを次々と懐柔、氏真の籠城する掛川城の四方に砦を築き囲い込んだ。この時、家康が築いた砦は、龍尾山《たつおやま》砦・龍穴峰《りゅうけつほう》砦・次郎丸砦（八幡山砦）・相谷《そうがや》砦・金丸山砦・青田山砦・長屋砦・曽我山砦・岡津砦（山崎砦）・笠町砦・塩井原砦・二瀬川砦・小笠山砦・杉谷城等（以上、掛川市）である。

信玄の駿河侵攻に対し、今川氏と縁戚関係にある北条氏政が三島から薩埵山《さったやま》砦（静岡市）に本陣を移して対抗。武田・後北条両軍は、興津川を挟んで対峙し、小競り合いを繰り返すことになる。後北条氏の出陣により、今川残党の土豪たちも蜂起したため、信玄は窮地に追い込まれ、決死の駿河脱出を開始した。久能《くのう》城（静岡市）と興津《おきつ》城（静岡市）に兵を残し帰国、結局五カ月に渡り封じ込められたのである。信玄撤退を知った氏政も、薩埵山・蒲原城（静岡市）・興国寺城に警固の兵を残し小田原へと帰陣した。一方、掛川城を取り囲んだ家康も、周辺域で小競り合いを繰り返していた。また、西遠地域でも堀江城・宇津山城を中心に戦闘が繰り広げられていた。抵抗を重ねた今川勢も、宇津山城、堀川城、佐久城と落城し、遂に堀江城のみが孤立することになる。家康も、予想以上の今川勢の反抗にあい、遠江平定戦が完遂しない状況に苦慮し、和睦と懐柔策へと方向転換を余儀なくされた。まず、堀江城に籠る大沢氏に旧領等を安堵、続いて北遠江の奥山氏、天野氏の懐柔にも成功。五カ月に渡って籠城した掛川城も遂に開城が決定し、氏真は後北条氏の元へと向かった。ここに、家康による遠江平定が完了したのである。

甲斐に戻った信玄も、体制を立て直し再び駿河侵攻を開始した。武蔵・相模・東駿河・伊豆などの後北条領国に次々と侵入を繰り返し撹乱する中、富士の大宮城（富士宮市）を陥落させ、駿河往還路を確保。蒲原城を攻略し、後北条氏に備えて改修したため、薩埵山砦に残る後北条軍は孤立し自落する。駿河に入った信玄は、年が明けた元亀元年（一五七〇）花沢城（焼津市）と徳一色《とくのいっしき》城（藤枝市）を攻略、ほぼ駿河制圧に成功した。信玄は、北条水軍に対抗するため清水湊に新たな拠点・江尻城（静岡市）を構築、ここが駿府に変わる駿河支配の中心となったのである。駿府の西方の備えとして丸子《まりこ》城（静岡市）を改修、さらに甲斐への間道の拠点として、小長谷《こながや》城（川根本町）、花倉城（藤枝市）の改修を実施した可能性も高い。江尻城を拠点とした武田支配に対し、駿東をめぐる後北条氏との攻防が激しさを増すことになる。武田氏が、大宮城を改修し、興国寺城を攻略したため、後北条・武田の攻防戦は、駿豆国境となった。同二年には深沢城（御殿場市）をも攻略、ここに武田・後北条との攻防戦は、一段落する。同年、北条氏康が没すると、「甲相一和」と呼ばれる同盟が復活、これにより武田氏は駿河のほぼ全域を制圧することになり、遠江に向けた戦に専念することが可能となった。

今川氏滅亡の過程で、再利用された城は多い。だが、現状でその痕跡を求めることは極めて困難である。いずれの城も、その後の改修や近世・近代の改変によって、この時期の改修を特定できない。

浜名湖に突き出した丘陵上に位置する宇津山城（湖西市）は、東側曲輪群を東西に並べ、西側は南北に曲輪を並べるT字を呈す構造である。当初期は、東西方向のみの城であったものを、対徳川に備え西側に南北方向の曲輪群を増設したと推定される。その後、松平家忠が入城し整備を実施しているため、今川氏真の命による改修がどの程度であったかは確実性に欠けるが、堀切や土塁を設け、防御線を築いたとしても問題はなかろう。ここより南に位置する吉美城（湖西市）は、文献等から寺院再利用の城と推定されるが、東海道線の工事によって遺構は判然としない。堀江城（浜松市）は、浜名湖に突出した丘陵上を利用した城であるが、近代の遊園地・ホテル等の建設に伴い、ほとんど城跡の遺構は残らない。宇津山城とほぼ立地条件が同一であるため、堀切や土塁によって、防御を固めた城と考えられる。堀川城（浜松市）は、都田川下流の沖積地に築かれた城だが、遺構はまったく見られない。半島状に浜名湖に突き出した台地上に築かれた佐久城（浜松市）は、南側が近代の開発で破壊されているため全容はつかめない。二重堀切が残るため、今川改修以後に大規模な整備が実施されたとするのが妥当である。

武田氏の手によって築かれた久能城（静岡市）は、家康の墓所である東照宮造営により、確実な遺構は残されていない。自然地形を利用した要害であったことのみ確実である。興津城（静岡市）とは、横山城を指すと思われ、信玄が甲斐への退路確保のため改修し、兵を残した城で、Y字を呈した山頂部を中心に階段状の曲輪が多数存在し、堀切も見られる。曲輪と考えられている削平地は、農地開墾に伴うものがかなり存在する可能性が高く、山頂部の二～三カ所の曲輪を持つ城とするのが妥当であろう。蒲原城（静岡市）は、今川氏真の入城により、多数の軍勢が入ったため、曲輪の増設等の改修が推定される。その後、武田方となりさらなる改修が実施されたようである。交通の要衝に築かれた陣城の薩捶山砦（静岡市）には長大な土塁が見られるが、北条軍の手によったものかは判然としない。

高草山南東麓に位置する山城の花沢城（焼津市）は、天嶮を生かし、削平地を設け曲輪を造成したのみの極めて単純な構造である。落城後、武田氏が再利用した形跡は認められず、今川期の姿を残す駿河唯一の城とも考えられよう。現在の田中城の前身である徳一色城（藤枝市）は、信玄による改修は実施されておらず、天正年間に勝頼の手によって大改修が施されたと考えられるが、江戸期まで存続しており、武田改修箇所の特定は困難である。武田氏が駿河支配の拠点とした江尻城（静岡市）は、市街地化の波で城郭遺構は残存していない。古図や・地籍図・古写真等から巴川の水を利用し、大規模な水堀と土塁で二重、三重に囲い込んだ構造が推定される。大規模な横堀に丸馬出状の堡塁を伴った特異な遺構を残す丸子城（静岡市）は、丸馬出や堀切・竪堀等、極めて高い防御を施した城であるが、武田氏の手による改修なのか、五カ国領有後の家康による改修なのかの特定が出来ない。甲斐への間道を押さえる小長谷城（川根本町）にも、重ね馬出と三重の横堀と土塁で防御を固める遺構が見られるが、丸子城同様記録に見られない。天正年間に武田氏が構築したの可能性、その後の徳川氏による改修も想定の範囲で、結論を出すに至らない。花倉城（藤枝市）は、世に有名な花蔵の乱時の舞台となってはいるが、主要部に二条残る堀切と連続する竪堀の存在から、武田氏が甲斐への間道を確保するために改修した可能性も高い。大宮城（富士宮市）は、中世の居館を改修した城と推定される。信玄の矢文で有名な深沢城（御殿場市）は、馬伏川と抜川の合流点台地上の自然地形を生かして築かれた城である。天正年間に武田氏、徳川氏が改修しているため、永禄年間の改修については判然としない。

写真２　花倉城址より志太平野を見る

　確実に永禄年間の陣城の状況を留めていると考えられるのは、掛川攻めの徳川方の砦群（掛川市）で、記録等から自然地形を削平し、柵等で囲い込んだ砦と推定される。杉谷城のみ発掘調査が実施されており、堀切と土塁が確認されている。

　以上が、この時期に再利用が考えられる城である。確実な遺構等についてははっきりしないが、作事のみの再利用ではなく、普請が伴う改修が確実に認められる。いずれの城も、戦闘局面に対応するための再利用であり、防御機能の拡充をめざすための改修が実施されている。土塁と堀切を設けることが基本で、規模としてはそれ程大規模とは考えにくい。

四　武田氏南下に伴う再利用

　今川氏真の掛川開城退去により、遠江一国支配を実現した家康は、三河岡崎から遠江への居城移転を実施する。遠江国内に拠点を移すことで、支配の安定と強化を図り、さらに駿河侵攻をも見据えていたのであろう。当初、国府の所在する見付に城之崎《きのさき》城（磐田市）築城を開始したが、立地等の関係から引間の地（浜松市）に改め、浜松城を築き上げた。今川氏滅亡後は、大井川を境として武田氏と徳川氏で駿河・遠江を分配するという密約があったという。だが、後北条氏と同盟関係を復活させた武田信玄は、この約定を無視し遠江へと侵入を開始する。

元亀二年（一五七一）、小山城（吉田町）を攻略し、高天神城まで攻め寄せた。続いて三河へ侵入し、足助《あすけ》城（愛知県豊田市）を落とし、野田城（愛知県新城市）、吉田城へと迫っている。翌三年、遂に本格的に遠江へ向け軍を起こす。信遠国境を越えた武田軍の案内役は、犬居城（浜松市）主の天野藤秀が務めているため、天野氏・奥山氏という北遠江国人衆は、この年以前に武田方となっていたことが確実である。信玄本隊は、犬居から森町、袋井市を抜け、見付へと入った。この間、徳川軍との小競り合いはあるが、本格的な戦闘までには至っていない。信玄は、遠江平野部侵攻の橋頭保とするため、二俣城（浜松市）を取り囲むが、断崖絶壁に囲まれた天然の要害であったため、容易に攻め落とすことが出来なかった。信玄は、合代島に陣を敷いている。別働隊を組織した山県昌景・秋山信友は、三河へ侵攻し山家三方衆（田峰の菅沼氏、作手の奥平氏、長篠の菅沼氏）の協力のもと、長篠に陣を張って野田城攻めを敢行。さらに秋山信友は織田方の岩村城（岐阜県恵那市）を陥落させ、その後井平まで兵を進め本隊と合流することになる。

二カ月にわたって籠城した二俣城も、水の手をたたれたため降伏開城。信玄は改修を命じ、家康が籠る浜松城を無視したまま軍を西へと進めた。二俣攻めで予想以上の期間を浪費したため、浜松城攻めを回避したのか、家康を城から誘い出して決戦を挑もうとしたのかは定かではないが、三方ヶ原で両軍は衝突することになる。この戦は徳川軍が大敗し、信玄は三河へと向かい野田城を陥落させた。武田軍は、三河平野部進出の拠点とするため、長篠城の改修を実施し、秋山信友には東美濃への出陣を命じている。だが、この頃から信玄の病状が悪化したため、甲斐へと軍を返すこととなった。信玄は帰路に病没、家督は勝頼が継ぎ、以後勝頼対家康という対立が続くことになる。

信玄の侵攻に対し、家康がどのような対抗手段を講じたのかは判然としないが、国境付近に残る城跡から、改修を実施しその侵入を阻止しようとしたことが判明する。家康は、武田軍の侵攻路を伊奈谷から天竜川を南下する隊と、三河から本坂峠・宇利峠を越える隊と予想していたようである。宇津山城に、この時期の改修と見られる

写真３　鳥羽山より望んだ二俣城

遺構が数多く残る。宇津山城改修に併せ、千頭峯城、三岳城、大平城等の街道を押さえる拠点城郭も改修され、その侵攻を阻もうとしたことが伺える。

信玄の死は秘匿されたが、家康はその死を確認するかのように積極的に軍事行動を起こした。まず二俣城奪還のための砦を社山（磐田市）・渡ヶ島（浜松市）に築く。続いて、長篠城を攻撃、作手城主・奥平氏を取り込み奪還に成功。翌天正二年（一五七四）、家康は犬居城（浜松市）の天野氏を攻撃するものの、大雨とゲリラ戦により大敗してしまう。勝頼も反撃を開始し、信玄すら落とせなかった難攻不落の高天神城（掛川市）攻略に成功し、中遠地域の拠点を確保する。天正三年、家康は長篠城を修築し武田の侵攻に備えた。勝頼は光明城（浜松市）の守りを固めさせているが、この時高根城（浜松市）、中尾生城（浜松市）や犬居城、篠ヶ嶺城（浜松市）等の北遠諸城の整備改修が実施された可能性もある。勝頼は、足助方面へと軍を進め、作手から野田城、吉田城へと進軍。家康も吉田城から兵を出したため、勝頼は一旦兵を引き、長篠城を取り囲むことになる。この後、長篠合戦へと突入し、鉄砲隊を組織した織田・徳川連合軍の前に、勝頼は多くの重臣を失う決定的な敗北を喫してしまった。

長篠合戦後、西遠における武田氏の影響力は急激に低下し、守りを固めるよう命じた光明城が落城したため、諏訪原城（島田市）・小山城（吉田町）・高天神城という中・東遠の諸城の防備を固めざるを得なくなった。しかし、諏訪原城は落城し、小山城も徳川軍に攻め立てられた。勝頼は救援に赴き、小山城へ入城し防御機能を高める普請を実施、併せて高天神城に兵糧を運び込んでいる。諏訪原城を奪取した家康は、大井川渡河地点を押さえるために松平家忠に命じ、城の改修を行った。家康は休むことなく、再び二俣城攻めを敢行。徳川軍は、禄方山・鳥羽山・あくら兄山・みなはら（蜷原）・和田が島に砦や陣を置き、二俣城を孤立させ遂に攻め落としたのである。

天正四年、諏訪原城に旧駿河守護職の今川氏真を入れ、本格的な駿河侵攻を宣言。二俣城の奪還により、北遠江への反撃が容易となり、犬居城の再攻撃を実施、天野氏を樽山城（浜松市）、勝坂城（浜松市）へ追い込み、信濃へと追い落とした。この時、堀の内の城山（浜松市）を築き陣所とした可能性が高い。ここに、北遠江全域の支配が完成を見た。遠江から武田軍を駆逐したものの、再度の襲来に備え、別所街道を押さえる目的で鶴ヶ城（浜松市）を改修したことも想定される。北遠支配の確立により遠江内に残る武田方の拠点は、高天神城と小山城のみとなった。二俣城奪還後、家康は馬伏塚城（袋井市）を改修し、高天神攻めの本陣とする。また、岡崎城（袋井市）や横須賀城（掛川市）を築き、高天神攻めの最前線基地として活用、併せて大坂砦を手始めに、高天神六砦（小笠山砦・三井山砦・中村城山砦・獅子ヶ鼻砦・火ヶ峰砦・能ヶ坂砦）と呼ばれる城攻めのための砦群を構築し、城を完全に包囲した。

天正七年、上杉謙信没後の後継争いである御館の乱への介入により、武田家と後北条家の同盟関係が破綻し、駿豆方面で新たな対立が生まれてしまう。勝頼は、沼津（三枚橋）に築城を開始したため、北条氏政も伊豆の諸城に防備を固めさせた。氏政はさらに泉頭城（清水町）の普請を進めることになる。同十年の武田氏滅亡までの間に、武田方の手により改修された城は多い。蒲原城、興国寺城、長久保城（長泉町）、戸倉城（清水町）、葛山《かづらやま》城（裾野市）、千福城（裾野市）、深沢城などで、いずれも武田氏の改修を示す遺構が残されている。

天正九年、遂に高天神城から降伏を伝えてきた。これを家康は拒否、城方は撃って出ざるを得なくなり、多くが討ち死にしてしまう。当時、勝頼は後北条軍と戦っており、援軍を送る余裕はなかった。高天神城という中遠江の拠点を失った武田氏は、残された小山城・滝堺城（牧之原市）を改修、防備を固めている。家康も、両城攻めのために横地城や勝間田城を改修し、中継基地として利用した可能性が高い。明けて天正十年、織田信長の甲州攻めが開始される。駿河口から徳川家康、関東から北条氏政、飛騨口から金森長近、伊那口から織田信忠と四カ所から武田領へと侵入。家康は、小山城、田中城を攻め駿府へ陣を進め、持船城を攻撃した。城主朝比奈氏は、たまらず久能城へ脱出する。北条氏政は、戸倉城に籠る武田軍を全滅させた。伊那口を進む信忠は、高遠城で激しい抵抗にあうが、その後は無人の野を進むごとく甲斐へと侵攻。駿河では、穴山信君が家康方へ寝返ったため、武田勢力は一掃され、家康も甲斐へと侵攻した。勝頼は、新築の新府城（山梨県韮崎市）も捨て山中へ逃亡するが、味方の裏切りにもあい、自刃し果て、名門武田氏は滅亡したのである。家康は、信長から駿河一国を与えられた。天下統一を目前にした信長であったが、明智光秀の謀反により本能寺で横死。上洛していた家康も、命からがら岡崎まで逃げ帰った。本能寺の変後の混乱の中、中央では羽柴秀吉が明智光秀を討ち、後継に名乗りを挙げる。対して家康は、信濃・甲斐に攻め入り二カ国を手中におさめた。甲斐の国の領有をめぐっては、北条氏と対立したが、和議が成立したため、家康領有が決定。ここに徳川家康は五カ国を領有する大大名となったのである。

今川氏滅亡から家康五カ国領有時代までの間に補修・改修された城は非常に多い。五カ国領有以後の改修は、豊臣系大名による近世化であるため、前時代の改修とは明らかに異なり、比較的改修の痕跡は判断しやすい。また、文献記録に補修・改修についての記載が残されていることもある。秀吉による天下統一以後、城は大きく形を変え、さらに境目の城や橋頭堡に使用された城の必要性が低下し廃城となってしまう。武田氏南下による様々な改修について、以下まとめておきたい。

写真４　犬居城城址遠望

遠江支配をほぼ確実にした徳川家康が、その拠点とすべく築城工事を起こしたのが城之崎城（磐田市）である。だが、普請途中で放棄し、浜松へと城を移した。現状は、市街地化によりまったく痕跡を留めていないが、絵図から今之浦の水運を取り込んだ城で、堀切と土塁囲みの曲輪が存在した可能性が高い。変わって居城とした浜松城（浜松市）は、豊臣期に大改修を受けているため、家康入国当初の姿は判然としない。引間古城の地から、中枢部を西方の台地上に移し、自然地形を巧みに取り込んだことは確実である。

北遠江の拠点・犬居城（浜松市）は、元亀三年から天正四年にかけて武田氏の手によって大改修を受けている。馬出状の曲輪や堀切から竪堀へと連続する空堀の採用、さらに横堀と大土塁を構築し防御機能を高めている。虎口部分に武田氏の特徴が見られる。犬居城にほど近い篠ヶ嶺城（浜松市）では、幅広の土橋と内枡形状の虎口と竪堀の組み合わせが見られ、武田氏による改修が施されたと考えられる。同様に、遠信国境に位置する高根城（浜松市）も、犬居城と同時期に武田氏によって改修された。城域を区切る二重堀切、三日月堀状の空堀の存在等、武田氏の築城術が判明する。中生尾城（浜松市）でも、本曲輪を囲い込む土塁や地形に合わせた二重堀切等高根城との共通点があり、元亀から天正初めにかけて武田氏によって改修されたと考えたい。

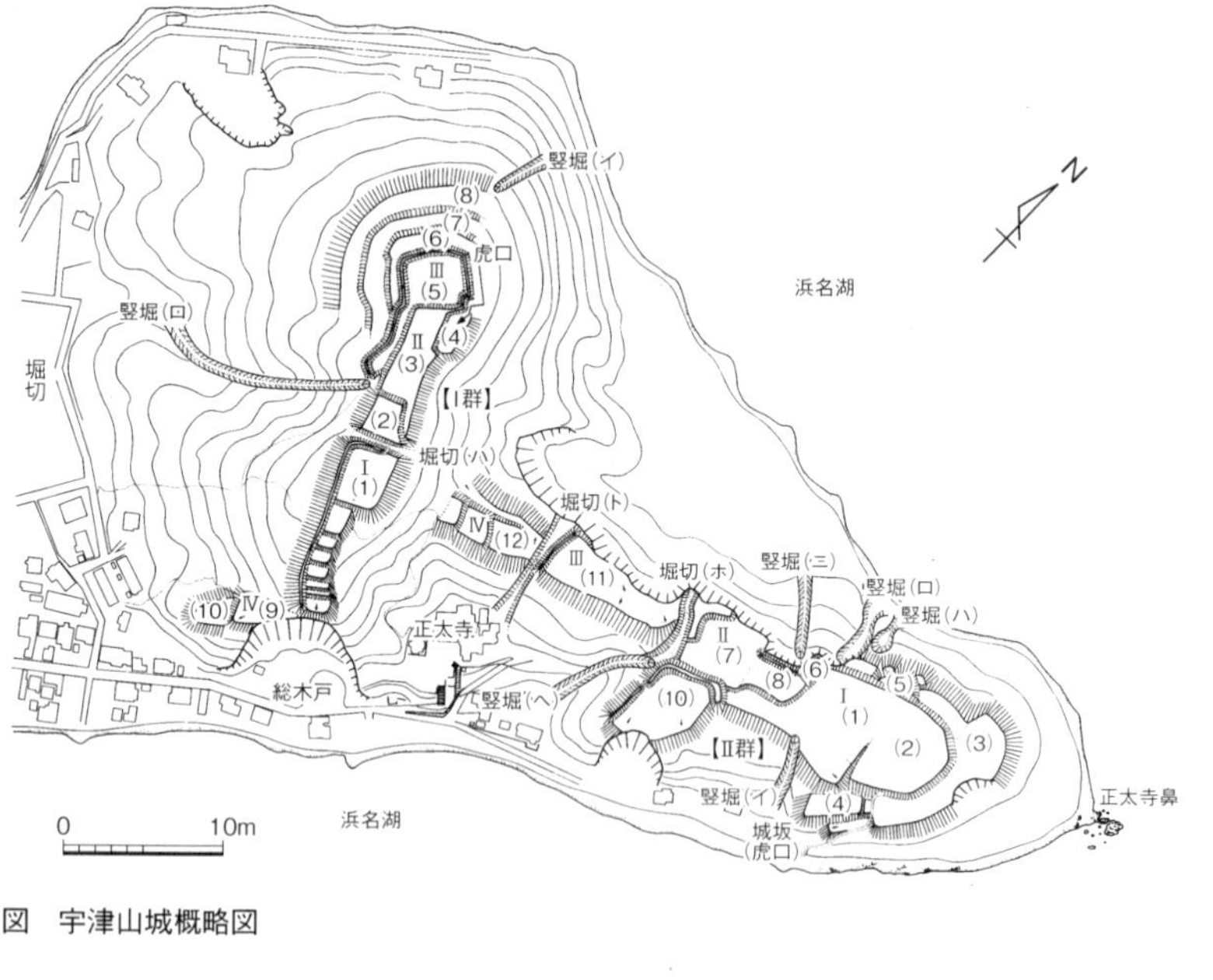

第３図　宇津山城概略図

徳川・武田両軍による争奪戦が繰り広げられた二俣城（浜松市）であるが、最終的に豊臣系大名堀尾氏の改修を受け、石垣造りの城へと変化する。しかし、その基本構造に大きな変化は無かった。武田段階に堀切から竪堀を連続させ各曲輪間を遮断、さらに中枢部を大土塁で囲んでいる。一部徳川氏による改修も含むのであろうが、防御構造についての大きな改変は認められない。武田軍の侵攻に備え元亀年間に徳川氏が改修を施した宇津山城（湖西市）には、長大な土塁と堀切から竪堀を連続させ、曲輪間を遮断する防御施設が見られる。今川段階の構造を利用しつつも、規模を拡大することで防御構造を強化した可能性が高い。宇津山城と同時期に徳川氏により築かれた城が、千頭峯城（浜松市）である。最高所から派生する各尾根上に階段状に曲輪を配置し、主要曲輪は土塁囲みとなっている。また、尾根筋を堀切によって遮断し、防御構造を強化している。

写真５　大平城の堀切

南朝方の拠点の一つであった三岳城（浜松市）は、斯波対今川による改修の後、宇津山城、千頭峯城と同時期に徳川氏が改修したと推定される。中心曲輪の東尾根続きに新たな曲輪群を造成、さらに堀切と土塁を多用し、防御強化を図っている。遠江における南朝方最後の拠点となった大平《おいだいら》城（浜松市）であるが、明瞭な曲輪群の造成が見られず、最高所から派生するすべての尾根筋を堀切によって遮断している。これは、武田軍侵攻に備え元亀年間に徳川氏が改修したもので、兵の駐屯もしくは、物見を主体とした陣としての役割が想定される。社山城（磐田市）の現状の横堀や巨大な堀切・竪堀が、元亀三年の二俣攻めに際し武田軍によって改修されたのか、二俣城奪還のため徳川家康が改修したのかははっきりしない。二重堀切の採用、大規模な横堀とそれに連続する竪堀の採用など、極めて防御構造は高い。主要部に大土塁の痕跡が見られる。

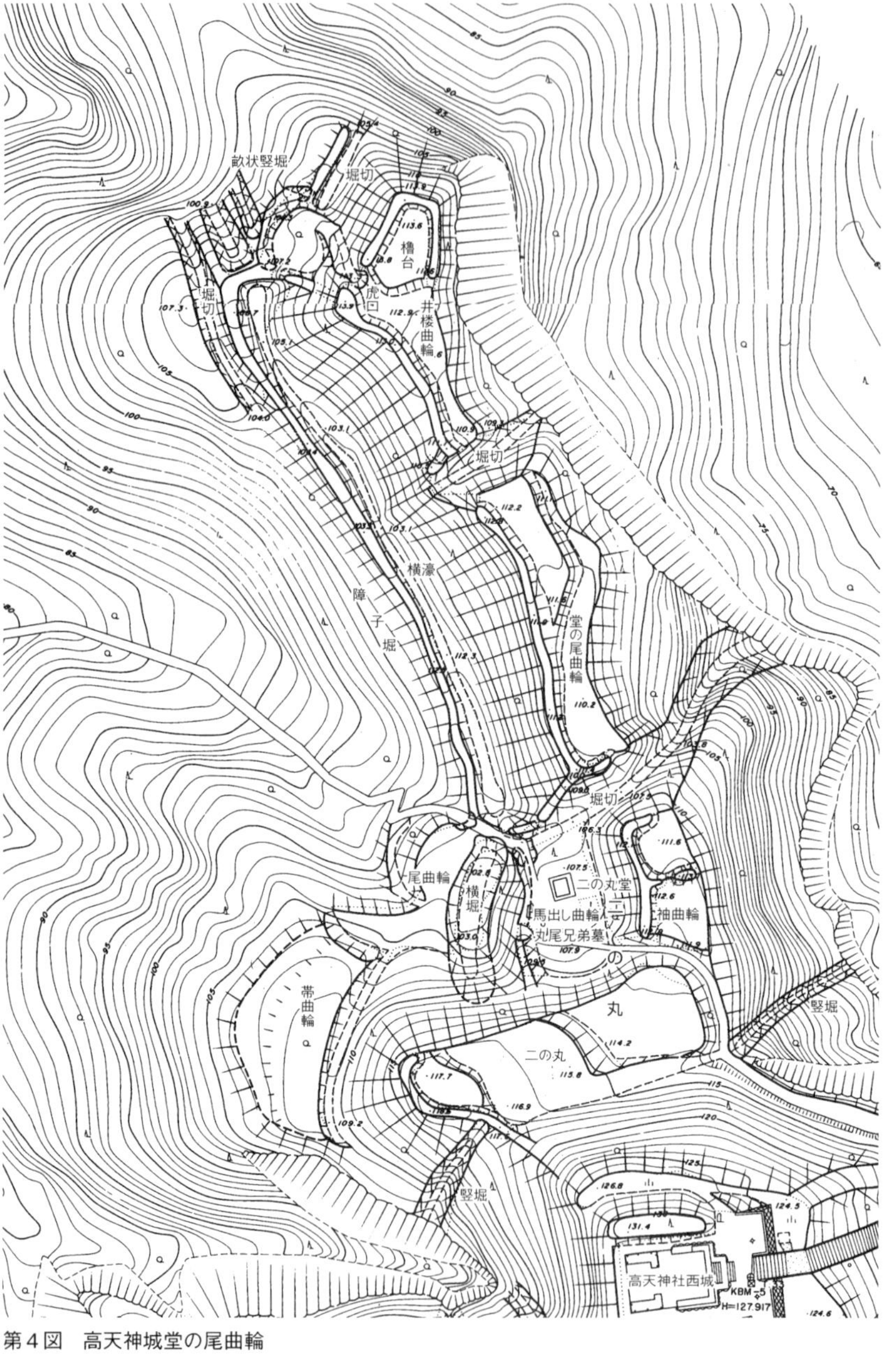

第４図　高天神城堂の尾曲輪

犬居城の対岸に位置する堀の内の城山（浜松市）に残る尾根筋を遮断する堀切は、二条が竪堀へと連続し、一条は片側のみ、もう一条は中央を土橋とし左右に竪堀が配されている。主曲輪の東西には土塁も残るが、規模も小さく隣接する犬居城との共通点も見い出せないため、徳川方の陣所が想定される。奥三河国境に築かれた鶴ヶ城（浜松市）には、主要部を囲い込む横堀、長大な竪堀が存在するなど、天正四年以降の徳川の改修が想定される。時期的には、五カ国領有時代とするのが妥当であろうか。

改修時期が特定される城が、東遠江の要衝・高天神城（掛川市）で、西の丸・二の丸・堂の尾曲輪は確実に武田勝頼による改修である。長大な横堀と土塁を採用し防御強化を施し、さらに堀切によって曲輪間を切断している。光明城（浜松市）は、江戸期に光明寺として利用されており、城郭遺構は判然としない。堀切や竪堀らしき遺構は見られるものの確実性に欠ける。武田氏が、山岳寺院を補修し城郭として利用したとするのが妥当であろう。巨大な丸馬出と広大な規模の横堀が巡る諏訪原城（島田市）は、天正元年武田氏の手によって築かれたとされる。だが、同三年には早くも落城し徳川方の城となっており、その後の改修記録も多く残る。現状の構造は、徳川氏による大改修を得た後の姿であろう。大井川の河口東岸に築かれた小山城（吉田町）は、元亀二年、徳川氏から武田氏が奪取。以後東遠江の拠点として、諏訪原落城後も持ちこたえ、同十年まで武田方の城として機能している。この間に改修が繰り返され、現状の城となったことは確実で、東側は後世の改変によって原型を失っているが、西側に巨大な三重の堀切が残る。また曲輪間には長大な横堀が二条見られる。現在城跡に復元されている丸馬出は、絵図には見られるが、発掘調査では確認されていない。小山城と高天神城の中継点として武田氏が改修を施した滝境城（牧之原市）は、二重堀切と多くの堀切によって曲輪間を遮断する構造である。

横地氏滅亡後廃城となったとされる横地城（菊川市）であるが、西の城の南側に残る堀切や土塁は、横地氏段階の遺構とするには構造が新しく、小山城攻めの際の駐屯地とするため、徳川氏が改修した可能性が高い。同様に、勝間田城（牧之原市）も、二の曲輪南側の大堀切より北側は、小山攻めの駐屯地とするため徳川氏の大改修を得た後のものと判断される。対武田のための陣城はかなり残っており、徳川の特徴も見て取れる。二俣城攻めの際築かれたのが、毘沙門堂砦（浜松市）で、天正三年に築かれ、土塁と堀切が見られる。同時に築かれた和田ヶ島砦（浜松市）にも堀切が残る。馬伏塚城（袋井市）は、天正二年以降、高天神攻めの家康陣所として改修。大堀切と曲輪を囲む土塁が見られる。物資集散と本隊の駐屯が目的と考えられる。馬伏塚城改修後に築かれた高天神攻めの前線基地が岡崎城（袋井市）で、横堀が採用され、主要部は土塁で囲い込まれている。尾根筋を遮断する堀切も見られる。高天神城包囲網のうち、最も新しい時期に改修を受けたのが小笠山砦（掛川市・袋井市）で、永禄年間の掛川攻めで利用した砦を、天正七年に改修した。二重堀切と広大な規模の横堀を採用、土塁と堀切で防御機能を高めている。高天神六砦の中では、最大規模を誇っている。

後北条氏によって、天正七年に改修された記録が残る泉頭城（清水町）は、現在公園となっており、わずかに空堀が残る程度でしかない。玉川・小泉川によって形成された自然地形を利用した城である。同じく、後北条氏の改修を受けたのが蒲原城（静岡市）で、駿河を追われた今川氏真の居所として改修した後も、武田軍の侵攻に備え改修が続けられたと考えられる。後北条氏の改修は、西側曲輪群の増設と推定され、翌年武田氏の手に落ちる。駿河と甲州へ向かう街道を見下ろす要衝であるため、武田氏も重要視し、改修が実施されたと思われる。堀切や土塁の拡張が武田氏の手による可能性は高い。

東部地域における武田氏の改修が確実な興国寺城（沼津市）であるが、慶長十二年まで存続するため、度々改修され、武田期の改修は判然としない。発掘調査で二の丸内で馬出を検出、武田期の城は現在より狭い城域であった可能性が高い。長久保城（長泉町）も、元亀二年武田氏の領有する城となったが、天正十年徳川家康に帰属し、松平家忠が修築した記録が残る。発掘調査で畝堀が検出され永禄十一年から元亀二年の間に後北条氏が改修したことが判明。また、丸馬出も確認されており、武田氏の手によることが推定される。現存する大規模な土塁は徳川氏の手によった可能性が高い。戸倉城（清水町）は、永禄十二年から天正十八年まで後北条氏が領有（天正九年〜十年まで一時武田氏が支配）した。曲輪間を遮断する堀切が残るが、後北条・武田のいずれとも判断しがたい。

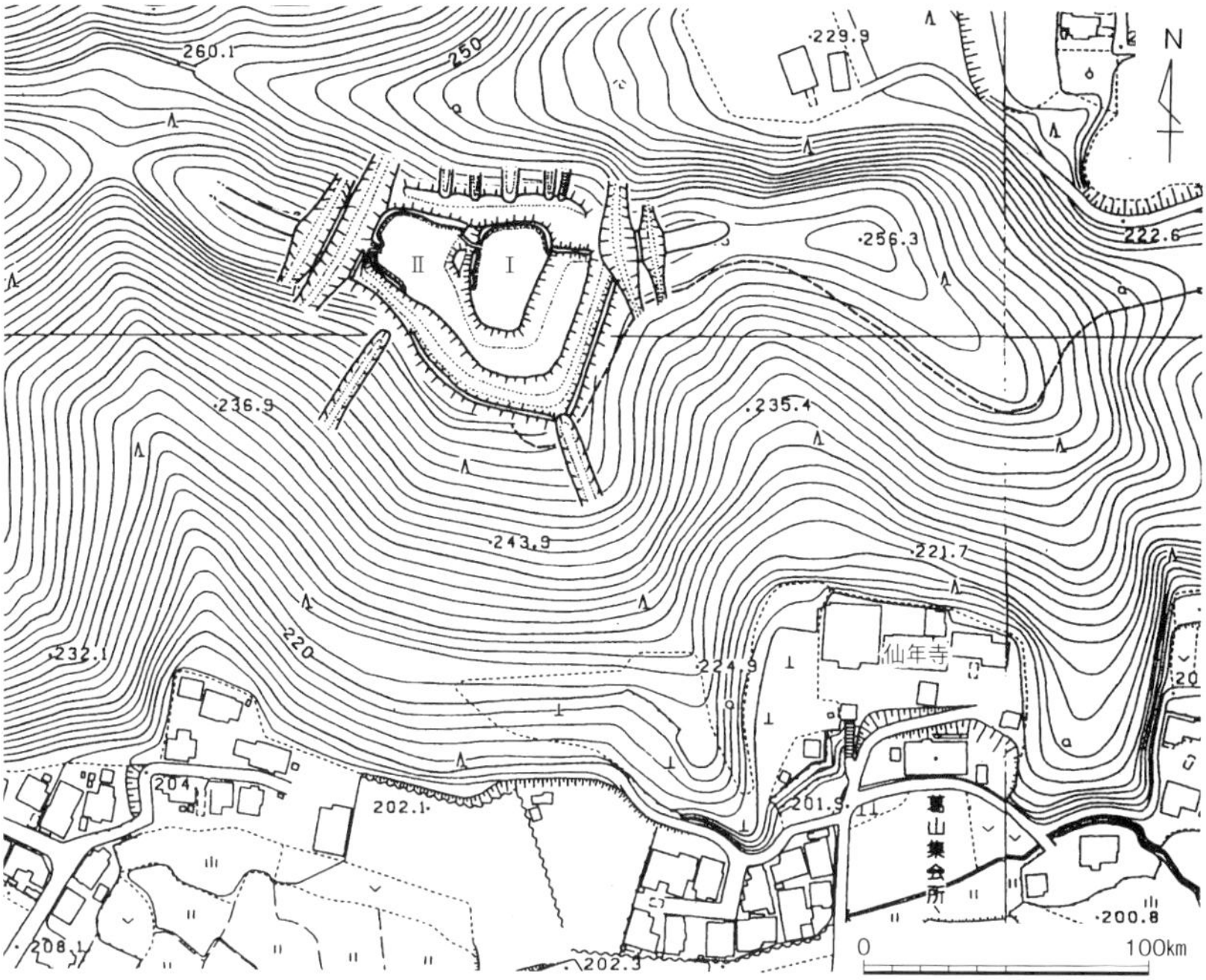

第５図　葛山城概略図

元亀二年より天正十年まで武田氏の城として機能した葛山城（裾野市）は、この間に改修が繰り返されたと考えられる。二重堀切や横堀は武田氏の手によったものであろうが、主要部北側の五条の連続竪堀の存在が異彩をはなっている。葛山城と同時期に武田氏が改修したと考えられる千福城（裾野市）にも、二重堀切や横堀が採用され、さらに巨大な堀切から竪堀への連続が見られる。天正十八年の小田原攻めに際し、徳川方の手が入った可能性も考えられよう。現状の深沢城（御殿場市）は、永禄末年から天正十年まで武田氏が領有し改修を施したと考えられる。蛇行する馬伏川と抜川間に堀切を配することで防御を高めている。馬出状の遺構も四カ所に見られる。幅二〇メートルを超える巨大な空堀は、天正十八年の徳川氏による改修の可能性も想定の範囲である。

以上、徳川・武田・後北条が争奪を繰り広げた期間に改修された主な城を挙げてみた。確かに、武田氏、北条氏特有の改修が指摘される。ただ、武田氏特有と考えられる技術を徳川氏も採用しており、確実に武田氏と特定されるものについては、明らかに小規模である。

五　豊臣秀吉来襲に備えた後北条氏の改修

織田政権の後継者として関白太政大臣となった秀吉は、朝廷より豊臣の姓を与えられ、豊臣秀吉として統一事業を進め、天正十五年（一五八七）九州を平定。残すのは、小田原の後北条氏と奥州のみとなった。関東の反後北条側の諸将は、秀吉に恭順の意を示しつつあり、後北条氏は孤立化していった。同年、秀吉は「関東・奥州惣無事令」を発した。五代目を継いだ氏直は、韮山城主の北条氏規を秀吉の元へ派遣し交渉を進めるが、父氏政らの強硬論者も多く不調に終わってしまう。この頃から、氏政や氏照・氏邦らの強硬論者は、城々の改修を進め、大量の武器製造をするなど臨戦態勢を整えていった。同十七年、秀吉の仲介で真田氏との間で決着を見た沼田領問題であったが、突如真田領に侵入したため、秀吉が激怒、ついに北条攻めが決定する。

後北条氏は、信玄・謙信ですら落せなかった難攻不落の居城・小田原城を中心に領国内の一〇〇カ城に及ぶ城や砦に籠城し、豊臣軍を分散させ、兵站線を延ばし各個撃破するという完全な籠城作戦をとることとなった。後北条氏の防御地点は箱根峠で、最前線となる北の山中城（三島市）から南の韮山城（伊豆の国市）まで、山中・鷹之巣（神奈川県箱根町）・足柄（小山町）・浜居場（神奈川県南足柄市）・河村新城（神奈川県山北町）の城砦を並べ防御線を布いていた。秀吉来襲に備え整備改修された県内の城は、戸倉城、長浜城（沼津市）、足柄城（小山町）、山中城、韮山城、狩野城（伊豆市）、下田城（下田市）等で、中でも山中城、韮山城、下田城の三城が大改修を実施している。

後北条氏と領国を接する徳川家康は先鋒を命じられ、兵三万を派遣。東海道を北上した豊臣軍は総勢十四万となり、途中での兵站や休憩、さらに街道の要衝を見張るために東海道筋や東駿河諸城の改修を実施したことは間違いない。改修を施し、豊臣の大軍に備えた後北条方であったが、二大拠点の一つ山中城は半日で落城、もう一つの拠点・韮山城も周囲の山々に築かれた陣城によって、完全に封じ込められてしまう。下田城では、わずか六百騎程の兵力で、一万四千の兵を敵にまわし一カ月以上にわたって激戦を展開した。周辺諸城が次々と落城した上、眼前に見たことも無い城（石垣山城）が出現したためか、遂に氏政・氏直父子も降伏。ここに秀吉による天下統一が完成したのである。

この小田原攻めにあたって改修された後北条方の城の代表が、山中城（三島市）で、街道を城内に取り込み、南北に長く曲輪を配置している。主要部は、堀障子で囲い込み、土塁によって曲輪防備を強固にした後北条氏の土造りの最高到達点を示す城である。小田原攻めで最後まで落城しなかった韮山城（伊豆の国市）は、天ヶ岳、龍城山（主要部）、御座敷の三地区から構成される。土塁や堀障子を持つ砦群を持つ天ヶ岳が主要部南東方向を固めていた。主要部との間には巨大な三条の堀切が存在、さらに御座敷西側には二重三重の堀が廻らされていた。発掘調査で西側の堀が堀障子であることも判明している。箱根越えを阻止する目的で改修されたのが足柄城（小山町）で、尾根上を利用し五つの曲輪を連続させ、街道を押さえ込んでいる。絵図等では、全ての曲輪が土塁囲みで、堀切によって独立した曲輪として描かれているが、現状はわずかな高まりが残る程度である。発掘調査により、堀障子を壊して堀切を造成していることが判明し、豊臣襲来に備えた大規模な改修が確実となった。伊豆水軍の拠点として築かれたのが下田城（下田市）で、長大な規模の畝を持つ

写真６　山中城　西櫓と西の丸間の障子堀

写真７　下田城、本曲輪南の堀障子

横堀によって囲い込まれ、幾筋もの竪堀も残る。海岸線に突出した崖上に位置し、自然の要害でもある。海を取り込んだもう一つの城が長浜城（沼津市）で、天正七年に重須湊の防衛拠点となっていた記録が残る。海岸線に突出した丘陵上に築かれ、堀切や竪堀、土塁が存在。岩盤を掘り込んだ堀障子も確認されている。この他、後北条氏は、永禄十二年から天正十八年まで戸倉城（清水町）を領有（天正九年～十年まで一時武田氏が支配）した。曲輪間を遮断する堀切が残るが、北条・武田のいずれとも判断しがたい。狩野城（伊豆市）にも、大規模な堀切と連続する竪堀が残るが、豊臣襲来に備えた改修かは判然としない。主郭に残る土塁も大規模で、天正年間半ば以降の改修と考えられる。

対して、小田原攻めのために徳川方の手による改修を受けたと考えられるのが、蒲原城（静岡市）で、山麓部に平場を設け駐屯基地として再利用された可能性がある。長久保城（長泉町）では、小田原攻めの軍議が開かれており、再利用されたことは確実で、武田氏の改修に手を入れ、土塁や堀切を巨大化する改修があったと推定される。横堀や巨大な堀切から竪堀への連続が見られる千福城（裾野市）も、徳川方の手が入っていると考えられる。武田氏の改修を受けたとされる深沢城（御殿場市）も、最終的に堀切を巨大化し、より防御性を高めたのは、小田原攻めのためとも考えられよう。

後北条氏による改修は、堀障子が多用されているため比較的判別しやすい。堀切を埋めて改修した痕跡等も複数の城で確認されており、豊臣襲来に備えた改修が大規模であったことが窺い知れる。徳川の改修は、堀切や土塁の大規模化で対応したと考えられる。

まとめ

静岡県内における城の再利用は、大きく見れば四時期が想定される。最初の改修は、遠江をめぐる斯波氏対今川氏の抗争の折で、永正年間（一五〇四～一二）のことになる。後の改修もあり、室町期の姿を留める城は少なく、現状では、その痕跡を見出すことは困難である。推定でしかないが、大規模な普請を伴う改修ではなく、作事のみの補修で戦闘に備えたとするのが妥当であろう。

次いで、今川氏滅亡までの過程において、今川・徳川・武田各氏による再利用が挙げられる。永禄三年

（一五六〇）の桶狭間合戦後から、氏真が遠江を追われ家康領国となる永禄十二年までの間に今川・徳川両氏によって改修が実施された城と、駿河に侵入し駿河をほぼ制圧する元亀二年（一五七一）までの間に武田氏が改修した城及び武田侵入によって後北条氏が改修した城とがある。これらの城々は、その後続く徳川・武田・後北条三者の対立の中で、より大きな改修が施されており確実にこの時期を特定するのは難しい。永禄後半期の特徴を残していると思われる城が、家康によって築かれた掛川城攻めの砦群である。特に杉谷城は発掘調査も実施されており、この時期の城の特徴を示す事例として捉えられる。防御施設の基本は、土塁と堀切で、それは戦闘正面が想定される部分にのみ使用されている。確実に曲輪として造成されたと考えられるのは主要部のみで、周辺地形は自然地形を残している。『武徳編年集成』等によれば「味方ノ六備掛川ノ城下ニ迫リ御旗本ハ相谷ニ屯ヲ設ケ玉フ…」、「桑田村ニハ酒井忠次、石川家成柵ヲ結テ守リケルガ…」、「金丸山ノ附城ニハ本丸ニ久能宗能同二ノ丸ニ同佐渡宗憲、本間五郎兵衛長秀ヲ籠置ル」とあり、掛川攻めで築かれた砦群は、駐屯基地とするため、柵囲いで防備した砦、本丸・二の丸というように、複数の曲輪が存在した砦と、目的や場所によって、その構造や規模がかなり異なっていたことが判明する。だが、大規模な普請が伴う工事を実施した城ではなく、自然地形を巧みに利用しつつ、戦闘正面のみ土塁や堀切を設け、その他は柵等で防備を固めていた姿が浮かび上がってくる。今川氏真が家康の侵攻に備え改修を施した浜名湖北岸の城や、駿豆国境に武田氏や後北条氏が整備した城も同様で、この時期の改修は、大規模な普請を伴うものは少なく、極めて小範囲（主要部のみか）の普請と、柵等の作事による改修が主であったと想定されよう。

最も大きな改修が施されたのが、元亀年間（一五七〇～七三）から天正十年の本能寺の変後の混乱の中で徳川家康が五カ国領有を確実にするまでの期間のことであった。この間、遠江・駿河をめぐり徳川・武田・後北条氏の三者が大規模な軍事行動を繰り返しており、城も大軍の侵攻に備えるために大きな改修が施されている。まず、南下をめざす武田軍に備えた家康の整備改修である。この時期の整備改修痕が残る城として、宇津山城、三岳城、千頭峯城、大平城が挙げられる。これら浜名湖北岸の城は、武田軍の侵攻を想定して徳川軍が元亀年間に改修した可能性が高い。特徴として、前段階に比較し、堀切・土塁の規模が大型化(高さ・長さ)していること、最高所に主要部を配置し、そこから派生する尾根筋上に階段状の曲輪を設け、さらに尾根筋ごとに遮断する堀切が存在する。また、主要曲輪の周囲を土塁によって囲い込むことも実施されている。柵等の作事に伴う改修については判然としないが、普請が大規模している以上作事についても対応がなされたと考えるのが妥当であろう。

この間、遠江・駿河に進出した武田軍は、大規模な改修を実施している。前述の徳川軍の改修に比較しても、大掛かりな改修となっている。いずれも、信玄亡き後の勝頼の代になってからの改修と推定され、勝頼が遠江・駿河の国境を中心に城郭整備を実施し、領国の強化と防備に務めたためと理解される。時期的には、天正初年から十年までの間のことになる。代表的な事例として、北遠江の高根城・犬居城・二俣城、中遠地区では高天神城、東遠では小山城・諏訪原城が挙げられる。駿河では、丸子城・小長井城、東駿河では興国寺城・葛山城・千福城等になる。武田軍の手によったことが確実な城は、それまでの今川・徳川両氏が築いた城とは、まったく異なる改修が施されている。最も特徴的なのが、横堀の採用である。主要部を囲い込むような長大な横堀が配された城が多い。また、城域を区切るための二重堀切の採用、横堀もしくは堀切から竪堀へと連続させるケースも見られる。これらの空堀は、いずれも土塁とセット関係になっており、極めて高い防御構造を誇る城が出現したことに

第6図　西部主要城郭と交通路

なる。虎口における丸馬出の採用、土橋による曲輪間の接続や山城における横堀と竪堀の相互補完的利用も特徴として捉えることが可能である。武田氏の進出に伴い、県内城郭は極めて高い防御施設を持つにいたったことは事実である。

天正三年、長篠合戦で勝利した徳川家康は、次々と武田氏に奪われた城を奪還していく。武田方の城を奪還した徳川氏は、それまでとは異なる城を築き上げている。明らかに武田方の城を奪還したことによる影響で、巧みに武田軍の持つ防御機能を取り入れていったのである。岡崎城や社山城、小笠山砦に見られる横堀は、その最たるものでこの時期から徳川氏による横堀使用が恒常化してゆく。この時期の徳川氏の改修の特徴として、城の再利用はするものの全域に渡る再利用ではなく、部分的な機能拡充で対応したことが判明する。小山城攻めの中継地として利用された可能性が高い横地城・勝間田城では、兵の駐屯を目的とした曲輪の確保、武器や兵糧の補完を目的とした土塁囲みの曲輪の採用、併せて礎石建物の採用も特徴である。いうなれば、機能分化を進めた再利用が実施されてきたということになろう。徳川氏による再利用は、武田軍による改修を踏襲しつつも、その大型化を進めることで、より防御機能を上げているのが特徴である。諏訪原城のように、堀切の拡大と拡充、丸馬出の拡大と拡充、さらに大外に曲輪を増設するなど、巧みに武田氏の技術を取り入れていった。

このように、武田進出から滅亡までの期間に、県内城郭は大きくその姿を変え、極めて高い防御機能を持つ城が誕生する。ただ、武田氏の城を接収したことによって徳川氏がその技術を巧みに取り込んでいるため、どちらが築城主体なのかがはっきりしないケースも見られる。例えば、社山城に見られる特徴的な横堀の配置や、諏訪原城の戦闘正面に設けられた効果的な丸馬出の採用などである。発掘調査の進展によって徐々に判明してきているものの、興国寺城のように決定打になるには至っていない。今後の大きな課題の一つとして捉えなくてはならない。この間に、駿豆国境を固めるために、後北条氏も城の整備改修を進めているが、具体的な改修状況はよく解らない。

戦国期における最後の改修は、豊臣秀吉襲来に備えた後北条氏による改修である。山中城・韮山城・下田城の三城がその代表である。山中城は、本丸を中心にそこから派生する尾根筋に曲輪群が展開する城であるが、街道を城内に取り込み尾根上から攻撃を仕掛けることを狙ったため、曲輪群を横長に展開せざるを得なかった。切岸で造成された曲輪の前には、後北条氏特有の堀障子が連なり、主要部にも曲輪を取り囲むように、大規模な堀障子と土塁が巧みに配置されている。山中城に比較し、より高い丘陵上に築かれた下田城もほぼ同様な構造を呈しており、最高所から派生する尾根筋上に曲輪を、それを取り囲むように長大な堀障子を持つ横堀が廻らされている。また、曲輪間を遮断するように堀切が配されているが、これは丘陵上に築かれたために、より強固な防御ラインを構築するための手段の一つと理解される。最も、防御機能の拡充が図られたのが韮山城で、主要部のみでも十分な防御構造を持っているが、その背後の山に砦群を構築し、さらに防御を固め、山麓曲輪群の防御のために何重もの堀を廻らしている。これらの堀は、いずれも畝を持つ堀障子と考えられ、後北条氏の特徴を示す防御施設として理解される。豊臣襲来に備えた大改修の痕跡が、足柄城で確認されている。旧来の堀障子を埋め立て、新たに大規模な堀切（竪堀）を構築し、より強固な遮断線を構築していることが判明した。豊臣の大軍に備え、遮断線の大型化を図る必要性が生まれていたことを示す事例であろう。

このように、静岡県内における城の再利用は、大きく四時期として捉えることが可能である。その中でも、天正期の改修が最も大規模であり、かなり大掛かりな普請が伴う改修であったことが判明する。天正期以前の、今川氏や徳川氏による改修は、旧来通りの土塁や堀切、柵の増設という改修であったが、武田氏の侵攻によって、強固な防御施設を持つ城へと変化していった。これは、領国境、領国外に拠点とするために築かなければならなかった武田方の事情によるもので、それまでの静岡に見られない高度な防御施設を伴う改修だったのである。武田方の拠点を奪還することで、高度な防御施設は徳川方の手に落ち、徳川軍も巧みにそれを取り入れていった。静岡だけに限ってみるなら、武田氏や後北条氏という戦国大名は、それぞれがかなり特徴的な築城技術を有していたことが判明する。それらの技術を習得した徳川氏が、より強固な防御施設構築のための工夫を重ね、より大型化させた城を普及させたことが、残された城から判明する。

参考文献

小和田哲男編　一九七九『日本城郭大系』9静岡・愛知・岐阜　新人物往来社

静岡県教育委員会編　一九八一『静岡県の中世城館』

村田修三編　一九八八『図説中世城郭事典(二)』新人物往来社

小和田哲男監修　一九九二『図説　駿河・伊豆の城』郷土出版

小和田哲男監修　一九九四『図説　遠江の城』郷土出版

加藤理文　一九九六「二俣城・鳥羽山城の創築・修築・廃城」『研究紀要』5　静岡県埋蔵文化財調査研究所

静岡県　一九九七『静岡県史』通史編2中世

関口宏行　一九九八「伊豆の戦国城郭―後北条氏の城郭の解明―」『伊豆歴史文化研究』創刊号

加藤理文　二〇〇二「千頭峯城の再検討」『考古学論集　東海の路』同刊行会

加藤理文　二〇〇四「遠江・馬伏塚城の再検討」『静岡県埋蔵文化財調査研究所設立20周年記念論集』　静岡県埋蔵文化財調査研究所

松井一明　二〇〇五「遠江の山城における横堀の出現と展開」『森宏之君追悼城郭論集』織豊期城郭研究会

浜松市博物館　二〇〇六『はままつ城めぐり』

松井一明　二〇〇七「浜名湖北岸の城館跡」『浜松市博物館報』第20号　浜松市博物館

天竜区魅力ある区づくり事業実行委員会　二〇〇八『北遠の城』

加藤理文・中井均編　二〇〇九『静岡の山城ベスト50を歩く』サンライズ出版

山城に出現した館

―出土遺物より―

松井一明

はじめに

山城の発掘調査を行うと、遺物の多く出土する山城と、ほとんど出土しない山城が存在する。また、同じ山城内部でも遺物の出土する曲輪と、ほとんど出土しない曲輪が存在することが明らかとなってきている。遺物の時期も伝世期間があるにしても、従来知られている山城の形態と合わない古い時期の遺物を出土する山城が確認されるなど、山城出土の遺物についての様々な検討課題が浮かびあがってきている。

この遺物の出土状況の違いは、一つには戦闘色の強い曲輪、居住空間を伴う曲輪が存在するなど山城内部での曲輪の性格の違いがあること。二つめには、山城が利用されたのが改修のため一時期ではなくて複数回におよび、より戦闘色が強く短期間しか利用されない時期の遺物は出土量が少ないなどの理由が考えられる。とくに、山城の中に居住空間があるということは、平地に存在した武士の館の機能を山城が持っていた可能性を示しており、戦闘目的のみから語られることが多かった山城の性格について新たな視点を示している。

さらに近年、関東の埼玉県杉山城の発掘調査の成果として、十六世紀後葉の進化した形態を示す山城なのに、出土した遺物の時期は十五世紀末葉～十六世紀初頭であったため、山城の形態と出土遺物の時期が合わない問題が浮上した。これは所謂杉山城問題と称され、関東では考古学の分野から山城を語る上での検討課題となってきている。この問題については、筆者と中井均氏は山城が複数の時期にまたがり利用されている点があることを前提とし、遺物の主体的な時期である十五世紀末葉～十六世紀初頭の上杉氏段階に最初の築城時期があり、十六世紀後葉になると豊臣秀吉の関東攻めに参戦した前田利家の陣城として大規模な改修を受け、地表面観察では上杉氏段階の遺構をほとんど残していないとの指摘をしたが（中井二〇〇九）、関東の研究者からは賛同を得ることはできなかった。この点についても静岡県側のいくつかの発掘調査された資料を使い考察を試みたい。

館の存在を示す遺物としては、希少価値があり平地の武士の館からも多数出土する中国産磁器、床の間飾りに使用される威信財《いしんざい》になると言われている壺、瓶類、大皿などの存在、茶道具である瓦質風炉や、高床住居で使用される瓦質火鉢、式三献《しきさんけん》などの武家の儀礼に使用される素焼きの小皿であるかわらけについて注目し、山城内部に出現した館の存在について考えてみたい。

一　事例検討

静岡県内で発掘調査されたなかで遺物がある程度まとまって出土した山城・平山城をあげると、浜松市笹岡城、同高根城、袋井市久野城、掛川市高天神城、同殿谷城、同掛川城、牧之原市勝間田城、静岡市蒲原城の八城がある。個別に事例検討を進めたい。

浜松市笹岡城（第1図）

笹岡城は浜松市天竜区の二俣川西岸に所在し、現在の本曲輪部分は天竜区役所になっている。立地は、本曲輪が段丘地で、背後の裏山にも曲輪を設けた形態の山城である。発掘調査は段丘地に所在する本曲輪部分を中心として実施され、遺物も本曲輪から出土したものである。発見された主な遺構は、掘立柱建物と、井戸などである（天竜市教育委員会一九七二）。従来の説だと笹岡城の出土遺物は十六世紀後葉（大窯3期）までで、織豊系城郭である堀尾氏により二俣城や鳥羽山城が改修された後は廃城になると考えられてきた（足立順司一九八六）。

遺物は本曲輪を中心に十五世紀末葉〜十六世紀初頭（古瀬戸後Ⅳ期〜大窯1期）の瀬戸産陶器が主体であるが、少量の十六世紀後〜末葉（大窯3〜4期）の瀬戸産陶器も確認されている。中国産磁器も前者に伴う青磁碗（B4類）や稜花皿、染付皿（B群）と、後者に伴う染付皿（E群）が存在する。中国産磁器の比率は瀬戸製品に対して三二％になる高い比率を示している。出土量から見ると遺物の大部分の時期は十五世紀末葉〜十六世紀初頭である。かわらけは、遠江中部系の底部に糸切を残すろくろ

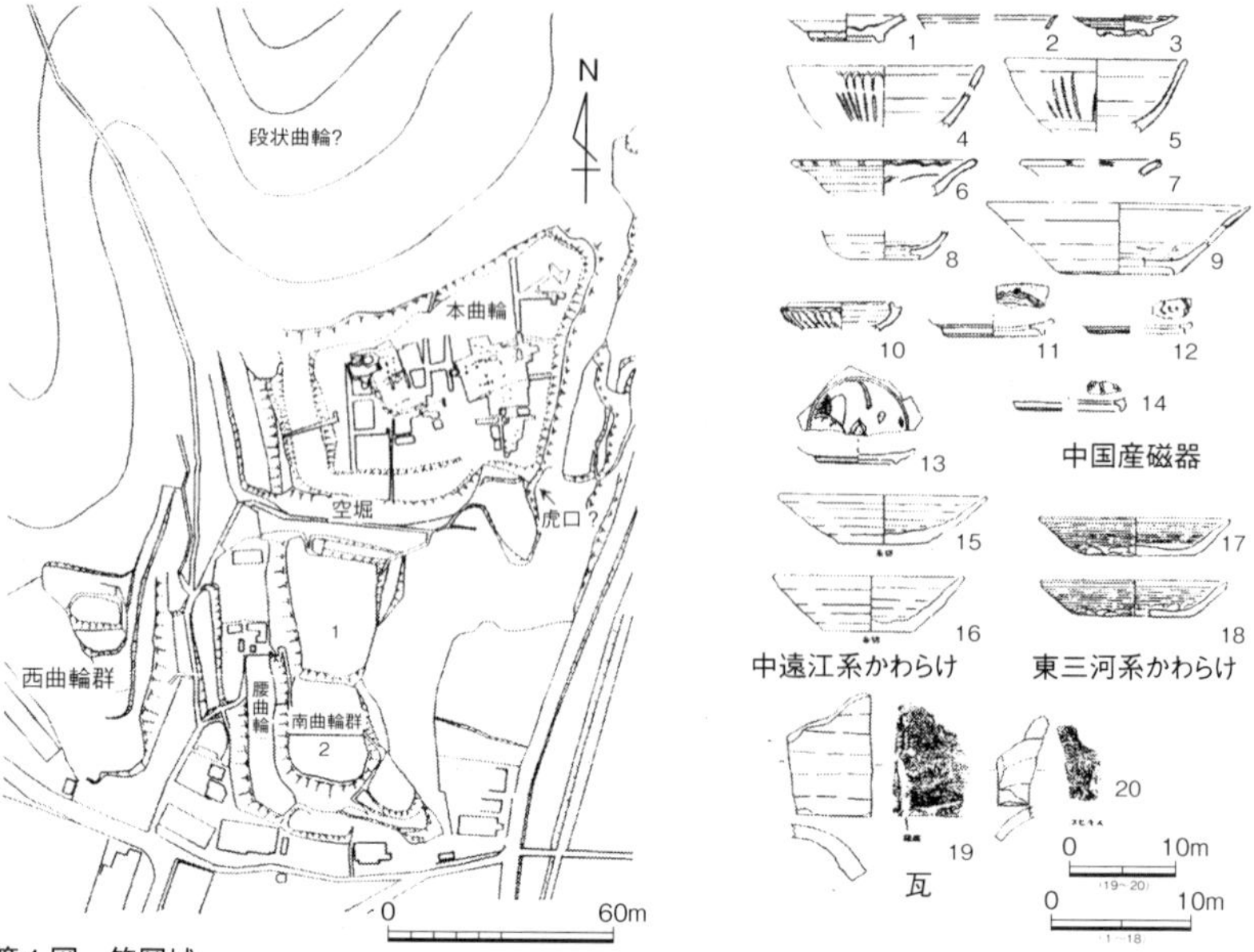

第1図　笹岡城

製作のものと東三河系の手づくね製作の二種類が確認され、前者が八〇%以上の比率で出土している。かわらけは遺物の全体量の八〇%以上を占めていることから、本曲輪で武家の儀礼が行われた館が存在していたのであろう。おそらくこの時期の笹岡城の姿は、館の機能を持つ本曲輪を中心として、裏山や南曲輪群に戦闘的な曲輪を配置した構造になっていたと思われる。

注目される遺物として織豊系城郭から出土する丸瓦(コビキA)がある。この瓦の存在から、織豊期には廃絶したと見られていた笹岡城ではあったが、天正十八(一五九〇)年に豊臣系大名である堀尾氏により改修された二俣城と鳥羽山城に関係した何らかの施設が笹岡城にも存在していたことが判明したのである(久野・松井二〇〇八)。つまり、本曲輪を中心とした山麓部の曲輪については、堀尾氏の家臣などの屋敷地として再利用されていた可能性を指摘できるのである。

このように笹岡城の出土遺物から、十五世紀末葉～十六世紀初頭と十六世紀後葉の最低二時期の利用があることが明らかとなったのである。

浜松市高根城（第2図）

高根城は天竜川の支流である水窪川の上流域で水窪の市街地の入口、西岸の山上に立地する山城である。城跡は現在建物や門、柵などが復元され、静岡県内では数少ない完全復元で整備された山城となっている。

発掘調査はほぼ全部の曲輪でなされ、遺物のほとんどは本曲輪出土のものである。遺構は掘立柱建物のみの時期と、掘立柱の井楼櫓、倉庫と見られる礎石建物、礎石と掘立柱形式の門、柵列などの組合せになる二時期の遺構が確認された。二の曲輪、三の曲輪からは建物遺構は検出されていないこと、遺物もほとんど出土しないので、居住空間ではなくて、戦闘的な曲輪であったことが判明した（水窪町教育委員会一九九四～二〇〇〇）。

遺物の時期は、十五世紀末葉～十六世紀初頭（古瀬戸後Ⅳ期～大窯１期）が大半で、少量の十六世紀中～後葉（大窯２～３期）の遺物が出土している。

前者の時期に伴う中国産磁器は、青磁では蓮弁碗（Ｂ・Ｃ類）、稜花皿、白磁皿（Ｃ類）、染付皿（Ｂ・Ｃ類）、後者の時期に伴うものはなかった。中国産磁器の比率は瀬戸産陶器に対して三〇％になる高い比率を示している。

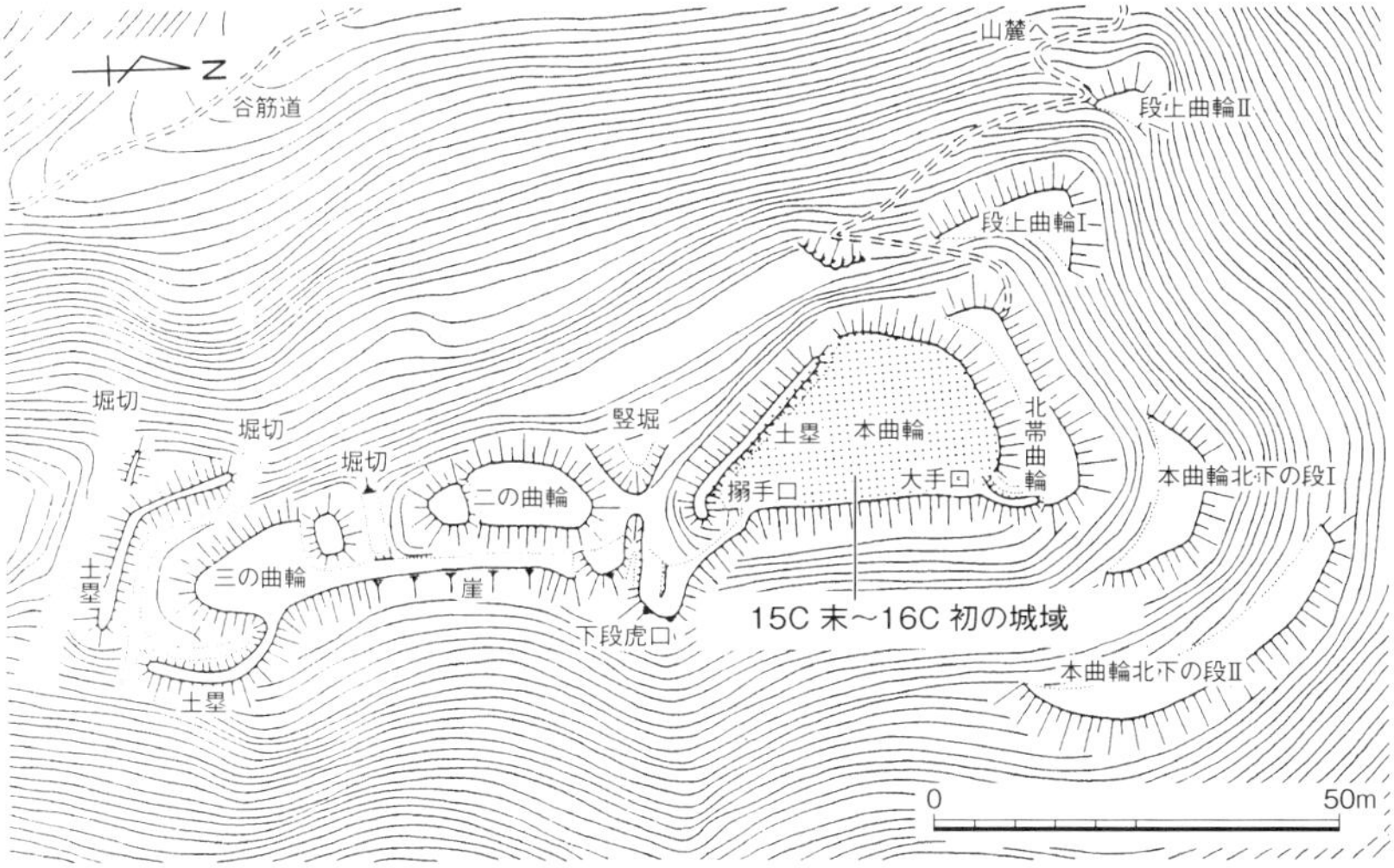

第２図　高根城

注目されるのは常滑産の大甕十三世紀（5型式）に遡るものが含まれ、おそらく二〇〇年近く耐久財として伝世したものが持ち込まれたと推定される。また、瀬戸産の壺・瓶類のなかにも十四世紀代（古瀬戸中期）に遡るものがあり、これも伝世品と考えられ、国産品ながら館の床の間に飾られた威信材ではないかと考えたい。なお、高根城からは中国産陶磁器の威信財は出土していない。さらに、平地の館からも出土する瓦質風炉（茶道具）も見られ、これらの遺物から本曲輪に館となる建物が存在していた可能性が指摘される。ただし、かわらけの出土点数は一五点で全体量の一六％と少ない。

十六世紀後葉の時期の遺物は、陶磁器類はほとんどなく、かわらけと内耳鍋、常滑産大甕で、居住空間があったとは思えない組成に大きく変化している。

このように、高根城では十五世紀末葉～十六世紀初頭に水窪地域を支配した領主の奥山氏が、本曲輪に掘立柱建物の館を建て、それ以外の曲輪はまだなかったと推定される。ただし、かわらけの出土量が非常に少ないため、この時期の館に儀礼空間があった可能性は低い。

十六世紀後葉になると武田氏の勢力がこの地にも及び、本曲輪に井楼櫓、礎石建物である倉庫や門、建物がない戦闘用の二の曲輪、三の曲輪、二重堀切などが新たに造られ全面的な改修が加えられた。武田氏の城郭の特徴である二重堀切の存在から、徳川氏に対する武田氏方の城として改修されたのであろう。この時期の遺物の出土量は極端に少なくなるため、短期間使用された戦闘用の山城としての機能に変化したことを示している。

袋井市久野城（第3図）

遠江中部の原野谷川の北岸に位置し、戦国時代の東海道を監視するための平山城である。久野城は九次にわたる発掘調査が行われている。現在は市指定文化財の史跡公園として整備され、自由に散策することができる。

久野城の存続時期は、戦国時代はもとより織豊期から江戸前期まで継続する城郭で、江戸前期に大規模に改修されていることが発掘調査の結果から明らかとなった（袋井市教育委員会一九九〇～一九九三・二〇〇八）。

築城初期の遺物がまとまって出土したのは本丸の曲輪に限られる。出土した遺物は、十五世紀末葉～十六世紀初頭（古瀬戸後期～大窯1期）の製品が主体で、中国産磁器、常滑産大甕、内耳鍋、かわらけが出土している。中国製

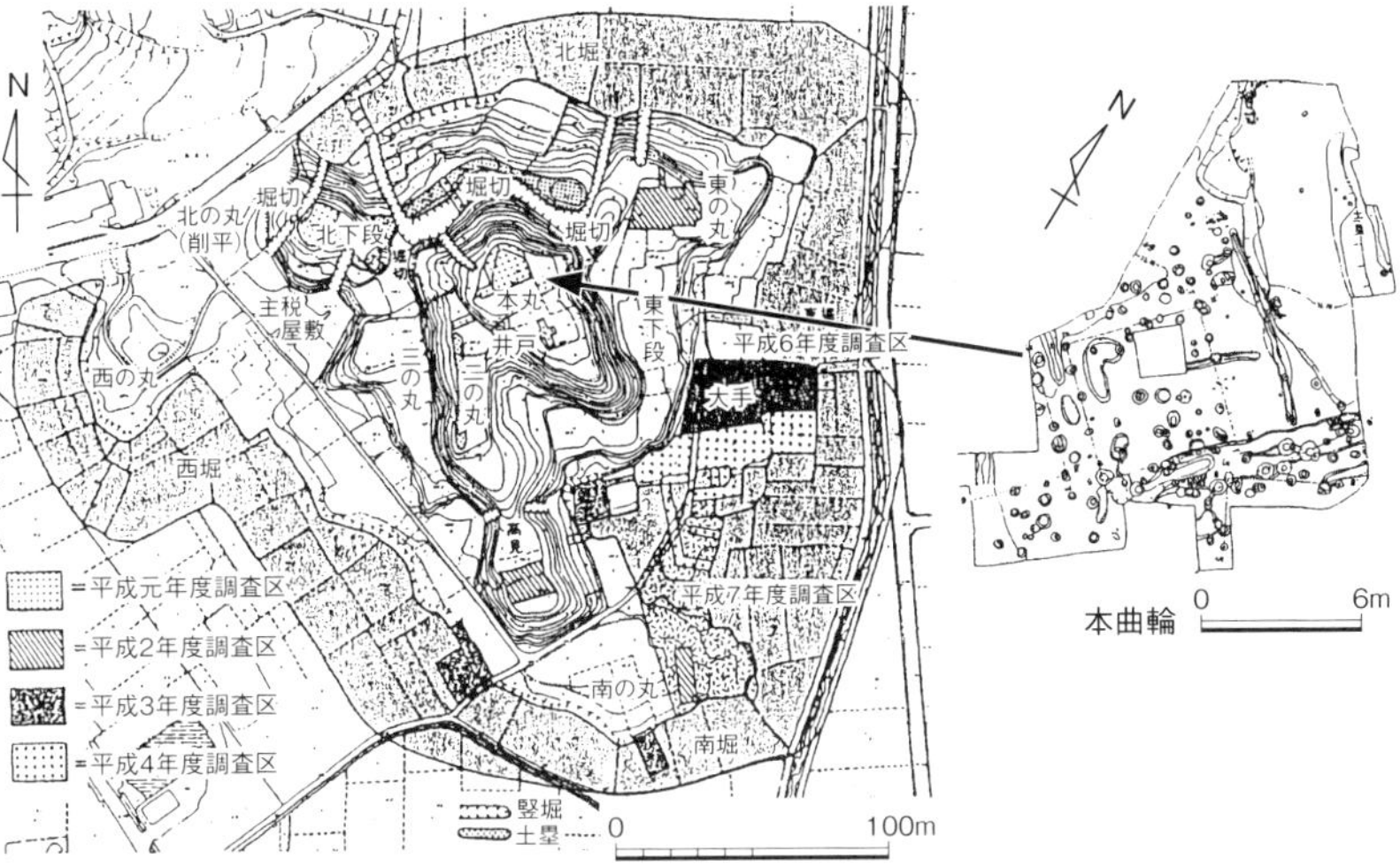

第３図　久野城

磁器は青磁蓮弁碗（B類）、白磁皿（B群）、白磁菊皿、染付皿（B群）の碗皿類に限られ、威信財と見られる中国産磁器の壺・瓶類は出土していない。高根城と同じく瀬戸産の壺・瓶類が威信財となるのであろう。ただし、本丸での中国産磁器の比率は瀬戸産陶器に対して四〇％もあり、高根城の三〇％と比較しても高い比率を示している。かわらけも三〇％近くなる出土量となるため、館内での儀礼空間が存在していた可能性は高い。

　このように十五世紀末葉～十六世紀初頭の草創期久野氏段階の城の範囲は、本丸、二の丸、高見、北の丸の曲輪群からなる小規模なものと見られる。遺物は本丸に限られるため、この曲輪に館の機能が存在し、この時期の遺物の出土しない二の丸、高見、北の丸は戦闘用の曲輪であったと見られる。本丸の織豊期になされた整地土下からは、小規模な掘建柱建物二棟が確認されたものの、曲輪の南半分は遺構面が削平されているため遺構は確認できなかった。仮に本丸全域に掘立柱建物が存在していたと仮定すると、高根城の二倍、勝間田城の二の曲輪と同面積の範囲に館が存在していたと推測される。

　草創期久野氏段階以後の遺物の出土量は減らないこと

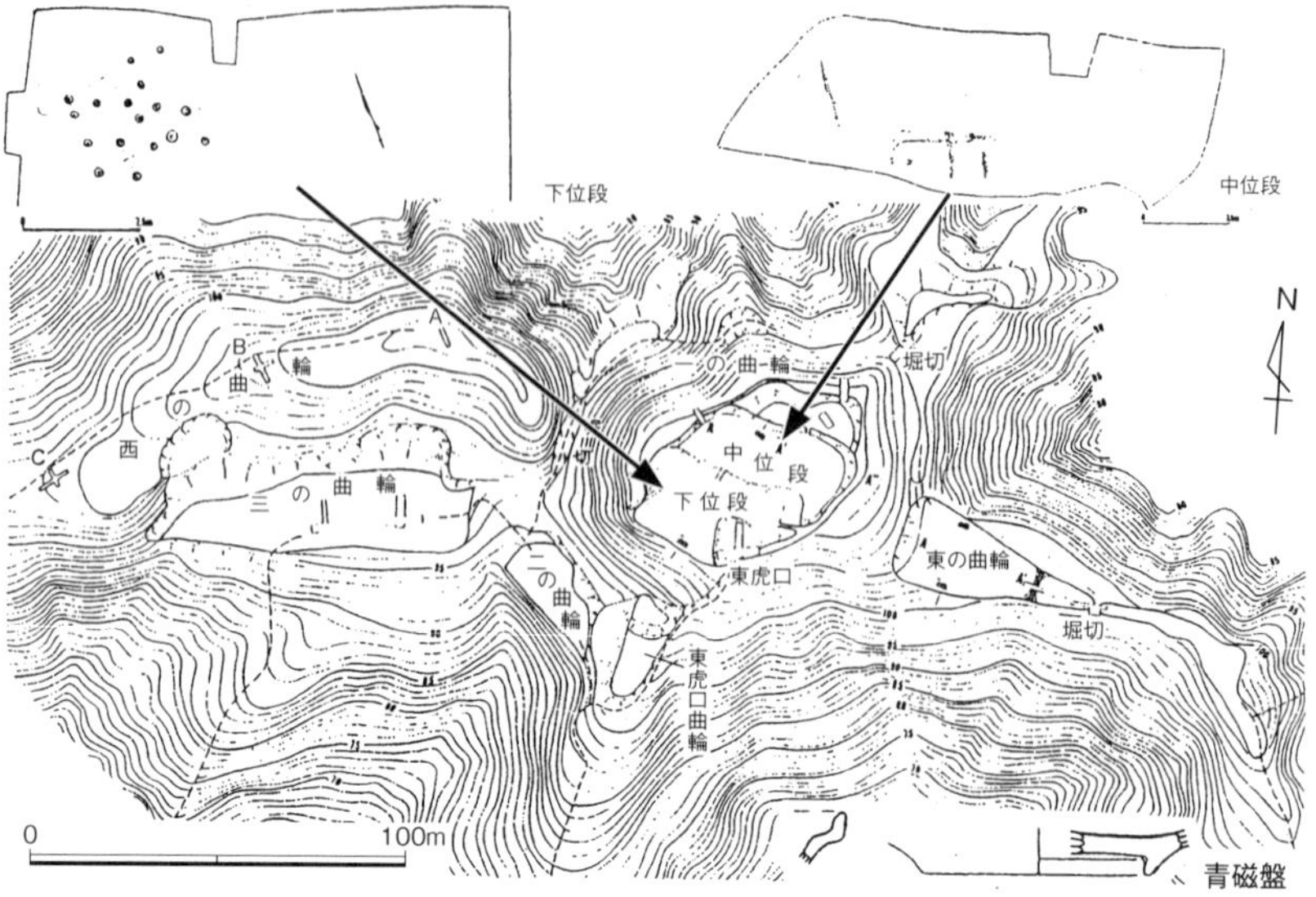

第４図　殿谷城

から、久野城では十六世紀後葉まで継続的に館の機能が本丸を中心として存続していた。豊臣系大名である松下氏が入城する十六世紀末葉になると、織豊系城郭として大改修を受け、本丸に天守状建物が建てられ、南の丸に館の機能が移されたと考えられる。

掛川市殿谷城（第４図）

殿谷城は原野谷川中流域の東岸の丘陵上に築城された山城で、原氏の居城とも伝えられている。城跡は発掘調査後に、開発のため消滅している。

発掘調査ではほぼ全域に試掘トレンチが入れられ、曲輪内部を面的に調査したのは一の曲輪中段位と下段位である。特に遺物が集中的に出土したのは中段位で、下段位の曲輪からも少量の遺物が出土している。下段位の曲輪からは十六世紀前～中葉になる小規模な掘立柱建物二棟が確認された。遺物が最も出土した中段位では建物の基礎を保護したと思われる石列が発見されているが、内部の建物が礎石建物なのか掘立柱建物となるのか明らかとなっていない。西の曲輪、東の曲輪、三の曲輪からはほとんど遺物は出土しないため戦闘的な曲輪群であったと想定される（掛川市教育委員会一九八五）。

遺物は十五世紀末葉〜十六世紀前葉（古瀬戸後Ⅳ期〜大窯2期）の時期までがまとまっており、十六世紀後葉（大窯3期）になると出土量は激減し、十六世紀末葉（大窯4期）の遺物は出土していない。

中国産陶磁器のなかには青磁盤、香炉、華南産盤などの希少価値の高いもの、瀬戸産の壺・瓶類なども出土しているが、瀬戸産陶器は碗・皿類のほか擂鉢、常滑産大甕などの調理具や貯蔵具も併せて出土している。中国産陶磁器の瀬戸産陶器に対する出土量の比率は三〇％以上もあるので高いレベルの城主がおり、館の存在が指摘できる。ただし、かわらけについては、土器の出土総量に対して七％程度しか出土していないため、館内での儀礼空間は存在していなかったと思われる。

城の構造は天正年間以降の大規模な改修がされているとは見えないので、十五世紀末葉〜十六世紀初頭に一の曲輪を中心に原氏の館が成立し、戦闘規模が大きくなる永禄年間になると、三の曲輪、西の曲輪、東の曲輪などの戦闘的な曲輪が増設され、天正年間以降は廃城となったことを出土遺物から指摘できる。

掛川市高天神城（第5・6図）

高天神城は小笠山の東側の丘陵地に築城された山城である。城跡は国指定史跡として保存されている。

発掘調査は二の丸、井楼曲輪、本丸にかけて実施され、山城としては珍しくどの曲輪からもまとまった遺物が出土している。とくに、二の丸曲輪については一定の広さがあり、掘立柱建物となりうる柱穴群が確認されている（大東町教育委員会二〇〇四）。本丸でも時期の異なる掘立柱建物と礎石建物が確認されている。

十五世紀後葉（古瀬戸後Ⅳ期）の遺物は四耳壺に限られるが、十五世紀末葉〜十六世紀前葉（大窯1期）の遺物が二の丸を中心とした曲輪からまとまって出土している。さらに十六世紀中〜後葉（大窯2〜3期）の遺物も量を減ずることなく同じ曲輪から継続して出土することから、十六世紀初頭にはすでに本丸と二の丸（西の丸）が成立し、十六世紀後葉まで継続的に居住空間が存続していたと見られる。とくに、二の丸付近の曲輪からの遺物量は多いため、発掘調査は実施されていないが西の丸と、二の丸に館の存在が想定される。

中国産陶磁器は伝世品と思われる十三世紀代の青白磁

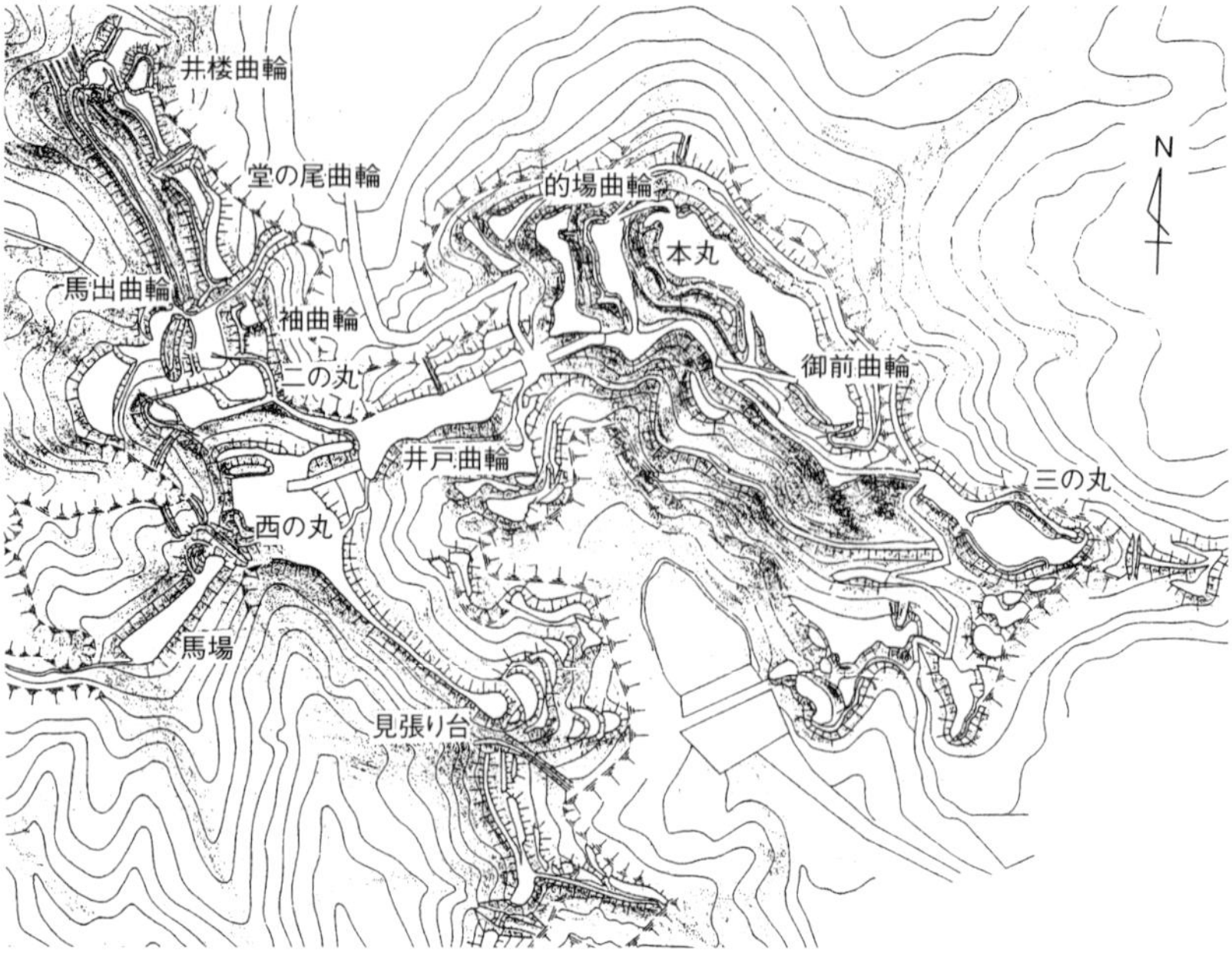

第５図　高天神城

の梅瓶、唐物天目茶碗が威信財として確認できるほか、青磁碗（E類）、白磁皿（C群）、白磁菊皿、染付皿（B群）などが出土している。中国産磁器の瀬戸産陶器に対する出土量は三〇％近くなる高い数値を示していることと、伝世品と思われる梅瓶などが威信財として存在することも考え合わせると、高根城や久野城よりも高いレベルの城主がいた館の存在が考えられる。かわらけも四〇％以上の比率を示す量が出土しているため、館内での儀礼空間の存在も指摘できる。

十六世紀後葉（大窯3期後半）ともなると、中国製磁器も染付皿（E群）が少量出土する程度となり、その他の遺物の出土量も激減するため、この時期は戦闘用の山城としての性格になったことが遺物から判明する。十六世紀末葉（大窯4期）の製品は確認されないので、この時期に廃城になったと思われる。

このように高天神城の遺物は十六世紀初頭〜中葉まで継続的に一定量が出土するので、長期にわたる館の機能が継続していた山城と考えられる。文献資料から城主をあげると、永正一〇年（一五一三）の今川氏親の重臣である福島正成が入城していること。その後は永禄三

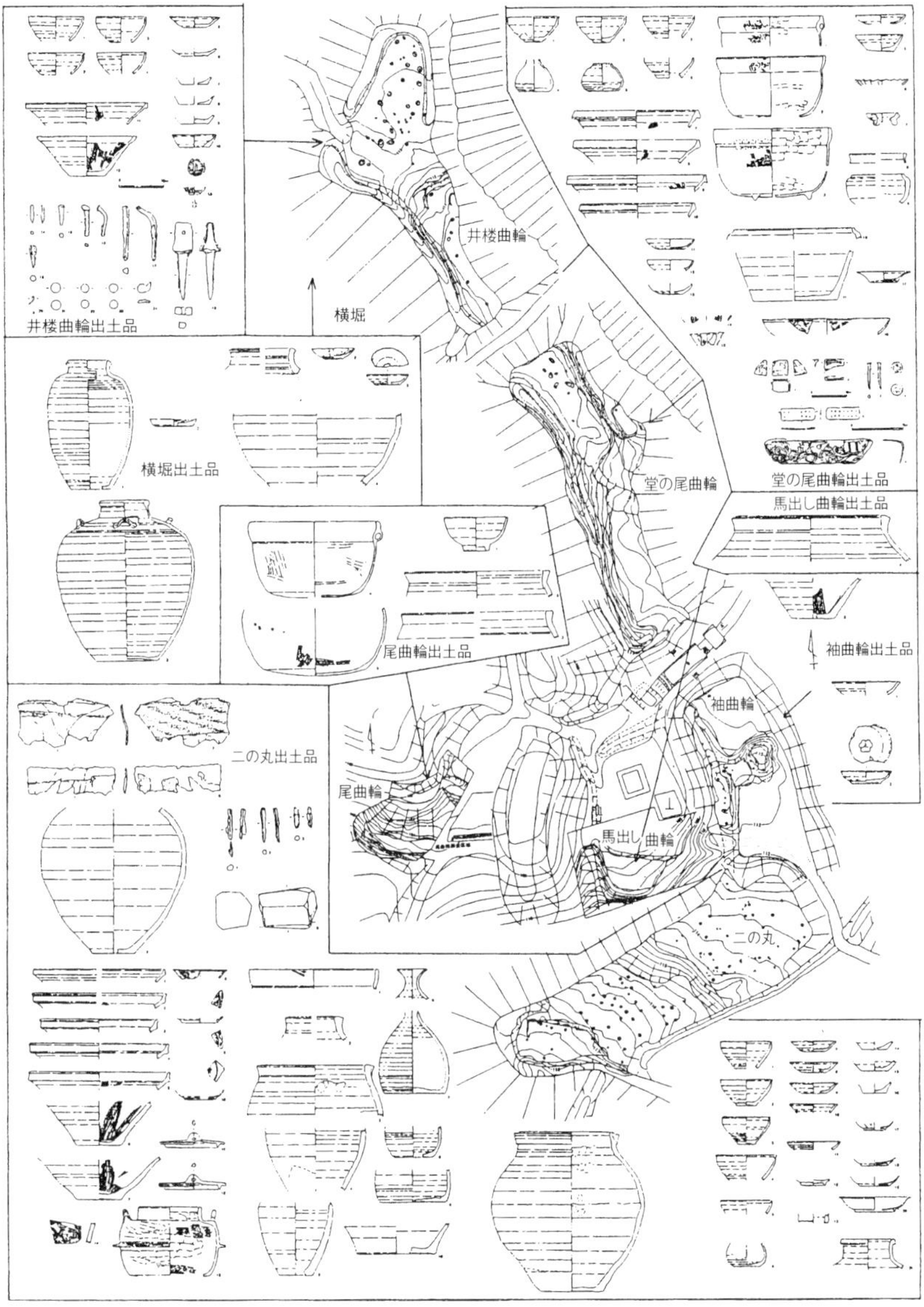

第６図　高天神城　二の丸～井楼曲輪

年（一五六〇）以前には小笠原氏が在城していた可能性があることが指摘される。つまり今川氏の家臣である福島氏や小笠原氏の館が本丸と二の丸に存在していた可能性が高く、かわらけの出土量も多いことから、館内で武家儀礼が行われていたといえる。十六世紀後葉（大窯３期後半）以降は、天正二年（一五七四）に武田勝頼の支配下となり、戦闘的な山城に改修されたことにより、遺物の出土量が激減し、天正九年（一五八一）の落城と共に廃城になったことが出土遺物から判明したのである。

さて、二の丸～井楼曲輪の西側に横堀が掘られており、これは武田氏により改修された遺構である。本丸でも敷石のある礎石建物が発見され、これも武田氏による遺構と見られる。つまり本丸、二の丸より井楼曲輪については、最終段階に武田氏が大改修した姿であることが、発掘調査から判明した。ただし、改修以前の姿は明らかではないが、福島氏と小笠原氏段階では一定量の遺物が出土する本丸、二の丸、おそらく西の丸など広範囲に館や居住の機能が存在していたと考えられる。また、中国産磁器の威信財の存在と共に、広範囲の遺物の出土から高根城や久野城を凌駕する規模の館の存在が指摘される。

掛川市掛川城（第７図）

掛川城は逆川中流域の北岸の独立丘陵に築城された平山城である。発掘調査は天守丸、本丸、二の丸、山下郭、大手門、古城などで実施されている。このうち、戦国時代の朝比奈氏段階の遺構、遺物が確認されたのは、天守丸、本丸、二の丸、山下郭である。地形としては、天守丸、本丸が丘陵部、二の丸、山下郭は面積の広い段丘上に立地している。天守丸では豊臣系大名である山内一豊が築いた天守台下層より掘立柱建物を構成したと思われる柱穴群が検出された。本丸では十五世紀末葉まで中世墓地であったものを埋立て造成し、曲輪として利用した状況が確認できた。二の丸でも朝比奈時代の遺物が出土しており、十六世紀前葉段階で天守丸、本丸、二の丸の広範囲に朝比奈氏段階の遺構が展開していたことが判明している（掛川市教育委員会一九九八・菊川シンポジュウム実行委員会二〇〇五）。山下郭では十五世紀末葉～十六世紀前葉（大窯１～２期）の時期の遺物が大量に出土していることが確認されている。おそらく、十六世紀前葉の朝比奈氏段階の館は、山下郭のほうにあったと思われるが、山城部分にあたる天守丸・本丸にも朝比奈氏段階の遺構

No.	調査地点名	調査原因
1	天守丸・本丸	掛川城天守閣建設・公園整備
2	二の丸	二の丸茶室建設
3	二の丸	二の丸美術館建設
4	山下郭	中央図書館建設
5	山下郭	掛川第一小学校プール改築
6	大手門	区画整理
7	掛川古城	龍華院本堂・庫裡建設
8	掛川古城	周遊路整備

第７図　掛川城

が存在するため、これらの曲輪にも何らかの居住空間が存在していたと見られる。

遺物のうち中国産磁器は青磁碗（B４類）、稜花皿なども出土するが、白磁皿（C群）が多数出土し、染付皿（B１群・C群）などが伴う。十五世紀末葉～十六世紀前葉の中国産磁器の出土量は山下郭で圧倒的に多いことが指摘されており、瀬戸産陶器の出土量と共に山下郭の優位性は揺るがない。また、瀬戸産陶器と中国産磁器の出土量は同量となる高い比率を示し、威信財の具体的な内容は明らかではないが、中国産磁器の梅瓶などの高級品が出土している（戸塚和美氏ご教示）。館の存在していた曲輪の規模や遺物の内容から、遠江の山城の中で最有力の城主の館があったのは間違いない。

十六世紀後葉では瀬戸産陶器（大窯３期）と共に、中国産磁器の染付碗（E群）、染付皿（B２群・E群）が出土し、青磁、白磁製品が減少し染付製品の占める割合が増加すると共に、出土量自体も減少傾向となる。

十六世紀末葉（大窯4期）以降の遺物量は激減すること から、徳川方の武将である石川氏、豊臣系大名の山内氏段階の遺物量は極端に減少していることになる。よって、朝比奈氏段階後は、城の性格や遺物の廃棄形態が大きく変わったことが分かる。おそらく、石川氏段階では戦闘色の強い山城の性格となり、山内氏段階では織豊系城郭として遺物の廃棄場所が決まっていたと考えられる。

牧之原市勝間田城（第8図）

勝間田城は遠江国府の在庁官人である勝間田氏の居城とされている山城である。城跡は県指定文化財として史跡整備されており、自由に散策できる。

発掘調査は北尾根曲輪Ⅰ、二の曲輪、三の曲輪、東尾根曲輪で実施されている。二の曲輪と北尾根曲輪Ⅰについては曲輪内のほぼ全域が面的に調査され、遺構の内容が判明している。出土遺物についても十五世紀後葉（古瀬戸後Ⅳ期新段階）の短期間に限定されるものであった。二の曲輪での遺構は規則的に配置されている二〜三棟単位で四群の掘立柱建物群が認められるが、大きくても二間×四間程度の規模で、それ以上大きなものは存在しない。ただし、掘立柱建物よりも新しくなる礎石建物一棟が発見され、遺物の中に当地域では主たる流通時期が十六世紀後葉となる永楽通寳も含まれているので、この時期の遺構が存在する可能性を残している。北尾根曲輪Ⅰでも、二間×三間程度の掘立柱建物が二棟検出されている。勝間田城の最大の曲輪は二の曲輪と三の曲輪であるが、三の曲輪は部分調査で井戸が検出されているが詳細は不明である。曲輪の面積や遺構の内容、遺物の出土量から見ると、二の曲輪に館の中枢施設があったと思われる（榛原町教育委員会一九八六〜一九九四）。

遺物は十五世紀前〜後葉（古瀬戸後Ⅲ〜Ⅳ期）の瀬戸産陶器である碗・皿類、卸皿、水滴、擂鉢と共に、島田市の古志戸呂産の碗・皿、擂鉢、中国産陶磁器、常滑産大甕などがどの曲輪からも一定量出土しており生活空間があったことが分かる。威信財と見られる中国産磁器の壺・瓶類は出土していないが、古瀬戸の壺・瓶類は出土している。中国産磁器は青磁碗（C1類・B4類）、稜花皿、白磁皿（B群）、染付碗（B1群）などが出土しており、瀬戸産陶器と同じく十六世紀の時期を含まない組成を示している。中国産の天目茶碗は稀少で高級な遺物と

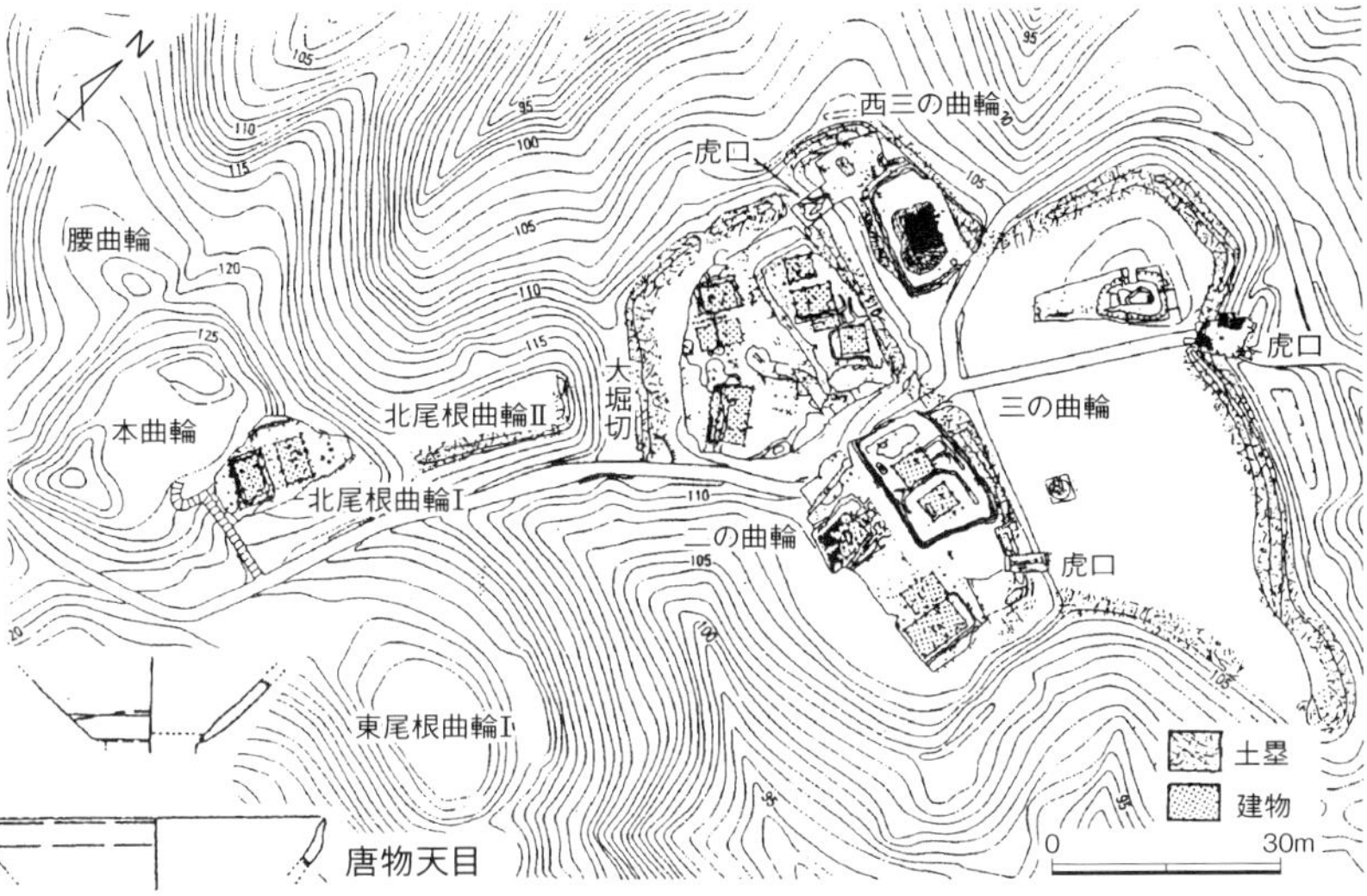

第８図　勝間田城

して注目される。瀬戸産陶器に対して中国産陶磁器の占める割合は、二五％以上となる高い数値を示し、これらの曲輪群すべてに館の機能が存在していたことを示している。かわらけも全遺物量に対して八〇％以上の高比率となり、儀礼空間がこれら館内に存在していたことは間違いない。曲輪の面積は五〇〇〇平方メートル以上となるもので、朝比奈氏段階の掛川城山下郭に匹敵する規模となっている。

静岡市蒲原城（第９図）

蒲原城は地元の領主である蒲原氏によって築城されたとされている。眼下には東海道と北の甲斐の国に至る街道が存在し、交通の要衝の地に築城されている。

発掘調査は本曲輪を中心として善福寺曲輪、大堀切、一の曲輪、二の曲輪、三ノ曲輪、東方部支尾根曲輪群で実施されている。本曲輪は二〇〇〇平方メートルほどの広さをもつ曲輪であるが、部分調査のため柱穴以外の遺構の存在は確認できていない。善福寺曲輪についても本曲輪と同等の面積をもつ広い曲輪で、やはり曲輪内部から柱穴が発見されているため何らかの建物があったのは間違いない。二の曲輪では、柱穴、土坑、石列と

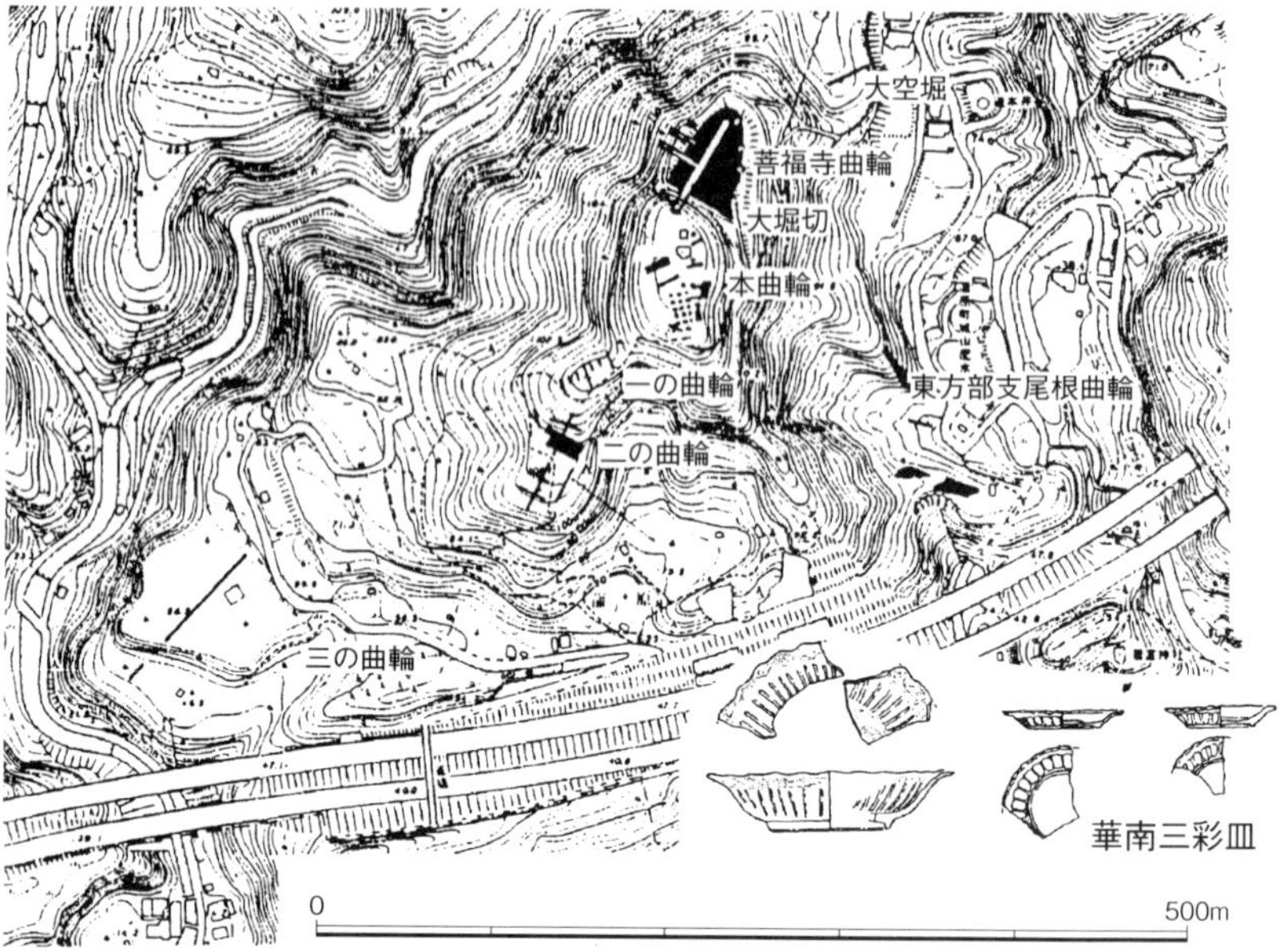

第９図　蒲原城

共に焼土面をはさんで二面の整地土が確認された。この焼土面は永禄十二年（一五六九）、北条氏方の城兵が守備する蒲原城に武田氏方が攻め掛かった際の火災によるとの見解が示されている。三ノ曲輪についてはおよそ一万三〇〇〇平方メートルほどの広大な曲輪であるが、遺構や遺物がほとんど発見されないため、大規模な兵力を臨時に駐屯させる目的が考えられる。東方部支尾根曲輪群は、小規模な曲輪群からなり、遺構と遺物も発見されないことから、東尾根筋からの敵を遮断するための曲輪と考えられる。遺物は、本曲輪、善福寺曲輪、一の曲輪、二の曲輪から瀬戸産陶器、中国産陶磁器、常滑産大甕などがまとまって出土するため、これらの曲輪に居住空間のあったことは明らかである（静岡市教育委員会二〇〇七）。

遺物は十五世紀末葉～十六世紀初頭（古瀬戸後Ⅳ期～大窯1期）の時期が多く、数は減るが十六世紀前～後葉（大窯2～3期）の遺物も一定量出土している。威信財となる中国産磁器の壺・瓶類は出土していないが、古瀬戸の壺・瓶類は出土している。稀少品としての稜花折縁大皿、華南三彩小皿が出土していることは注目される。中国産磁器は青磁製品が少なく、白磁皿（C群）、染付碗（C群）、染付皿（B1・C・E群）などが出土している。瀬戸産陶器に対して中国産陶磁器の占める割合は、一四〇％以上と静岡県内の山城としては突出した数値を示している。つまり、これらの曲輪群すべてに館の機能が存在していたことを示している。かわらけも全遺物量に対して八〇％以上の高比率となり、館内に儀礼空間が存在していたことは間違いない。館の存在していた曲輪の総面積は五〇〇〇平方メートル以上となり、中国産陶磁器の比率の高さからも、ランクの高い城主が考えられる。

二　なぜ山城に館が存在するのか

これら遺物の出土量の多い山城について、いくつかの共通する傾向を指摘することができる。まず遺物の出土時期については十五世紀後葉から始まり、十五世紀末葉〜十六世紀前葉に出土量のピークがある。十六世紀後葉になると織豊期〜江戸時代まで存続する城を含めても遺物量がかなり減少することである。十五世紀後葉という時期は、遠江においては駿河今川氏が遠江侵攻戦を始めた時期にあたる。この戦いは地域内の領主同士の争乱というよりも、国単位の国人層を巻き込んだ継続的な戦乱状態となった時期で、平地の館だけでは領地の防衛ができなくなり、山城が出現したと思われる。山城から供膳具の碗・皿類だけでなく、卸皿や擂鉢、土鍋などの調理具、常滑産大甕などの貯蔵具以外、壺・瓶類などの威信財、唐物天目などの中国産高級陶磁器、茶道具である瓦質風炉など多様な内容の遺物が出土するということは、単なる居住空間だけでなく、平地の館の一部機能が山城内に出現したと考えられる。また、笹岡城、久野城、高天神城、勝間田城、蒲原城ではかわらけの占める割合が八〇％以上となり、館内に儀礼的機能があったことも判明した。高根城、殿谷城のようにかわらけがあまり出土しない山城もあるため、山城の館には生活機能を重視するものと、平地の館と同様に儀礼機能も併せ持つものの二種類があったようである。

三　山城の館のランクと城主のランク

館のある曲輪の面積や遺物の内容から山城の館のランクを検討すると、掛川城、勝間田城、高天神城、蒲原城のように複数の曲輪から遺構・遺物が検出され、館ないし生活空間が存在する曲輪の規模が総計五〇〇〇平方メートル以上となり、複数の掘立柱建物群からなる規模の大きなものが上ランクと見られる。このランクの山城の館からは、威信財として中国産磁器の壺・瓶類のほか、希少価値の高い唐物天目や華南三彩皿・盤などの陶器が出土するため、国府の在庁官人を務める国人層、あるいは戦国大名の重臣クラスの城主が考えられる。また、かわらけの出土量も掛川城、勝間田城、蒲原城で八〇％以上、高天神城でも四〇％以上の高比率となるため、儀礼空間が館内にあった。とくに、駿河の今川館で出土した金箔かわらけが、掛川城でも出土しており、ランクの高い城主の儀礼空間を伴う館の存在が考えられる。

次に笹岡城、久野城、殿谷城のように一五〇〇平方メートル程度の一つの曲輪に、数棟の掘立柱建物群で構成される館で、威信財としても国産の壺・瓶類を中心とする、中ランクの山城の館が存在する。このランクは、原氏、久野氏などの在地の有力領主クラスの山城の館になるものとしておきたい。このランクでの山城のかわらけの出土量については、笹岡城で八〇％以上の高比率となるものはもちろん、久野城のように三〇％前後になるものも館内で儀礼空間が存在していたと見られるが、殿谷城のように一〇％以内となるものは、居住空間のみで儀礼空間をもたないものも存在するようになる。

最小クラスとしては、高根城のように五〇〇平方メートル程度の小規模の曲輪に二〜三棟の掘立柱建物、威信財は国産の壺・瓶類を主体とし、かわらけの出土量も一〇％以内となり儀礼空間をもたないものが確認できる。このクラスのものは、在地の領主クラスの山城の館として認識できるが、今のところ高根城しかないので、山間部領主の山城に特有なランクの館かもしれない。

しかしながら、この三段階のランクのさらに上ランクとなる、斯波氏や今川氏などの戦国大名クラスの山城の館は県内では確認されていない。今川氏は駿河が攻められた場合、山岳寺院である建穂寺か久能寺を山城として利用するつもりでいたため、山城を築城しなかったと思われる。斯波氏については、遠江に常駐していた戦国大名ではないため、そもそも斯波氏の山城が遠江にあった可能性は低い。

四　山城に館が出現した歴史的背景

山城に館が出現した歴史的背景を見てみよう。静岡県で山城の館が成立した十六世紀末葉の時期は、先に述べたように駿河今川氏が遠江に侵攻し数年間に渡る継続的な緊張関係が生じたため、本格的な山城が誕生した時期である。構造から見ると一部の再利用はあると思われるが、勝間田城や横地氏関連の横地城などがこの時期に築城され、遺物で見る限り勝間田城では十六世紀以降の再利用はなかったようである。十六世紀前葉になっても、駿河今川氏の遠江侵攻作戦は継続し、笹岡城、高根城では遺物の出土量は減少するのに対して、高天神城、久野城や殿谷城では遺物の出土量はさほど減少することなく継続する。おそらく、前者は十五世紀末葉～十六初頭の戦乱で城主が没落し、館だけでなく山城そのものが利用されなくなったか、没落しない場合は館の機能を平地の館に移し、山城部分は戦闘的なものに性格を変えたのかの何れかとなるであろう。勝間田城と横地城の場合は前者の理由で廃城になったと考えられる。高天神城と久野城は城主が没落することなく継続的に館機能を維持したので、遺物量はあまり減じてはいない。

ただし、遺物の出土量から館の存在を語る上での盲点がある。それは、敵から攻められ遺物を城外に持ち出すことができなく落城した山城の場合、遺物は多量に出土すると思われるが、落城しないで廃城時に遺物を城外に持ち出すことができた場合、遺物はほとんど出土しないと考えられるので、後者の場合については館の機能の存在を証明することは極めて難しいと考えられる。

さて、駿河で唯一山城内での館の存在が確認できた蒲原城は、遺物の出土のピークは十五世紀末葉～十六世紀初頭にあり、明らかに遠江の山城の館と同じ出現時期を示している。この時期は、先に述べたように駿河今川氏が遠江に対する侵攻作戦の途中でありながら、攻める側の駿河内部でも緊張関係が存在し、山城内に館が必要になった事例として注目される。おそらく、隣接する富士川以東の地域は、後の「河東の一乱」が起こったことでも分かるとおり、今川氏の支配が安定的に及ぶ地域ではなかったこと、東海道や甲斐の国に至る街道を防御をするための重要拠点としての山城であったので、今川氏の重臣である蒲原氏の山城として機能し、山城内に館が出現したものと思われる。蒲原氏の平地の館は、湊をもつ

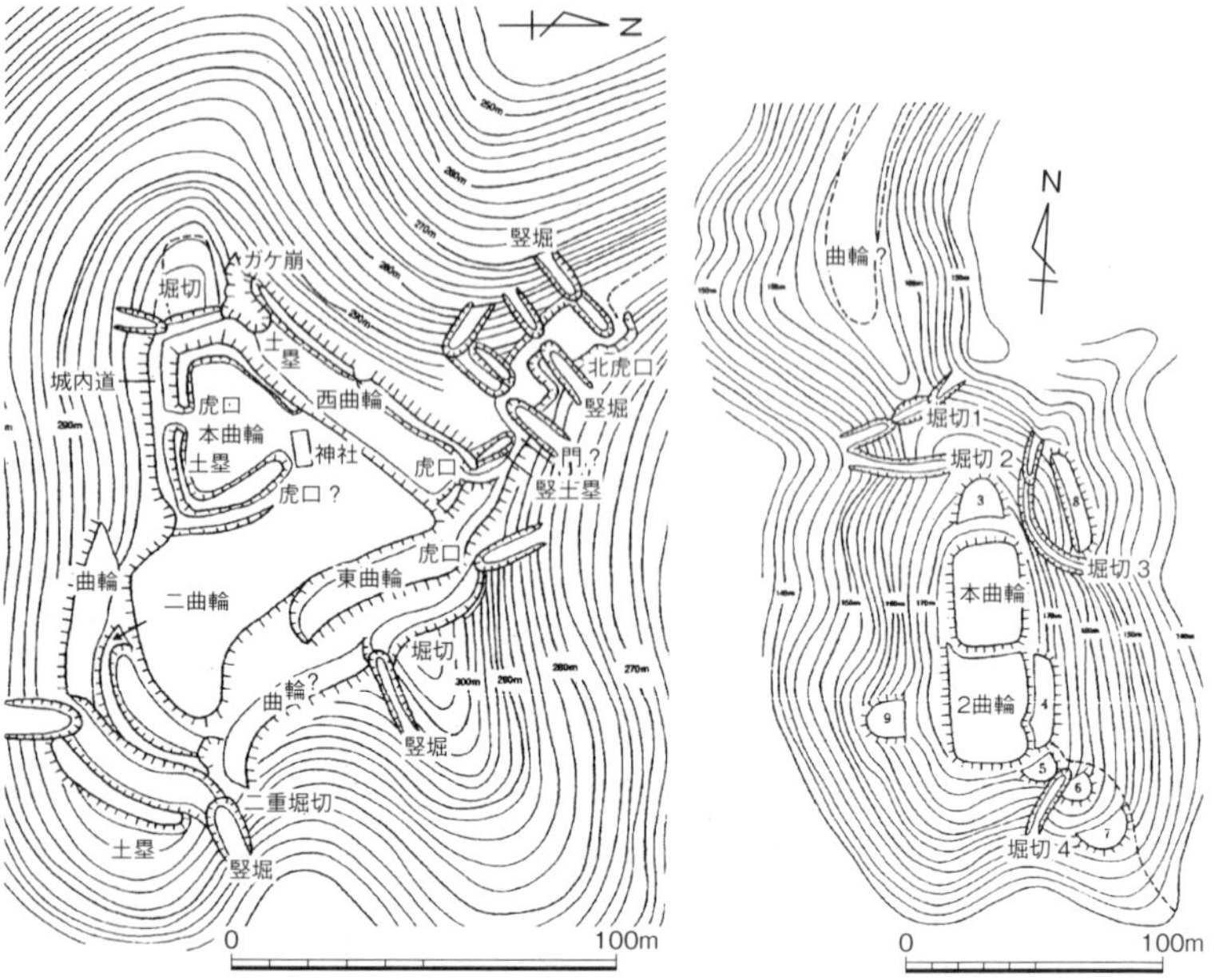

第10図　鎌田城（左）と河津城（右）

蒲原宿内に存在していたと推測される。

伊豆では大量の遺物が出土する山城は確認できない。伊東市鎌田城（第10図）では、十五世紀末葉～十六世紀初頭（古瀬戸後期～大窯1期）の瀬戸美濃産陶器が少量出土しており、中国産の青磁碗（B４類）、常滑産大甕も少量出土している。かわらけの出土量も少なく、山城内には儀礼空間はないと思われる（考古史料部会二〇〇四）。鎌田城については、伊豆の有力な在地領主である伊東氏の居城とされるが、遺物の出土量もさほど多ものでなく、かわらけもほとんど出土していないことから見て、山城内に館があった可能性は低いと言わざるを得ない。おそらく、戦闘目的の強い山城で、伊東氏の館は、湊のある海岸に近い場所に存在していたと思われる。

鎌田城と同じく伊豆半島の先端部に位置する河津町河津城（第10図）でも、主要曲輪が二程度の小さな山城ではあるが、本曲輪・二の曲輪から少量の十五世紀末葉（古瀬戸後期）の瀬戸産陶器の皿類や擂鉢、中国産磁器の破片、まとまった数の常滑産大甕が出土した事例がある。（河津町教育委員会一九九三）、この山城でも、遺物の出土量は少なく、山城内に継続的な居住空間が存在していたとは考えらない。城の性格は明らかに戦闘用の山城であり、城主の河津氏の館は、眼下の河津川河口の湊付近にあったと思われる。

このように、伊豆の二つの山城の検討結果から見ると、伊豆地域には山城内に館をもつものは存在しない。おそらく、東駿河の裾野市葛山氏館と葛山城の関係のように、居城空間としての平地の館と、戦闘目的の山城の機能が明確に分離された地域であると思われる。

注目されるのは、少ないながらも二つの山城から出土した遺物の時期は、伊豆での明応二年（一四九三）より伊勢新九郎長氏（北条早雲）が、韮山の堀越御所を襲い足利茶々丸を滅ぼした後、数年間に渡り継続する北条早雲の伊豆半島侵攻戦の時期と符合する。この時期は遠江に対する駿河今川氏の侵攻作戦とも連動する時期である。

このように、静岡県内では駿河今川氏に攻められる側として遠江の山城に、十五世紀末葉～十六世前葉までの戦国時代前半期に山城内での館の存在を指摘できた。従来、戦国時代の定番と言われていた、山城と山麓居館の二元的なあり方は、伊豆地域では普遍的であることも明らかにできた。

五　山城の館の性格

山城内での館の性格について検討したい。今回提示できた山城内での館と見られる遺構は、館の建物と呼ぶには貧弱な規模の掘立柱建物群が確認されているにすぎず、平地の館で存在する大規模な建物や庭園が確認された事例は皆無である。つまり山城内での館の性格は、平地の館とは違うことは明らかである。

しかしながら、戦闘専用としての山城であるならば、碗・皿類、摺鉢、土鍋、大甕など山城内での最低限生活に必要な供膳具、調理具、貯蔵具などに限定されるはずなのに、武家儀礼に必要なかわらけや、威信財の中国産陶磁などの遺物が併せて出土するため、建物規模は小さいながらも平地の館と同じ生活様式、あるいは武家儀礼を山城内に持ち込んでいたと考えられる。つまり、長期にわたる戦闘状態が生まれたため、平地の館の一部機能を山城内に移したと考えられるのである。その機能を考える上で、中井均氏の指摘が参考となる。

中井均氏は織田信長が築城した岐阜城、安土城、北近江を支配した浅井氏の居城である小谷城、南近江を支配した六角氏の居城である観音寺城などの十六世紀中葉前後の近畿における事例を挙げて、山城内にも居住空間が存在し、文献資料からそこには女性や子供などの城主の家族が居住していることから、城主の私的な空間としての利用があったことを指摘している。さらに、これらの事例は戦国大名クラスの居城に見られるため、それよりも下位の国人や土豪クラスの山城では従来通りの戦闘用の山城と居住のための山麓居館の二元的な構造を示していたのではないかとも指摘している(中井均二〇〇七)。

この点については、今回取り上げた静岡県の場合、国人クラスや小規模な土豪クラスの山城で確認された事例ばかりで、中井氏の指摘とは異なる結果となっている。また、静岡県の事例は、中井氏の指摘した時期と比べると五〇年ほど遡るものばかりで、中井氏のあげた十六世紀中葉前後は、静岡県の山城内ではむしろ遺物量は減少し、生活空間としての館が存在していた可能性があるのは久野城などのごく一部の山城に限られ、大部分は戦闘用の山城に変貌していく時期に当たる。

静岡県の山城内には平地の館と同規模の建物や庭園がないため、中井氏が指摘した城主の家族のための私的居住空間が山城内に移された可能性に着目したい。戦乱状態が長期化する中で、城主が最も重要視したのは家族の安全を確保することで、山城内に館を建て臨時に家族を住まわせたのであろう。また、山城の館からは威信財やかわらけが出土するため、城主の私的な居住空間だけではなく、平地の館で行われていた武家儀礼も、臨時に山城内の館で行われていたことを指摘しておきたい。

おわりに(杉山城問題への回答)

最後に冒頭で指摘した杉山城問題、遺物の時期と山城の構造が符合しない問題点についての回答を示し、本稿を終了したい。山城は戦略的に重要な場所に存在するため、戦乱状態が複数の時期に跨り、さらにその山城が軍事的に複数の時期に必要となると再利用され、必要に応じその時の最新技術で改修される。従来あった堀の幅を広げるなど改修規模が大きいと前段階の遺構の大部分が破壊されるため、前段階の遺物は残るが、遺構は残らない結果になる。例えば高根城の発掘調査で証明されたように、最低二時期の改修が確認されたものの、出土した遺物は九〇%以上の比率で築城初期段階のもので占められるのに、遺構の大部分は最終段階の武田氏段階であった。つまり、必ずしも遺物が主体となる時期が、最終段階の山城の姿を示しているとはいえないである。

また、複数の改修のある最新段階の山城が、短期間使用で戦闘用の陣城的な性格に変貌していると、遺物は山城内にほとんど持ち込まれないと考えられるので、時期を決定する遺物としては土器・陶磁器以外の鉄砲玉などが重要な遺物となってこよう。織豊系城郭や近世城郭では、館のある中心曲輪内では遺物は廃棄されず、曲輪外に持ち出されることが多くなるため、主要曲輪からはほとんど遺物は出土しなくなる（松井一明二〇〇八）。このことは、江戸時代まで継続され利用された続けた久野城や掛川城の遺物の出土状況でも確認されている。

山城出土の遺物から館の存在について指摘してみたが、全国での山城内における館の出現時期、地域、内容について体系的な研究はほとんどない。今後の山城研究の重要な視点となることを提言し、本稿を終了したい。

参考文献

足立順司　一九八六「静岡県下における廃城と陶磁器の年代観」『貿易陶磁研究』№6　日本貿易陶磁研究会

久野正博・松井一明　二〇〇八「遠江笹岡城の再討」『静岡県考古学研究』四〇号　静岡県考古学会

中井　均　二〇〇七「山城に住む女性」『列島の考古学Ⅱ』渡辺誠先生古希記念論集刊行会

中井　均　二〇〇九「検出遺構よりみた城郭構造の年代観」『戦国時代の城』高志書院

松井一明　二〇〇八「遺物に見る城下町の様相」『季刊考古学』第一〇三号　雄山閣

掛川市教育委員会　一九八五『殿谷城址他遺跡発掘調査報告書』

掛川市教育委員会　一九九八『掛川城復元調査報告書』

河津町教育委員会　一九九三『河津城発掘調査報告書』

菊川町教育委員会　二〇〇〇『横地城跡総合調査報告書』

菊川シンポジュウム実行委員会　二〇〇五『静岡県の中世社会』

考古史料部会　二〇〇四「鎌田城発掘速報」『伊東市史研究』第4号　伊東市教育委員会

静岡市教育委員会　二〇〇七『蒲原城跡総合調査報告書』

大東町教育委員会　二〇〇四『史跡　高天神城跡―二の丸ゾーン発掘調査報告書―』

天竜市教育委員会　一九七二『遠州笹岡古城』

榛原町教育委員会　一九八六～一九九四『勝間田城跡Ⅰ～Ⅶ』

袋井市教育委員会　一九九〇～一九九三『久野城跡Ⅰ～Ⅳ』

袋井市教育委員会　二〇〇八「久野城址第7～9次試掘確認調査」『袋井市内遺跡発掘調査報告書Ⅲ』

水窪町教育委員会　一九九四～二〇〇〇『高根城Ⅰ～Ⅵ』

西国における山城の変遷

—静岡県の山城を考える例として—

中井　均

はじめに

近年、考古学による城郭研究がようやく一般的になってきた。従来の城郭研究の主流は何といっても縄張り研究であった。地表面に残された城郭構造を図化して把握し、その構造を分析する方法である。長らく郷土史家による城主の変遷や合戦中心の城郭研究が、飛躍的に発展したのはこの縄張り研究からの成果であった。また、それまで言われていた城の年代と、現存する遺構とのギャップを指摘したのも縄張り研究の大きな成果といえよう。しかし一方で縄張り研究からは建物構造や、城での暮らしぶりを明らかにすることはできなかった。縄張り研究の限界である。その限界を打破したのが、一九七〇年代からの発掘調査の成果であった。日本列島全域に及んだ開発は、山城の位置する山を一飲みする巨大なものであった。こうした開発に伴う調査ではあったが、戦国時代の山城に初めて考古学的な調査が実施されたのである。この発掘調査で明らかとなったのが、城郭の実年代である。縄張り構造からも現存する遺構は決して有名な城主の時代のものではなく、最終年代を示しているに過ぎないことはわかっていたが、その実年代を絞り込むには、まだまだ資料不足であった。しかし、発掘調査によって出土した遺物よりかなり実年代を絞り込むことが可能となった。また、縄張り研究では土木構造しか把握できなかったことに対して発掘調査では建物構造など作事面を明らかにすることができた。

一九七〇年代の大規模開発に伴って実施された中世山城跡の発掘調査ではあったが、その結果は考古学のなかでも中世考古学、さらには戦国考古学という分野を切り開いてくれたといっても過言ではないだろう。そして、中世山城は戦国考古学の基本的な遺跡として認識されるようになったのである。ここでは発掘調査の成果を中心として西国の戦国山城の変遷について検討するものである。

一　山城改修の画期

山城跡の発掘調査も年間数十件におよんでいるが、巨大な土木施設としての山城を全域調査されることはほとんどない。発掘調査の大半は巨大な山城の一角を調査したに過ぎず、山城の全体像や増改築の痕跡を確認できる調査例はほとんどない。ところで西国では発掘調査された山城の多くが十六世紀中～後半に改修された痕跡が認められる。まず最初に改修について分析を加えてみたい。とりわけ十六世紀後半の改修で注目されるのが石垣の導入であろう。

後瀬山城跡（福井県小浜市）は、若狭守護武田氏の居城として有名な山城である。縄張り調査では畝状空堀群も確認されており、戦国時代末期の縄張りであるとされてきた。ところが発掘調査の結果、山上部分で瓦を伴う十六世紀末の礎石建物跡が検出された。これは武田元明の後に城主となった丹羽長秀や木下勝俊段階のものであり、いわゆる織豊期に大改修が施されたのである。建物には改修痕があり、Ⅰ期が天正年間の丹羽長秀、浅野長吉段階、Ⅱ期が文禄二年（一五九三）に入城した木下勝俊段階のものと考えられ、後瀬山城で最も有名な守護武田氏段階のものではないことが明らかにされている。ここで注目できるのは後瀬山城の場合、山上部分に居住空間が存在したことである。戦国時代の山城が山上の詰（防御空間）と、山麓の館（居住空間）という単純な二元形態ではなく、どうも戦国大名クラスの居城では、山上にも居住空間が設けられていたことが明らかとなってきている。若狭守護武田氏の段階では山麓の現在空印寺の建つ場所で居館の堀が検出されており、山麓に居館の構えられていたことが確認されている。山上に居住空間が構えられるのは天正期の丹羽氏段階になってからのことである。

同様に著名な戦国大名の居城として知られていたが、発掘調査の結果、それ以後の改修であることが明らかとなった城としては他に月山富田城がある。富田城は出雲の戦国大名尼子氏の居城として大変有名な城であるが、発掘調査の結果、月山山頂の本丸、二の丸、三の丸からは石垣が検出されており、尼子氏の後に改修されたもの

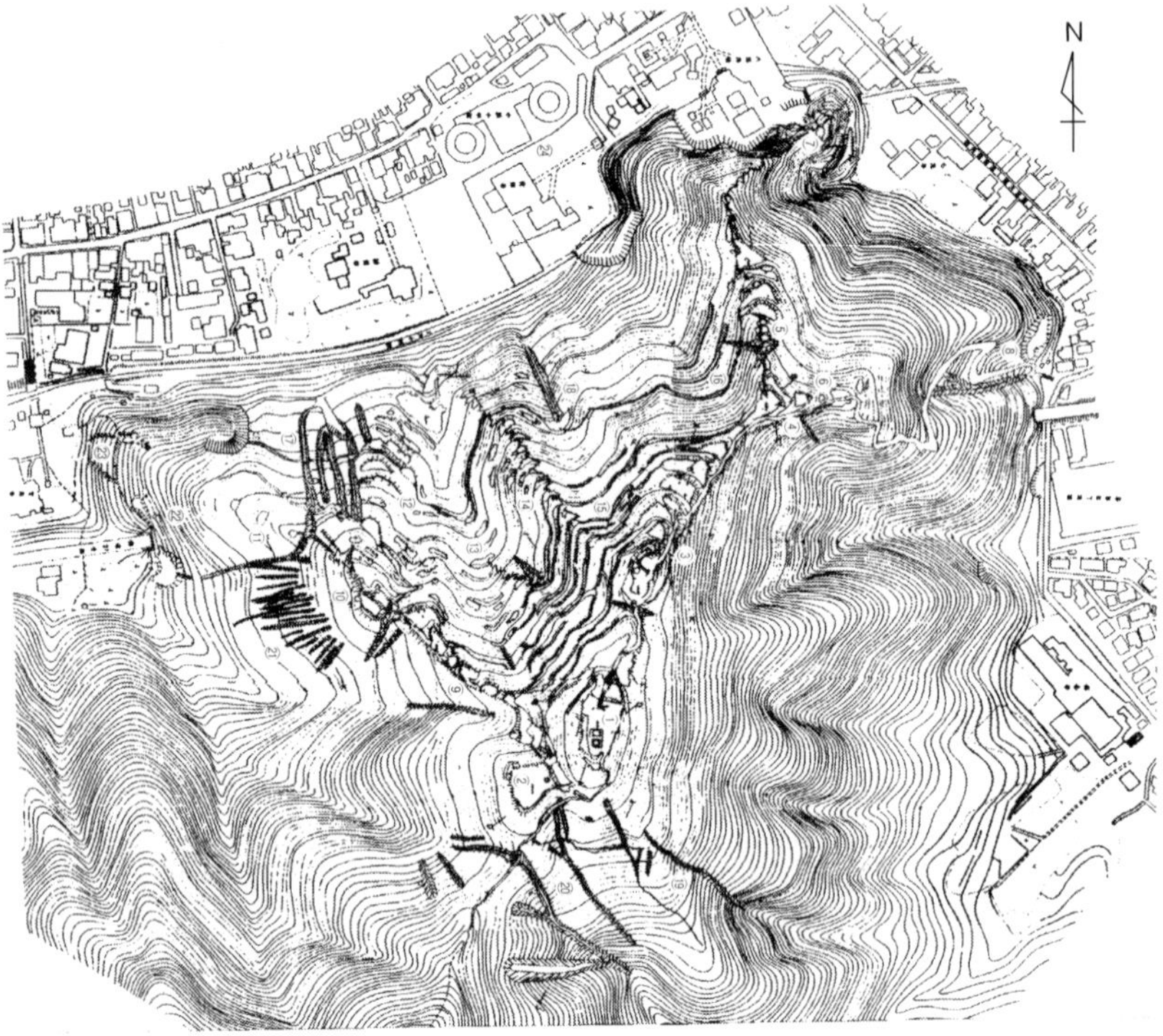

図１　後瀬山城跡遺構図

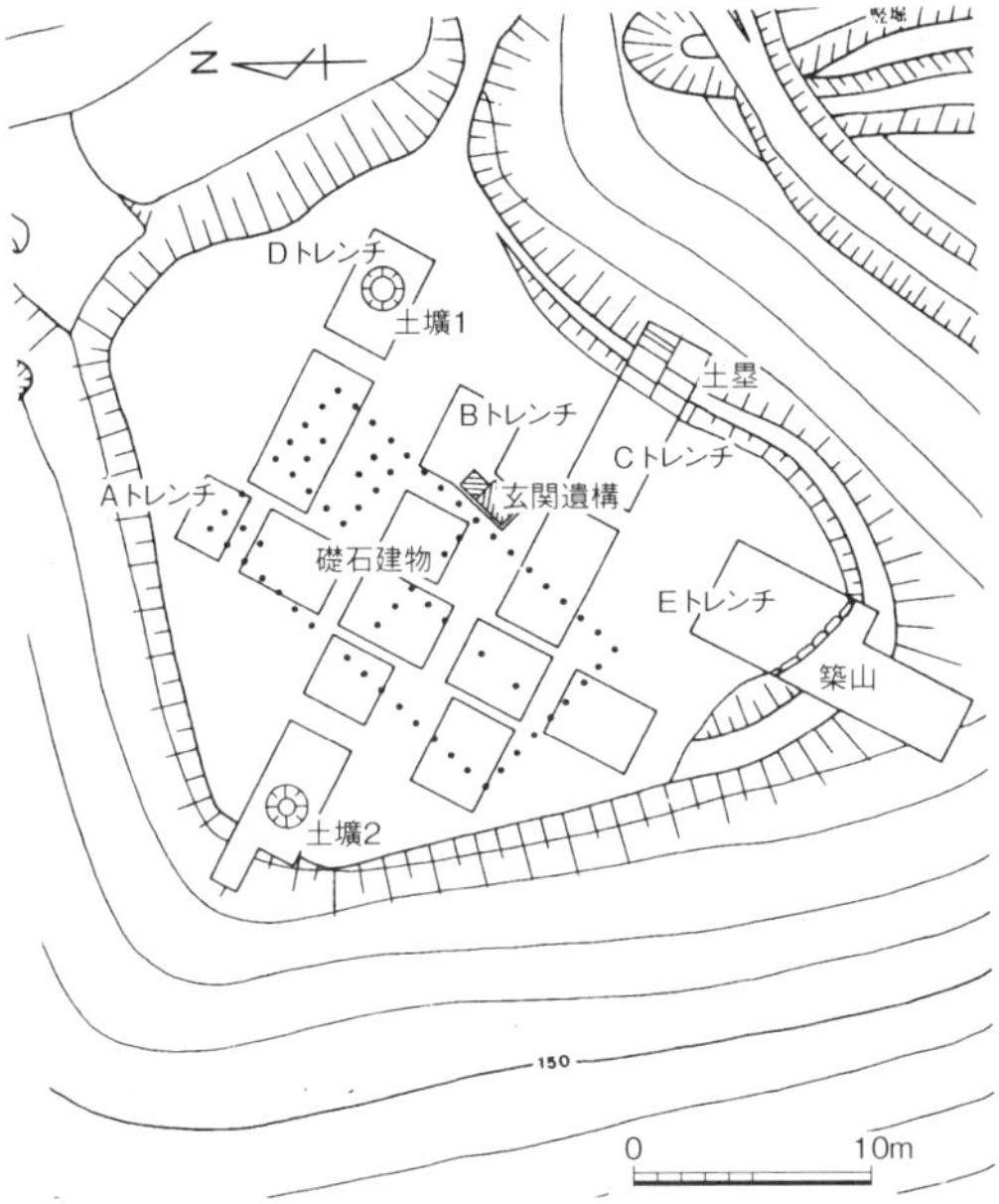

図２　後瀬山城跡②郭遺構配置図

であることが判明した。さらに山腹に構えられた巨大な居住空間である山中御殿にも石垣が築かれており、同様に尼子氏以後の改修であることが判明している。富田城は尼子氏滅亡後、毛利氏配下の城となり、天野隆重、毛利元秋、吉川元康、吉川広家らが入れ置かれている。従来石垣への改修はこうした毛利氏配下の時代におこなわれていたと考えられていたが、毛利氏が支配していた天正期の石垣とするには構造的に無理がある。とりわけ山中御殿の石垣は粗割した巨大な石材を打込接として積んでおり、少なくとも文禄～慶長年間以後の石垣と考えなければならない。発掘調査の結果、出土した遺物からは慶長五年（一六〇〇）の関ケ原合戦の後に出雲

写真１　富田城山中御殿石垣

に入国した堀尾吉晴によって改修された可能性が最も高い。現存する中心部はこの堀尾氏によって大々的に改修された城郭構造であり、そこには尼子氏の城郭はまったく残されていない。

七尾城（島根県益田市）は石見の在庁官人益田氏が建久年間（一一九〇～九八）に築城したという伝承をもつ。その創建年代の真偽は不詳であるが、中世を通じて益田氏の居城であったことはまちがいない。その構造はこれまで弘治年間（一五五五～五七）に毛利氏や吉見氏に備えて構えられたものと考えられていた。二股の尾根上に階段状に曲輪を配置し、その付根に本丸を置いている。本丸背後には畝状空堀群が構えられており、典型的な戦国時代の山城と考えられていた。発掘調査の結果、本丸、二の段から礎石建物が検出され、出土した遺物のなかにはコビキA手法の瓦が認められた。こうした遺構や遺物は畝状空堀群とは一致しない。弘治年間の改修が畝状空堀群への改修であり、石垣、礎石建物はさらにそれ以後にも改修のあったことを示している。七尾城の場合、山麓に構えられた三宅の御土居で天正十一年（一五八三）に改修されたことが判明しており、山上の山城部分もこれに伴って改修されたものと考えられる。ここでも山城の遺構が有名な城主の時代のものではないことが確認された。さらに山城の改修が居住空間を構えるものであったことが明らかとなった。

湯山城（富山県氷見市）は越中を代表する山城であり、能登畠山氏によって築かれ、長沢氏の居城となり、現存する遺構も戦国時代のものと考えられていた。しかしここでも発掘調査の結果、切岸に石垣が設けられるなどの改修が確認されており、天正九年（一五八一）に越中に入国した佐々成政の支城として改修されたもののようである。さらに戦国期の広大な本丸の中心部のみを石垣に改修している。

写真２　湯山城本丸の石垣

こうした改修は

見てきたように戦国時代の城を織豊大名たちが入国して旧城を居城や支城として再利用する際に改修したものである場合が大半である。こうした事例は西国においては枚挙にいとまがない。とりわけ建物などではなく、城郭構造そのものに影響を与える改修の代表例としては、鳥越城（石川県白山市）がある。鳥越城は加賀一向一揆の拠点城郭として有名である。白山連峰の鷲走ヶ岳から北西方面にのびる尾根上に本丸、二の丸、三の丸、後二の丸、後三の丸を連続して構える構造で、発掘調査の結果、主郭の虎口は枡形となっていた。注目されるのはこの主郭虎口前面に設けられた堀切に架かる土橋の構造である。戦国時代には尾根筋を完全に遮断していた堀切であったものを、改修ではその中央部を埋めて土橋とし、さらに土橋の両側面には石垣が積まれるという構造となった。この土橋の改修とともに主郭の虎口も枡形に改修されたものと考えられる。こうした改修は天正八年（一五八〇）に入城した柴田勝家によるものであり、ここでも織豊大名の入城とともに城が大きく改修されたことがわかる。

　ところで、こうした改修の大きな特徴は石垣を築くことにある。織豊系城郭の特徴は石垣、礎石建物、瓦という三つの要素から成り立つわけであるが、それは新たな築城に限られたものではなく、旧城へ入城した場合にも改修されて付け加えられたのである。なかでも石垣は最も重視された旧城の改修である。さらに石垣で注目されるのは織豊大名だけではない。感状山城（兵庫県相生市）は南北朝時代に播磨の赤松円心の子則祐がこの城に籠って奮戦し、後に足利尊氏より感状を賜ったことより城の名となったという伝承をもつ。しかし、この城に関する史料は一切なく、その歴史はまったく不明であった。城の構造は三濃山が平野に下る途中で隆起した感状山に曲輪を階段状に配置するもので、構造はきわめて単純なものであ

写真３　鳥越城の堀を埋めて架けられた土橋

るが、注目されるのは曲輪群が全て石垣によって構築されているということである。その石垣は粗割石を極めて乱雑に積み上げたもので、法面もほぼ垂直に近く、織豊系城郭の石垣とは明らかに異なる工法であった。さらに発掘調査の結果、Ⅰ曲輪（主郭）、南Ⅱ曲輪、Ⅲ曲輪で、ほぼ曲輪の敷地全面におよぶ礎石建物が検出されており、いずれも御殿機能を有する建物であったとみられる。またⅢ曲輪からは塼貼の礎石建物や、九基の備前の大甕を埋甕とし、その覆屋と見られる礎石建物なども検出されており、埋甕については脂肪酸分析の結果、塩漬けにされた猪肉を貯蔵していたことが明らかにされている。このように感状山城では山上に生活空間が存在した山城であったことが明らかとなっている。出土遺物はそう多くなく、十六世紀後半に位置付けられる土師器皿、青磁碗、白磁皿などがあり、感状山城の存在年代を想定することができる。この出土遺物の年代と、周辺の歴史からは豊臣大名となった宇喜多秀家が天正十四年（一五八六）以降に播磨国赤穂郡を領有しており、感状山城はその段階で宇喜多氏によって築かれたものと考えられる。西播磨から東備前一帯では早く十六世紀前半から中頃にかけて山城に石垣が導入される地域であり、秀家は赤穂郡領有直後にそうした在地の石垣構築技術によって感状山城を構築したのであろう。

写真４　感状山城の石垣

　さらに興味深い事例として角牟礼城（大分県玖珠町）の石垣への改修がある。角牟礼城は古く久寿年間（一一五四～五六）に築城されたとの伝承をもつ。しかし、その存在が明らかとなるのは文明七年（一四七五）の記録からで、戦国時代には大内氏、毛利氏と大友氏との抗争や、島津氏の豊後侵入などに度々登場する山城である。さて、発掘調査の結果、角牟礼城は土の城と石の城が同居する構造であることが明らかとなった。しかし、これは同時期の遺構ではなく、ひとつの城で時期差の存在

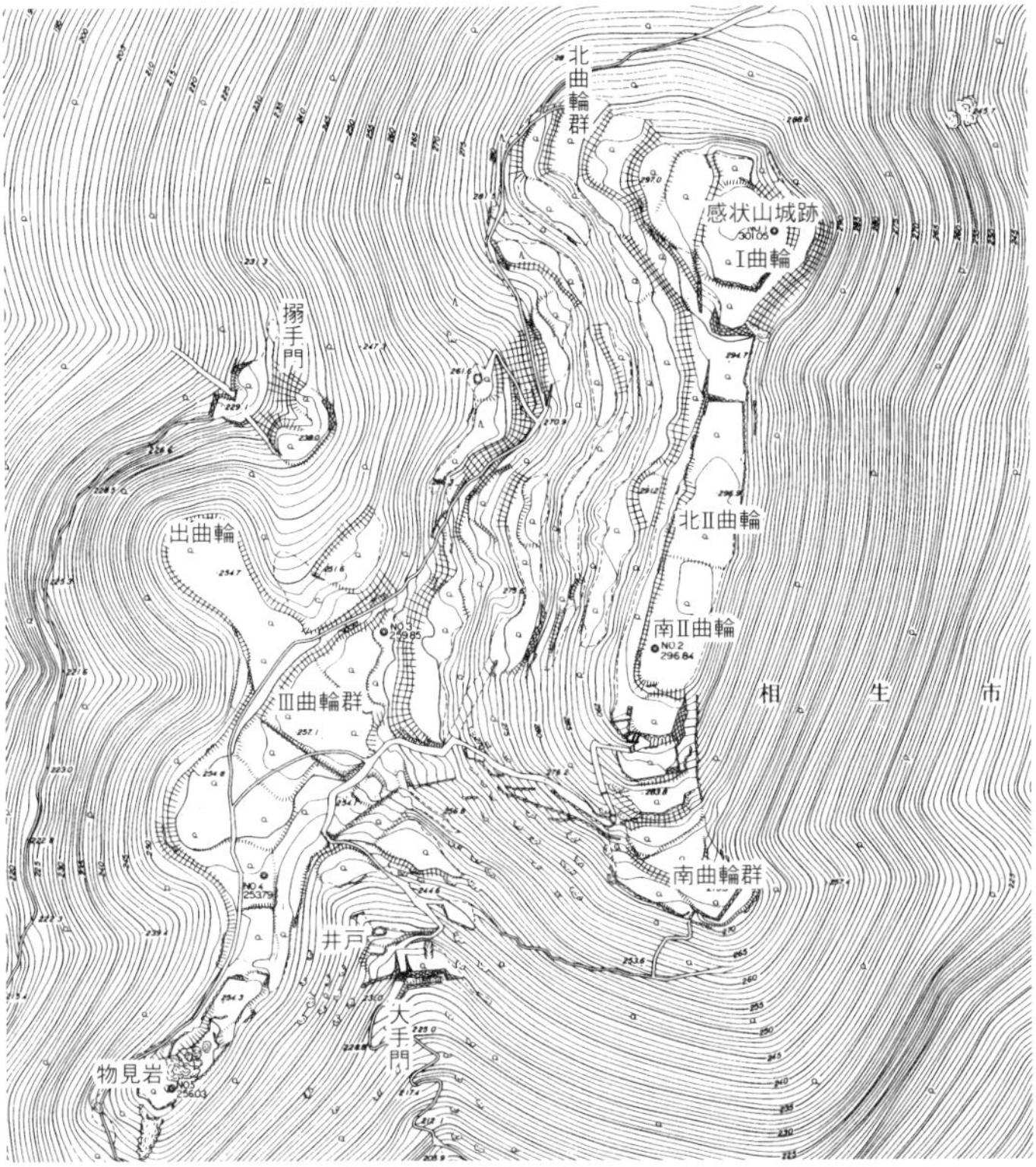

図３　感状山城跡測量図

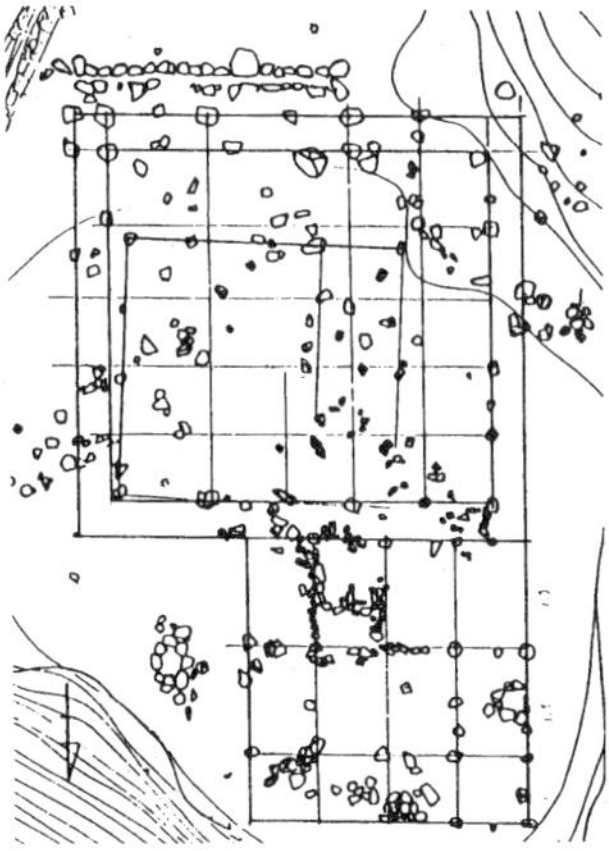
図４　感状山城跡Ⅰ曲輪建物復元図

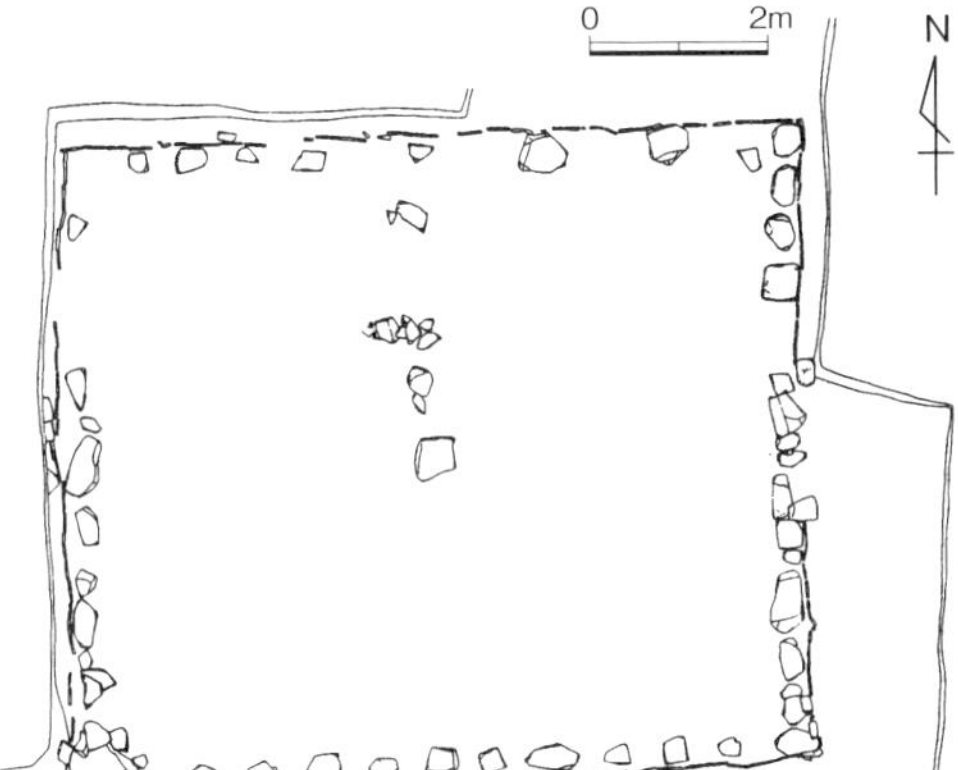

図５　感状山城跡Ⅲ曲輪磚貼建物実測図

する遺構である。山頂部を階段状に削平して造成された曲輪群は戦国時代に築かれたもので、石垣はその後に改修されたもののようである。石垣は山頂部の曲輪に伴うものではなく、中心部より一段下がった部分に遮断線として山を巡るように築かれており、随所で折や、突出させた櫓台とみられる出枡が設けられている。こうした構造に加えて、その石積み技法も典型的な打込接となっていることより、文禄三年（一五九四）に入城した豊臣大名毛利高政によって改修されたものと考えられる。出土した瓦の年代からもこの改修時期は妥当であるが、近世初頭に城割りされた痕跡がなく、江戸時代にも存続していた可能性もあり、あるいは慶長五年（一六〇〇）の関ケ原合戦の後に玖珠郡に入封した来島（久留島）氏によって築かれた石垣の可能性も視野に入れてく必要があろう。

写真５　角牟礼城の石垣

　こうした織豊期における改修について最後に山崎山城（滋賀県彦根市）の事例を紹介しておきたい。山崎山城は近江守護六角氏の被官山崎氏の居城として知られていた山城である。一九八二年より実施された滋賀県中近世城郭分布調査でも土造りの城として報告されていた。ところが発掘調査の結果、石垣によって築かれていた城であったことが判明した。さらに

写真６　山崎山城で検出された石垣

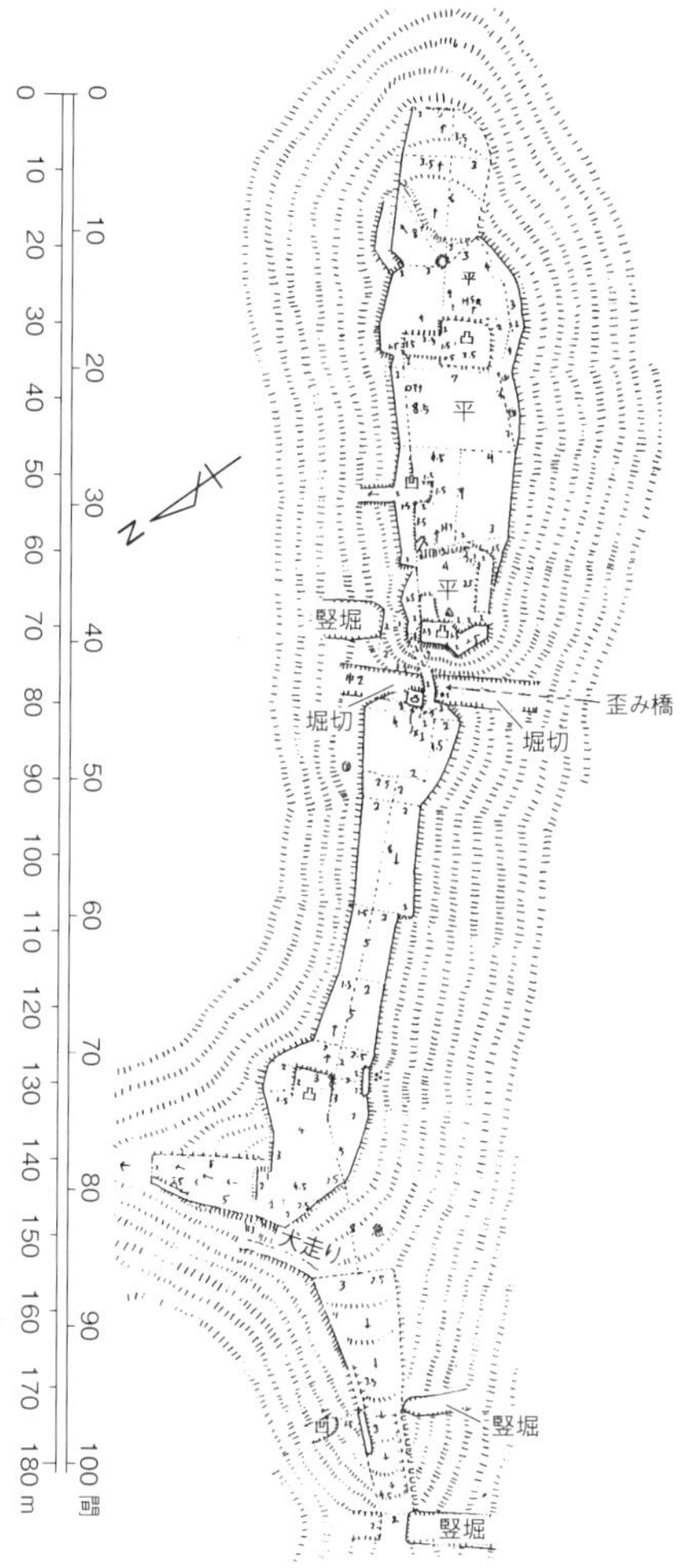

図6　山崎山城跡縄張図（分布調査）

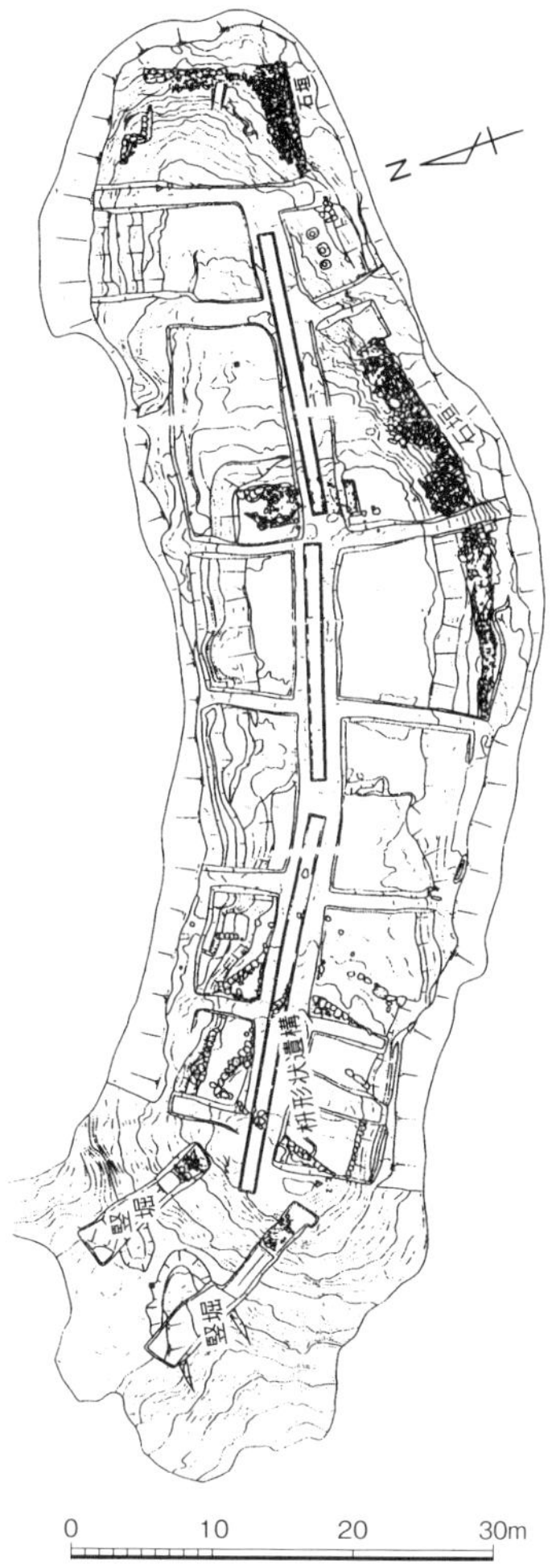

図7　山崎山城跡遺構測量図

その石垣は粗割した石材を積み上げ、隙間に間詰石を打ち込む典型的な打込接技法で積まれており、安土城の石垣に酷似するものであった。『信長公記』では天正十年（一五八二）に山崎山において山崎源太左衛門が織田信長に一献進上している記事のあることより、ほぼ安土城に併行して築かれた石垣であることが確認できる。六角氏の被官であった山崎氏が信長の家臣団に組み込まれるなかで、城郭も改修したものと考えられる事例である。

　このように西国では十六世紀後半に石垣を導入することによって山城の形態は大きく変化することとなる。やはり西国では土の城から石の城への変化が戦国時代後半の最大の画期であったことをこうした調査は物語っている。

　なお、石垣への変化については織豊系城郭よりも早く、少なくとも十六世紀前半には山城に導入される地域が存在する。それは信濃（松本周辺）、美濃、北近江、南近江、西播磨、東備前、北部九州である。とりわけこうした石垣のルーツとなるものに寺院の石垣がある。田辺城（京都府京田辺市）では十五世紀末から十六世紀初頭に築かれたと考えられる見事な桝形虎口が検出されている。調査当初はそのあまりに完成された形態より在地土豪の城としては出来過ぎであり、とても城郭に伴う遺構とは考えられず、寺院に伴うものではないかとも言われていた。しかしこの虎口内部の空間からは寺院の遺構や宗教的な遺物が出土していないことより、寺院遺構とするには無理がある。桝形は軍事的に発達したものではなく、きわめて表徴的な空間として構えられた門であったと考えられる。そこに用いられた石垣は花崗岩を楔で割った痕跡である、矢穴が認められた。こうした技術は十六世紀に導入された石垣とは明らかに相違するものである。この花崗岩を楔によって割る技術はそ

写真７　田辺城で検出された石垣

の後、室町幕府第八代将軍足利義政の建てた東山山荘である慈照寺銀閣の発掘調査で検出されており、十五世紀中頃の寺院の技術であることが判明しており、そうした石を割って積む技術が田辺城の門に導入されたようである。

また、石垣だけではなく、土の城を土の城として改修された痕跡も確認されている。これは建物の建て替えというものではなく、城郭構造そのものを大きく改修することが確認されたもののことで、特に堀切や横堀などに顕著に認められる改修である。岩崎城（愛知県日進市）では曲輪を囲繞する横堀が薬研堀から箱堀に改修されたことが確認されている。薬研堀の段階では幅は狭いが深く掘られていたものが、箱堀になると幅が広くなるが深さは浅くなるという改修が確認されている。同様の改修が廿日山遺跡（奈良県平群町）の中世城館遺跡でも検出されている。こうした空堀の改修は鉄砲戦への対応ではないかと考えられる。烏帽子形城（大阪府河内長野市）では発掘調査によって数次にわたる改修が確認されているが、最も大きな改修は堀を掘削するのではなく、巨大な土手を築いて横堀とした構造である。ここでも堀を巡らせることが重要であったことがうかがえる。室町幕府第十二代将軍足利義晴の葬儀を記した『万松院穴太記』には堀を三重に掘って鉄砲の用心としたことが記されており、一般に普及し始めた鉄砲に対して深さや勾配ではなく、幅でもって対処したことがうかがえる。当然のことであるが、武器に対して城郭は改修が施されるのである。

また、原田城（大阪府豊中市）や、池田城（大阪府池田市）ではこうした堀の幅を広げるのとは違う堀の改修が確認されている。いずれも戦国時代の主郭の中央に巨大な空堀を掘って曲輪を半裁しているのである。そう広くない主郭はこうした空堀を設けることによって曲輪面積は激減することとなってしまった。面積よりも曲輪を二つにして、その間に巨大な堀が欲しかったものと考えられる。この二つの城は『信長公記』によると天正六年（一五七八）の伊丹城攻めの際に構えられた織田軍の陣城となった城であることがわかっている。陣城としての改修がこうした主郭を半裁する巨大な堀の掘削であったものと考えられる。

二　山城から出土する遺物

遺跡としての山城が注目されるようになったのは、実は城郭構造への関心からではなく、出土した遺物、特に貿易陶磁にあった。城郭研究は敗戦後、城郭のもつ本質である「軍事的な防御施設」がアカデミズムより忌諱され、沈黙されてしまう。ところが一九七〇年代より各地で開発に伴う発掘調査が急増すると、山城は地表面に遺構を残していたため、早くより周知の遺跡として遺跡台帳に登載されており発掘調査が義務付けられていたのである。その結果、思いがけず貿易陶磁や国産陶器が出土したことにより、一躍考古学から注目されることとなったのである。

ところで、戦国時代の山城は、山城が詰城としての防御空間であり、山麓に構えられた居館が居住空間であったという二元的構造を特徴としている。つまり平時には山城には住まないということが従来言われてきた。この山城不居住の大きな根拠となったひとつに、山城からはほとんど遺物が出土しないという発掘調査の成果に依存しているようである。確かに山城の発掘調査では調査面積に比べて出土遺物は極端に少ない。しかし、大半の山城は築城以来一度も戦うことなく廃城を迎えている。極端に遺物が少ないのは、おそらく人が住まないからではなく、廃城時に生活道具を山麓に移した結果ではないかと考えられる。一方、平和裡ではなく、戦いによって落城した場合は遺物が出土するようである。

例えば湖北の戦国大名浅井氏の居城、小谷城（滋賀県長浜市）では山上に構えられた大広間地区から実に三万七千点におよぶ遺物が出土している。さらに出土した大広間地区からは巨大な礎石建物群が検出されており、明らかに住むための山城であったことがわかる。加えてその出土した遺物の実に九六％が土師器の皿、いわゆる「かわらけ」であった点も注目される。おそらく山城でも儀礼の空間が存在したと見て良い。山麓の清水谷にあった浅井屋敷は公邸的機能を持つ居住空間であり、山上大広間は私邸的機能を持つ居住空間であったものと考えられる。

こうした山城からの大量の遺物は戦国大名の居城に限ったものではない。八幡山城（和歌山県白浜市）からは山城部の二の曲輪、帯曲輪より大量の遺物が出土している。遺構面は二面検出されており、1次面の造成は明ら

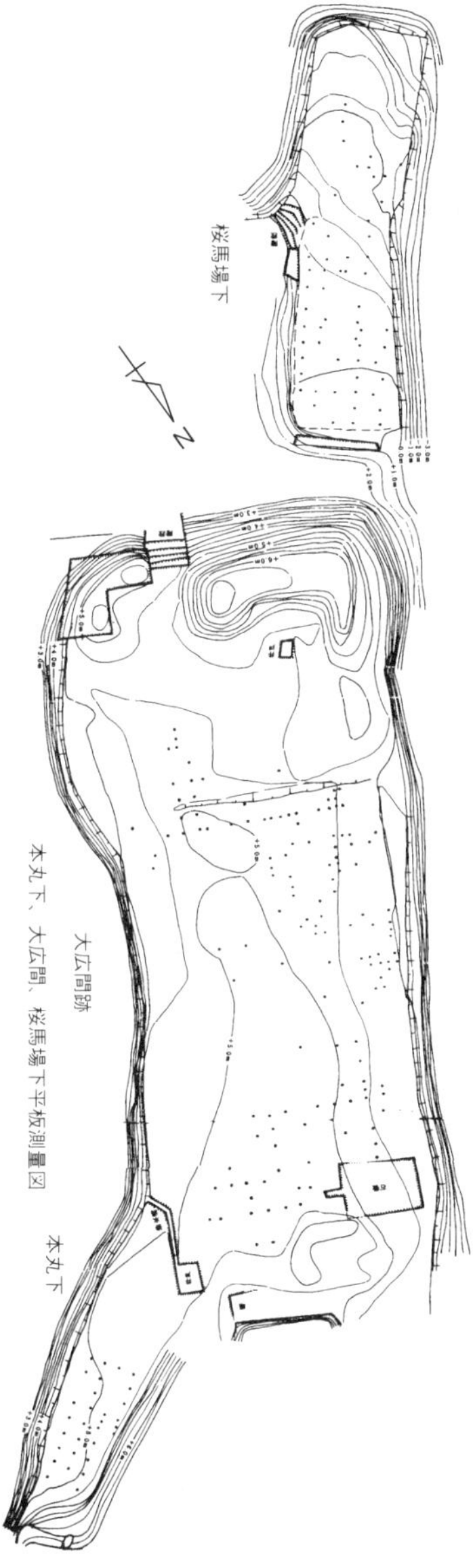

図８　小谷城跡大広間測量図

日本製	土師質土器		皿	35918片＊	(96.30%)
	信楽焼		甕・壺	95片	
			擂　鉢	29片	(15個体)
			鉢	15片	
			計	139片	(0.37%)
	越前焼		甕	98片	
			壺	10片	
			擂鉢	31片	
			鉢	5片	
			計	144片	(0.39%)
	備前焼		甕	34片	
			徳利型瓶	7片	
			他	3片	
			計	44片	(0.12%)
	常滑焼		甕	63片	(３個体)
			甕又は壺	54片	
			火桶か	12片	(１個体)
			不明	29片	
			計	158片	(0.42%)
	瀬戸・美濃焼	鉄釉	天目茶碗	100片	
			皿	3片	
			卸皿	2片	
			小坏	2片	
			水注か	1片	
			小壺か	1片	
			香炉か	1片	
			茶入	2片	
			小壺	22片	
			徳利	15片	
			茶壺	41片	(11個体)
		灰釉	皿	66片	
			卸皿	3片	
			碗	4片	
			香炉	2片	
			瓶	1片	
			壺	6片	
			不明	1片	
			擂鉢	74片	(39個体)
			計	347片	(0.93%)
	瓦質土器		不明	5片	(0.01%)
	計			36755片	(98.55%)

＊土師質土器は1976年整備報告書より

中国製	染　付	碗	63片	
		皿	113片	
		坏	10片	
		他	2片	
		計	188片	(0.50%)
	白　磁	碗	1片	
		皿	227片	
		坏	31片	
		他	2片	
		計	261片	(0.70%)
	青　磁	碗	11片	
		皿	13片	
		鉢・盤	3片	
		花生	6片	
		香炉	4片	
		計	37片	(0.10%)
	黄褐釉	茶壺	27片	(0.07%)
	計		513片	(1.38%)
朝鮮か	緑褐釉	徳利型瓶	29片	(0.08%)
外国産合計			542片	(1.45%)
全合計			37297片	

図９　小谷城跡出土陶磁器組成（小野正敏氏作成）

かではないが、2次造成面盛土内からは十五世紀末から十六世紀初頭の遺物が含まれており、さらにこの面は猛烈な火災を受けた痕跡が確認されている。八幡山城は戦国時代の安宅水軍の本城と考えられており、こうした大量の遺物の出土は山上に居住空間の存在したことを雄弁に物語るものであるとともに、火災を受けたため、生活用品がそのまま山上に残されたことも同時に語っている良好な資料である。なお、落城イコール焼失では決してない。八幡山城では焼失が確認されたが、三万七千点もの遺物が出土した小谷城では、出土した遺物にはまったく二次焼成の痕跡が認められなかったし、礎石建物群にも火災を示す痕跡は認められず、焼失していないことが判明している。

また、段ノ城（兵庫県加西市）は標高六九二・六メートルという高所に築かれた山城である。細い尾根上に曲輪を階段状に配置し、主要部では自然の岩盤が随所に露頭するような構造であった。従来の縄張り研究ではこうした構造の山城は詰の城であり、絶対に住まない城と認識されていた。ところが段ノ城のひとつの曲輪の発掘調査では、瀬戸美濃や貿易陶磁とともに土釜、備前・丹波の壺、甕や坩堝などの生活に関わる雑器が多く出土しており、山上で暮らしていたことが明らかとなった。ここでも山上に居住空間の存在したことを示しており、決して戦国大名クラスの巨大な山城だけに山上の居住空間が存在するのではなく、国人、土豪クラスの山城にも居住空間は存在したようである。ただ、居住機能が、戦国大名のように私邸として用いていたのか、監視の番兵の駐屯地としての居住施設であったのかについては今後の課題である。

ところでこうした山城から出土する陶磁器の年代は、直接城郭の存続年代を示すのであろうか。陶磁器の年代では出来過ぎた構造を示す山城があり、どうも出土遺物と、遺構にはズレが生じており、山城では一段階古い陶磁器が出土すると考えられる。つまり生産地と消費地である山城では一段階の年代のズレが生じている可能性が高い。十六世紀前半の遺物が出土するため、非常に発達した城郭構造も十六世紀前半のものと考えられていたが、遺構は十六世紀後半に下る可能性がある。ただ、すべての城でこうしたズレが生ずるわけでは決してなく、今後はどのような場合に遺物と遺構に不一致が生ずるかを検証することが急務である。

遺物に関して今ひとつ注目したいのが信仰に関わる遺物である。高知県の山城では主郭を、「長宗我部地検帳」に「詰の段」と記されている場合が多いが、岡豊城（高知県南国市）ではこの詰の段から懸仏に用いられたと考えられる小金銅仏が出土しており、詰部分には何らかの宗教施設が存在したことを示している。関東の事例になるが、千葉氏は崇敬する妙見神を祀る一間堂を城内に設けていた。田向城（千葉県芝山町）で検出された一間四方の土壇はこうした妙見宮の遺構ではないかと考えられる。西国の事例では近江守護六角氏の居城である観音寺城（滋賀県近江八幡市）の本丸で一間堂の土壇が検出されており、塼が出土している。おそらく持仏堂の遺構と見られる。こうした宗教施設の存在はやはり山上での居住空間を示すものとして注目でき、そうした施設に関わる懸仏などの遺物は重要である。

写真８　田向城で検出された方形土壇

また、遺物からだけではなく、山城の山頂部から巨大な礎石建物が検出される場合も山城に居住空間の存在したことを積極的に示している。例えば芥川山城（大阪府高槻市）では山頂部より東西四・五間×南北三間以上の縁を持つ礎石建物が検出されているし、清水山城（滋賀県高島市）では厨房施設を伴う御殿的機能を有する礎石建物が検出されており、いずれも山上での居住空間の存在を示す遺構として注目される。こうした山頂部に

写真９　清水山城の礎石建物

設けられた建物遺構は鎌刃城（滋賀県米原市）、石山城（福井県大飯町）、感状山城などからも検出されており、御殿と呼ぶべき建物構造である。ここに紹介した事例ではさほど多くの遺物は出土していないが、それは平和な段階で廃城を迎えたために陶磁器類はすべて山下に降ろされた結果といえよう。

三　防御施設について

山城では十六世紀後半になると、防御力をより強固なものとするために様々な人工的施設が構えられるようになる。山城ではないが、発掘調査によって大きく評価が変わった事例として、武田勝頼軍のまえに籠城戦を戦い抜いた長篠城（愛知県新城市）の調査成果を紹介しておきたい。長篠城では発掘調査の結果、主郭の北側で半円形に巡る堀（中堀）が検出された。土橋の前面に位置することより、丸馬出と考えられる。さらにその北外側に碁石川より巡らせた外堀も検出されている。これらは古絵図に描かれており、それを考古学的に立証したことになる。さらにこうした丸馬出や外堀の存在は現存遺構の長篠城の構造が当時はもっと強固であったことを示しており、長篠城の構造に対する評価に大きな影響を与えた。東国の事例ではあるが、同様に現在発掘調査が進められている武田氏館（山梨県甲府市）でも大手虎口の前面で馬出が検出され、やはり武田氏館の構造の評価に大きな影響を与えている。

山城の防御施設については竪堀、特に連続する竪堀について西本城（高知県黒潮町）では十五世紀の遺物を伴って検出されている。さらに園田浦城（福岡県北九州市）や木塚城（高知県高知市）では十四世紀から十五世紀に遡り得る連続竪堀群が検出されている。こうした発掘調査例より、少なくとも連続する竪堀が十五世紀には出現することはまちがいないようである。

次に虎口について見ておきたい。山田城（三重県東員町）では出土した瀬戸美濃が大窯編年の第２段階に相当することより十六世紀第２四半期の城と考えられている。ここからは一定量の遺物も出土しており、山城の内部に居住空間を持つ城であったことも判明している。何よりも注目されるのは曲輪の辺に接して一辺約一〇メートル四方の凹部があり、報告書ではⅦ郭として報告されている部分の解釈である。報告書では曲輪として報告されて

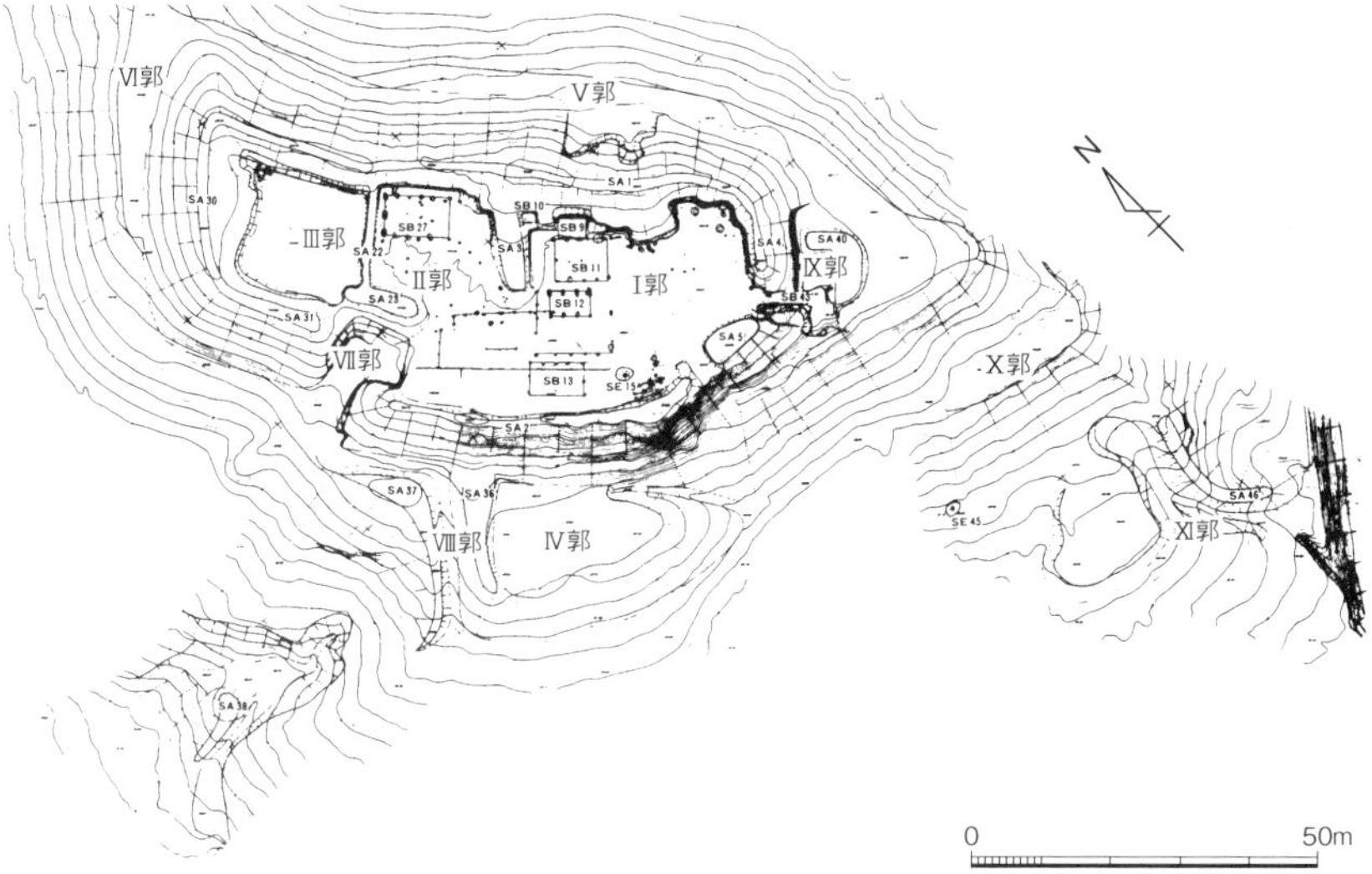

図10　山田城跡遺構配置図

写真10　西尾城の堀内障壁

いるが、この凹部は右折れをして城内に至る桝形虎口であることがわかる。さらに丘陵の先端に設けられたX郭では曲輪の前面に半円形に土塁が巡らされており、城の主要部との間は切岸となり、土橋によって結ばれている。こうした形状よりX郭は馬出として評価すべき施設である。このように山田城から検出された遺構を城郭として認識して検討すれば桝形虎口や馬出といった施設が十六世紀前半に構えられていたことがわかる。ただし、前述したように遺物にズレが存在したならば、こうした遺構は十六世紀中～後半のものに位置付けられるのかもしれない。馬出という虎口前面に設けられ

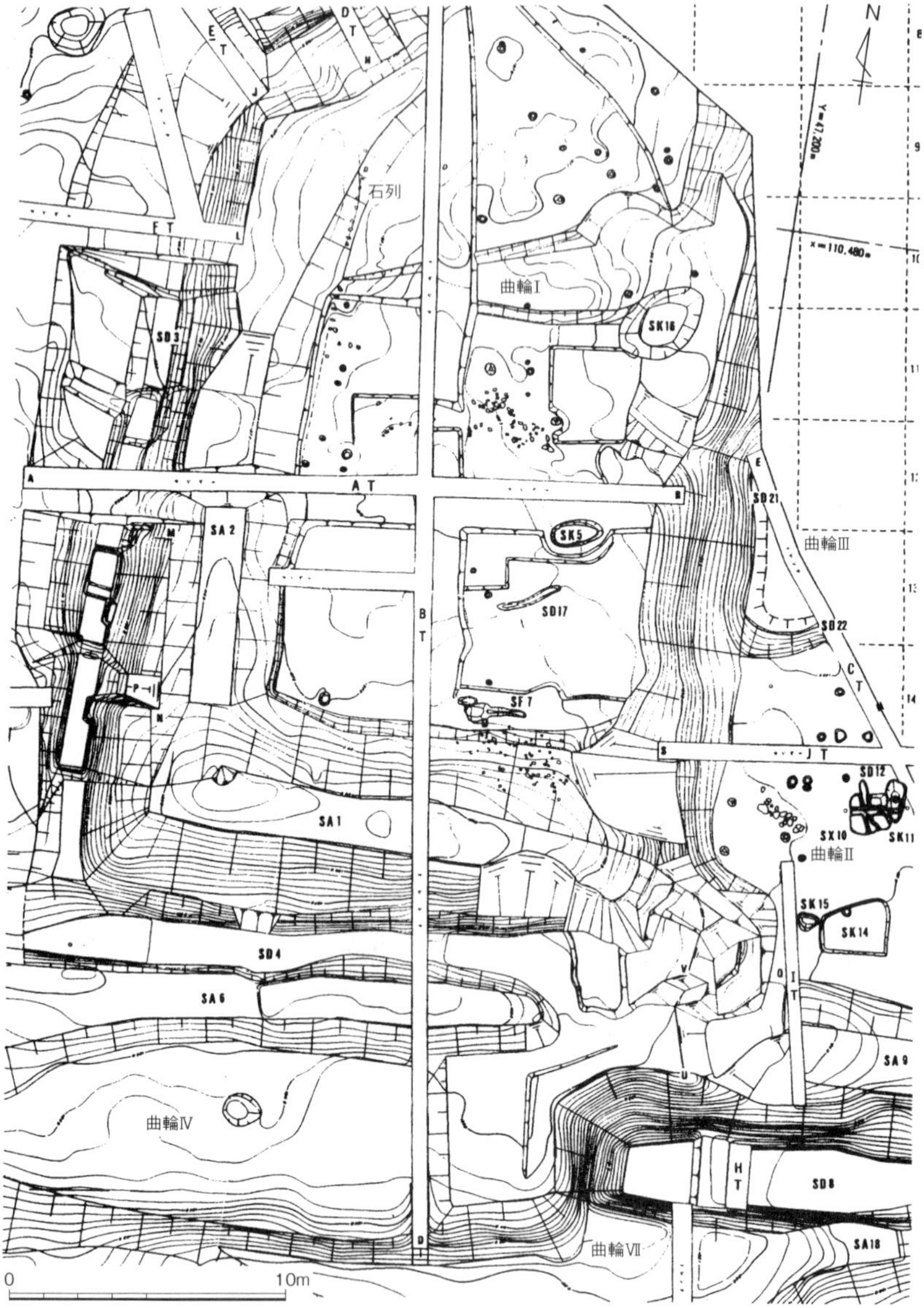

図11　力尾城跡主要部平面図

た防御施設は武田氏のみのものでもなく、関東だけのものでもないことがわかる。今後も発掘調査で検出された遺構については城郭として正しく分析することが重要である。

最近いくつかの報告がなされている防御施設として堀内障壁がある。これは、空堀の内側に土塁などを設けて、敵の堀内移動を封鎖する施設である。堀内の土塁を障子の桟のように設けたものを堀障子、堤のように等間隔に設けたものを畝堀と呼ぶ。こうした堀内障壁は山中城（静岡県三島市）など後北条氏に関係する城から数多く検出されてり、これまで後北条氏築城の特徴のひとつとして捉えられていた。しかし、近世城郭の発掘調査で米沢城（山形県米沢市）、高崎城（群馬県高崎市）、加納城（岐阜県岐阜市）、豊臣期大坂城（大阪府大阪市）、小倉城（福岡県北九州市）などから検出されており、近世初頭には後北条氏とはまったく関係なく、導入されていく防御施設であることが明らかとなった。さらに近年の調査では戦国時代の城郭からも堀内障壁の検出が報告されている。西尾城（愛知県西尾市）、烏帽子形城などでは後北条氏の城で検出される堀障子や畝堀とは形状の異なる、空堀内に堤状に削り残された土塁であり、在地的な堀内障壁である。さらに筒井城（奈良県大和郡山市）からは堀内で十四世紀に遡る土塁の存在も報告されており、それぞれの地域で独自に出現していることも明らかになりつつある。

また、三重県では数多くの丘陵部に選地する城館で発掘調査が実施されている。特に伊賀地方では方形タイプの城館が主体をなすが、その周囲には空堀が巡らされている。こうした横堀では発掘調査の結果、堀底に段差の存在することが確認された。また、空堀の四隅部を深く掘り下げるような工夫もされている。これらも堀内障壁の一種として捉えることができよう。力尾城（三重県菰野町）や峯治城（三重県津市）などでこうした堀底の段差が検出されている。

おわりに

さて、前出の山田城では明らかに桝形や馬出が検出されたにも関わらず、これまで発達した城郭構造として評価されることはほとんどなかった。城郭遺跡を軍事的な防御施設としての城郭として評価することがいかに重要であるかを教えてくれる。このように桝形や馬出はもちろんであるが、土塁線の屈曲が横矢であるか否か、堀底の段差が堀内障壁であるか否かなど、検出された遺構を城郭という軍事的防御施設として、どう評価するかが最も重要なのである。こうした視点を抜きに城館遺跡の評価はできない。

また、遺物のもつ年代を単純に城館の存続年代に比定することも早計である。先にも触れたように城館から出土する遺物には一段階古い土器、陶磁器の出土することを考慮しなければならない。さらに城郭の構造より導き出された年代と、出土した遺物の年代にもギャップの存在する場合が往々にしてある。しかし、こうしたギャップはどちらかが優先するのではなく、その出土状況や城館の改修などを加味しながら検討していくことが肝要である。

なお、タイトルには静岡の山城を考える例と掲げたにもかかわらず、紙面の都合でまったく触れることができなかったが、例えば高根城(静岡県浜松市)では十五世紀の在地の城が、十六世紀には武田氏の南進の拠点として改修されている。軍事的機能の変化がこうした改修になっており、西国における改修と同様である。また、浜松城や二俣城、掛川城、駿府城では天正十八年(一五九〇)に入城した豊臣大名たちによって石垣の城へと大改修が施されることとなった。これも西国の状況と一致する。

さらに近年調査が継続されている諏訪原城では見事な三日月堀を有する丸馬出が連続して設けられている。従来は武田氏による典型的な丸馬出として評価されていた。発掘調査では二時期の遺構面が検出されており、下層が武田氏時代、上層が徳川家康時代とすれば、実は丸馬出が徳川家康段階のものである可能性が高い。『家忠日記』には牧野城として登場し、度々堀普請されていることが記されている。あるいは諏訪原城の丸馬出の構築者が明らかとなれば、小長谷城(静岡県川根本町)の複雑な丸馬出も武田氏によるものではなく、徳川家康構築も視野に入れておく必要がある。今後の調査に大いに期待するとともに、拙稿が静岡県の山城研究の一助となれば幸いである。

参考文献

峰岸純夫・萩原三雄編　二〇〇九『戦国時代の城―遺跡の年代を考える―』
小野正敏　一九八八「小谷城より出土した遺物について」『史跡小谷城跡―浅井氏三代の城郭と城下町―』湖北町教育委員会
中井均　二〇一一「掘り起こされた戦国城館―長野県を中心として―」『長野県考古学会誌』一三五・一三六号

あとがき

本書で展開した静岡県における山城研究は、発掘調査から得られたデータを駆使した考古学の方法によるものである。従来の縄張調査による山城研究は、地表面観察により山城の構造を解明し研究をするのに対して、考古学による山城研究は、地表面下に残された遺構や遺物を対象として分析を進めるため、縄張研究では明らかにできなかった、出土遺物から山城の年代、遺構の内容から曲輪の性格、遺構の重複関係から改修の痕跡などが証明できるようになった。本書で提示できた主たる内容と、今後に残された検討課題を述べまとめとしたい。

最初に小和田哲男先生より、山城の築城目的を明らかにすること、支城体制に第一次の国人城主（寄親）によるもの、第二次の地侍城主（寄子）によるものがあること、南北朝の山城と山岳寺院との関係、遺構から築城した城主が分かるのかといった問題提起がなされた。支城体制については、具体的な支城網については明らかにできなかったが、松井が遠江の山城に遺物から三つのランクの山城があり、国人城主の山城と地侍城主の山城の区別をすることができた。南北朝期の山岳寺院と山城の関係については溝口氏が、寺院施設をそのまま利用し、山城として改修しなかったことを指摘した。

中井均先生からは、西日本の山城の発掘事例より、改修の画期、遺物の性格、防御施設の変遷について考察してもらった。改修の画期は、十六世紀後半の石垣の導入であるとしている。織豊系城郭の要素の一つとしての石垣が、西日本の山城では先行して出現していたことを指摘されたが、静岡県では織豊系城郭以前の山城に石垣が導入される事例は戸塚氏らの見解では今のところない。

遺物からは、最近の西日本の山城の発掘調査でも十五世紀末～十六世紀初頭の遺物がまとまって出土する事例が認められるので、戦国大名クラスだけでなく、国人、土豪クラスの山城にも居住空間が出現したことを指摘された。松井は一定量の遺物の出土する山城には、武士の平地館の機能の一部が移され、城主の家族の居住場所や武士の儀礼空間が山城内に出現したと考えた。

西日本の山城の防御施設のなかで、連続竪堀は十五世紀に出現し、三重県では枡形や馬出虎口が十六世紀前半に導入され、後北条氏の城郭に多く見られる堀障子についても、豊臣期大坂城、米沢城などの織豊系や近世初頭の城郭にも引き継がれたことなどの新知見が述べられた。静岡県での防御施設の大きな画期は、戸塚氏や加藤氏が指摘するように堀や土塁の規模が大型化する十六世紀後半であることは間違いない。溝口氏によると、静岡県の山城における枡形や馬出虎口の出現は、十六世紀前半では確認されず、戸塚氏によると十六世紀後半からである。堀障子については、山中城などの後北条氏の城郭以外でも、十六世紀前半の小川城、近世初頭の仁田館などでも確認でき、静岡県でも後北条氏の城郭に限った遺構ではないことが確かめられた。さらに、巨大な丸馬出が存在する諏訪原城では、徳川氏が大規模な改修を行った痕跡が発掘調査で確かめられ、小長谷城と共に丸馬出は武田氏の城郭に限られた遺構ではないことが確認された。

このように、静岡県の山城が大きく改修され飛躍的に発展した時期は十六世紀後半のことで、この時期は駿河の守護大名である今川氏が滅亡し、徳川氏、武田氏、後北条氏の名だたる戦国大名の戦乱の地となったことがその原因であったと考えられる。堀障子をもつ山城が後北条氏の城郭、丸馬出をもつ山城が武田氏の城郭に限られたものではなく、徳川氏の城郭にも導入されていく過程が発掘調査の成果から明らかとなった。防御施設として優れている横堀についても、当初は武田氏の山城に見られたが、その後徳川氏の山城にも採用されるようになる。つまり、特定の遺構の存在から○○氏系（流）城郭と呼ぶことに対する疑問点が指摘されるのである。また、山城の防御施設として優れたものは、山城ごとに改良して導入する徳川氏の姿勢が、最後に天下を掌握した原動力になったとも思われるのである。

静岡県の山城の発掘調査は、諏訪原城や興国寺城などで現在も継続して行われている。山城の発掘調査の現場を訪れるたびに大きな発見があり、地表面観察から得られるデータのみで山城を語ることの危うさを痛感している。しかしながら、大多数の山城が今後発掘調査される機会があるとは到底思えない。発掘調査がなされていない山城も精緻な縄張図があれば、発掘調査された山城のデータを参考にして分析をすることは可能である。つまり、考古学から山城を理解するためには、縄張調査による山城研究が必要となるのである。戦闘目的の遺跡である山城に対する理解を深めるため、本書が一助となれば幸いである。

お忙しい中、講演を頂きました小和田哲男先生、中井均先生、本書の編集にあたり適切な助言を頂いた加藤理文氏、山城の紹介、論考を執筆して頂きました諸氏、本書の刊行を快く引き受けて頂きましたサンライズ出版の岩根治美さんにお礼を申し上げます。

二〇一一年五月

執筆者を代表して　松井　一明

執筆者紹介

小和田哲男（おわだ　てつお）	静岡大学名誉教授
加藤　理文（かとう　まさふみ）	織豊期城郭研究会
河合　　修（かわい　おさむ）	静岡県教育委員会
鈴木　敏中（すずき　としなか）	三島市教育委員会
戸塚　和美（とつか　かずみ）	織豊期城郭研究会
中井　　均（なかい　ひとし）	NPO法人城郭遺産による街づくり協議会
萩原佳保里（はぎわら　かほり）	島田市教育委員会
松井　一明（まつい　かずあき）	織豊期城郭研究会
溝口　彰啓（みぞぐち　あきひろ）	静岡県埋蔵文化財センター
山本　惠一（やまもと　けいいち）	沼津市教育委員会

戦国時代の静岡の山城　―考古学から見た山城の変遷―

2011年8月30日　初版1刷発行

編　者　NPO法人城郭遺産による街づくり協議会
発行者　岩根　順子
発行所　サンライズ出版株式会社
滋賀県彦根市鳥居本町655-1
〒522-0004　TEL.0749-22-0627
FAX.0749-23-7720

ISBN978-4-88325-450-7 C0021

サンライズ出版

■近江の山城ベスト50を歩く
中井 均編　A5判　一八九〇円
小谷城、観音寺城、安土城、彦根城など全国的に有名な城はもちろんのこと、特筆すべき山城50を概要図とともに掲載。番外編として11の平城も紹介。

■静岡の山城ベスト50を歩く
加藤理文・中井 均編　A5判　一八九〇円
「山城50」の姉妹編。遠江、駿河、伊豆の旧三ヶ国別に山城50と平城17を紹介。城郭探訪必携の書。

■岐阜の山城ベスト50を歩く
三宅唯美・中井 均編　A5判　一八九〇円
「山城50」の第3弾。日本3大山城のひとつ、岩村城をはじめ、美濃、飛騨の山城50と平城17を紹介。

■愛知の山城ベスト50を歩く
愛知中世城郭研究会・中井 均編　A5判　一八九〇円
信長が美濃攻略の戦略拠点とした小牧山城から始まり、武田軍の猛攻をしのいだ長篠城など50の山城と17の平城を紹介。

■浜松の城と合戦—三方ヶ原合戦の検証と遠江の城—
城郭遺産による街づくり協議会編　四六判　一八九〇円
城郭研究の第一人者による遠江の城づくりの変遷と、小和田哲男氏による三方ヶ原合戦の評価等を収録。

■秀吉を支えた武将　田中吉政
長浜市長浜城歴史博物館編　217×172　一五七五円
近江八幡城主・豊臣秀次を陰で支え、岡崎城主として城下町普請に尽力し、関ヶ原の合戦で石田三成を捕らえた功により、柳川に入部した立身出世の武将の経歴と政策の全貌が明らかに！

■一豊と秀吉が駆けた時代—夫人が支えた戦国史—
長浜市長浜城歴史博物館編　217×172　一五七五円
内助の功もあって長浜城主、掛川城主、土佐藩主へと戦国時代を疾走した山内一豊。彼の生涯、掛川時代の城下町整備、土佐藩での政治、合戦記録などを紹介。

■安土 信長の城と城下町
滋賀県教育委員会編著　B5判　二三一〇円
特別史跡安土城跡調査整備事業20年の成果報告。検出遺構や文献に基づき安土城と城下町について考察。

■信長の城・秀吉の城
滋賀県立安土城考古博物館編　四六判　一五七五円
織豊系城郭の石垣、瓦、天守の特徴や展開を考察。シンポジウムの記録と甲府城、麦島城の調査報告も収録。

■近世の城と城下町—膳所・彦根・江戸・金沢—
滋賀県文化財保護協会編　四六判　一六八〇円
交通・物流の要に天下普請した膳所城と彦根城と城下町の発掘調査や資料からその変遷を探る。併せて江戸城・金沢城とその城下町の発掘成果も収録。